Eva Ludwig •

Sepp Herberger
und
das Wunder von Bern

„Fußball ist lebendig und unberechenbar."
Fritz Walter, aus: 3:2 – Die Spiele zur WM

„Der Fußball hat mir alles gegeben. Fußball, das ist mein Leben."
Sepp Herberger

„Fußball ist eine ins Spielhafte übertragene, erhöhte und verdichtete Lebenswirklichkeit."
Manfred Hausmann zum 60. Geburtstag des DFB

Bildnachweis: Sepp-Herberger-Archiv
Cover: M. Grethen, B. Wißner

Bibliografische Information Der Deutschen Bibliothek

Die Deutsche Bibliothek verzeichnet diese Publikation in der Deutschen Nationalbibliografie; detaillierte bibliografische Daten sind im Internet über http://dnb.ddb.de abrufbar.

ISBN 3-89639-372-3

© Wißner-Verlag, Augsburg 2003
   www.wissner.com

I.

Nicht immer war der Ball rund …

Mannheim, Spiegelsiedlung 1908

„Und es wird nicht Fußball gespielt, hast du das verstanden Seppl? Unter gar keinen Umständen." Seine Mutter sah ihn streng an, jedes Wort klar und deutlich betonend. Alles an seiner Mutter war streng. Das schwarze hochgeschlossene Kleid aus grobem Stoff, die straff nach hinten gebundenen Haare und das kantige Gesicht. Noch nie hatte er sie richtig lachen gesehen. Jedenfalls konnte er sich nicht daran erinnern. Jetzt saß sie aufrecht und zugeknöpft am Tisch und blickte ihn durchdringend an. So, wie sie es immer tat, wenn es um Fußball ging.

Seine Mutter war in der ganzen Siedlung wegen ihrer spitzen Zunge gefürchtet. Aber ihn betraf das normalerweise nicht. Er war der elfjährige Nachzügler in der Familie und wurde von allen geschont. Als seine Schwestern noch bei ihnen gewohnt hatten, wurde er sogar richtiggehend verhätschelt. Aber seine Schwestern waren jetzt alle aus dem Haus und so lastete das volle Augenmerk seiner Mutter auf ihm und dem, was sie so sehr aufbrachte: Fußball.

Sie hatte ihre Näharbeiten beiseite gelegt und versuchte mit ihren stechenden Augen zu ergründen, ob ihr Sohn sie möglicherweise anschwindelte. Sepp saß ihr gegenüber, ein Abbild ihrer eigenen Ernsthaftigkeit, Haltung und Undurchdringlichkeit, obwohl es unter der Oberfläche nur so brodelte. Innen war er bis zum Zerreißen angespannt. Es war einer dieser schrecklichen Momente, in dem die Zeit nur langsam zu vergehen schien, sich hinzog wie Kleister. Das Ticken der Uhr, das Poltern aus der oberen Wohnung sowie das leise Schnarchen seines Vaters auf dem Sofa waren die einzigen Geräusche in der kleinen Wohnung. Er musste ruhig wirken, als würde ihn nichts bewegen. Davon hing jetzt alles ab. Und er beeilte sich, ihr zu versprechen, dass Fußball auf gar keinen Fall zur Debatte stand.

„Nein, Mutter, Ehrenwort!", sagte er einen Tick zu schnell, hinter seinem Rücken die Finger gekreuzt.

„Fußball ist roh und ungesund", schimpfte sie weiter mit fester Stimme. Ihr war diese neumodische „Engländerei" ein Dorn im Auge. Im Grunde genommen war Fußball für seine Eltern überhaupt kein richtiger Sport. Seine Eltern ließen auch nicht gelten, dass viele Bessergestellte aus der Bürgerschicht wie Realschüler und Studenten schon längst in den noch relativ jungen Vereinen spielten. Fußball war nichts für Arbeiter – schlimmer noch: Sie waren der festen Überzeugung, dass Fußball-Verbände kriminelle Brutstätten waren. Wer heute Fußball spielte, geriet morgen schon auf die schiefe Bahn. Und seine Eltern waren sich gänzlich einig darin, dass sie dies mit allen Mitteln verhindern mussten.

Er bemühte sich weiterhin krampfhaft um ein undurchdringliches Gesicht, doch es fiel ihm zunehmend schwer. Seit dem Essen konnte er an nichts anderes mehr denken als daran, mit seinen Freunden Fußball zu spielen. Im Geiste stellte er sich die ganze Zeit vor, wie er allein gegen die anderen Jungs antrat, den Ball nicht vom Fuß ließ, als hätte man ihn dort festgenagelt. Dann, ein fester unnachgiebiger Schuss … und … Tor! Sein Herz schlug schneller. Doch erst musste er an seiner Mutter vorbei, selbst wenn das bedeutete, dass er sie anlügen musste. Und das fiel ihm alles andere als leicht. Aber es blieb ihm keine andere Wahl. Seine Mutter hatte ihn anscheinend einer ausreichenden Prüfung unterzogen.

„Nun gut. Aber pass auf, dass du nichts kaputtmachst. Nicht wie das letzte Mal … ." Drohend kreiste ihre rote, rissige Hand über seinem Kopf, bereit sich blitzschnell sein

4

Ohr zu packen, um daran zu ziehen und damit ihren Worten Nachdruck zu verleihen. Sepp duckte sich instinktiv. Er wusste genau, was sie meinte.

Das „letzte Mal" hatte er ein Loch in seiner Hose gehabt. In der einzigen Schulhose, die er besaß. Und das war noch schlimmer als Fußball. Seine Mutter war erst blass geworden – leichenblass. Doch dann trat die von allen gefürchtete blaue Ader an ihrer Schläfe hervor, füllte sich langsam mit Blut und wurde dicker und dicker. Das war wahrlich kein gutes Zeichen. Ehe er sich versah, hatte ihre Hand sein Ohr gepackt und daran gezerrt.

„Warte nur ab, bis dein Vater zu Hause ist. Dann gibt es ein Donnerwetter!" Wütend hatte sie ihn angesehen. Und Sepp hatte innerlich aufgeatmet. Sein Vater spielte die Rolle des Bestrafenden nur äußerst ungern. Deshalb fielen seine „Strafen", wenn man sie so nennen konnte, auch immer äußerst glimpflich aus. Wenn es überhaupt zur Strafe kam. Viel schlimmer war es, wenn seine Mutter – wie bei der Sache mit dem Kapellenfenster – die Bestrafung selber in die Hand nahm. Dann riss sie ihm, während sie schrie und tobte, die Hose herunter und zielte nach allem, was sie treffen konnte. Und sie war gut im Treffen! Doch das hatte ihm nichts ausgemacht. Was ihm aber wirklich wehtat, war der anschließende Hausarrest. Eine ganze Woche Hausarrest! Sieben lange Tage, an denen er nicht Fußball spielen konnte. Lieber hätte er die härtesten Prügel in Kauf genommen. Und wenn sie ihn grün und blau geschlagen hätte – alles besser, als dieser verdammte Hausarrest, der ihm jetzt erst recht drohte, wenn seine Eltern dahinter kamen, dass er sie gerade in diesem Moment wieder in aller Unschuld anlog.

„Ganz sicher passe ich auf die Hose auf", bekräftigte er jetzt inbrünstig. Als wenn die Hose ihn später noch irgendwie interessieren würde. Er schielte in Richtung Haustür. Warum musste sie es ihm denn so schwer machen?

Langsam wurde er unruhig. Die anderen Kinder waren bestimmt schon beim Spielen und wenn er zu spät kam, musste er erst einmal auf der Reservebank sitzen. So waren die Regeln.

„Jetzt lass es doch gut sein, Lina ...", brummte sein Vater, der eben aufgewacht war. Er nahm ihn immer in Schutz. Besser gesagt, fast immer. Dass Jungen auch mal die eine oder andere Hose zerreißen konnten, dafür hatte er Verständnis. Wofür er allerdings ebenfalls kein Verständnis hatte, war Fußball. Da blieb auch er streng. Auch in seinen Augen war dieser neue Sport keine Sportart, der sich Jungs in seinem Alter hingeben sollten.

Gerade schüttelte ihn wieder ein trockener Hustenanfall. Seit seiner letzten schweren Erkältung hatte ihn die Energie verlassen. Selbst jetzt im Sommer schien er sich nicht erholt zu haben und das Atmen fiel ihm schwer. Nach der harten Arbeit in der Spiegelfabrik hatte er einfach keine Kraft mehr. Keine Kraft, um seinem Sohn die Leviten zu lesen und auch keine Kraft, um seiner Frau zu widersprechen, die für seinen Geschmack eine Spur zu streng war.

„Ich schau mir deine Schuhe an, Bürschchen! Wenn du wieder kommst!", kündigte seine Mutter jetzt an.

„Natürlich die Schuhe", dachte Sepp und verdrehte leicht die Augen, sodass es keiner mitbekam. Wenn man nicht auf die Hose aufpassen musste, dann waren es die Schuhe, die keine Schramme abbekommen durften. Davon gab es nur ein Paar und eine Besohlung konnten sie sich im Moment nicht leisten. Seine Mutter kontrollierte seine Sohlen jeden Abend wenn er heimkam. Und wehe, wenn sie etwas entdeckte, das auf Fußball schließen ließ ...

„Lass ihn gehen, Lina!", forderte sein Vater seine Mutter noch einmal auf. Resignierend, weil sie wieder einmal gegen die letzten Worte ihres Mannes verloren hatte, legte seine Mutter die Hände in den Schoß: „Aber sei pünktlich zurück!"

Sie seufzte. Josef hätte sie ruhig mehr unterstützen können, schließlich reichte das bisschen Geld, was er nach Hause brachte, kaum aus, um alle zu ernähren. Wenn Sepp jetzt auch noch seine Schuhe kaputtmachte … wovon sollten sie ihm denn dann neue Sohlen kaufen? Doch es nützte ja eh nichts. Josef hatte nun mal das letzte Wort, so wie es in einer anständigen Familie üblich war.

Lina nahm ihre Näharbeiten wieder auf. Damit war Sepp endlich entlassen und so schnell ihn seine Füße tragen konnten, verließ er die Enge der Wohnung.

Als die Tür zuschlug, hörte er noch, wie seine Mutter seinen Vater annörgelte: „Und wann willst du endlich das Karnickel schlachten? Sollen wir denn am heiligen Sonntag wieder kein Fleisch auf dem Teller haben …?"

Das Sofa ächzte, als sein Vater schwerfällig aufstand. Sepp hörte nur noch sein Husten, dann raste er so schnell er konnte die hölzernen Stufen hinab und zur Haustür hinaus. Eine unheimliche Leichtigkeit war plötzlich in seiner Brust. Freiheit.

Er trat auf die Straße. Im Moment spielte hier kein Kind. Noch vor wenigen Wochen hätten hier um diese Zeit schon die älteren Kinder lautstark gebolzt und die jüngeren hätten sie angefeuert. Immer wieder wäre das Spiel durch die mahnenden Rufe der müden Arbeiter, die jetzt auf ein wenig Erholung hofften, unterbrochen worden. Aber die Ruhe hätte nicht lange gedauert. Viel zu aufregend war das Spiel. Schon kurze Zeit später wären alle noch so drohenden und verärgerten Rufe vergessen gewesen und sie hätten wieder gekämpft, als ginge es um ihr Leben. Vielleicht ging es das ja auch.

Keiner konnte sie abhalten zu spielen. Keiner. Nicht die erbosten Eltern, die Fußball brutal und unanständig fanden. Nicht die mahnenden Lehrer, die Fußball als Angriff auf die Sitte verstanden und auch nicht der immer weinerliche Geistliche, der die Jugend mit dünner Stimme zu

Ordnung und Moral ermahnte. Keiner – bis zu diesem einen Tag vor wenigen Wochen.

Sie spielten gerade auf der Straße zwischen den Gebäuden der Siedlung. Immer wieder war der Ball in das kleine Waldstückchen geraten und man musste nicht nur dem Gegner ausweichen, sondern auch den Bäumen, die ebenso unvermittelt aufzutauchen schienen wie die Stürmer der gegnerischen Mannschaft. Das allein war aber noch nicht das Problem. Sie hatten gelernt, damit umzugehen.

Sepp war gerade am Ball und das bedeutete, dass er auch am Ball blieb, komme was wolle. Lange genug hatte er allein geübt, als die Großen ihn noch nicht mitspielen ließen. Stundenlang, bis das Gefühl für seine Beine, das Kicken, das Zielen ihm in Fleisch und Blut übergegangen war. Jetzt konnte ihm keiner mehr etwas vormachen. Auch nicht Jakob, der Schreckliche.

Jakob, der Dicke, wie Sepp ihn heimlich nannte, war anderthalb Jahre älter als er, wesentlich größer, stärker und unendlich neidisch, denn Sepp hatte etwas, was Jakob mit Kraft nicht wieder gutmachen konnte: Sepps Verstand war ebenso beweglich wie seine Beine. Deshalb hatte er ja auch die besseren Noten in der Schule. Und deshalb durfte er – anstatt wie Jakob die Volksschule zu besuchen – auf die Bürgerschule wechseln.

Und das konnte Jakob nicht auf sich sitzen lassen. Er hatte schon immer alle anderen Kinder überragt und war es gewöhnt, seinen Willen durchzusetzen. Sepp am Ball, das konnte er auf gar keinen Fall zulassen. Deshalb sorgte er auch immer dafür, dass Sepp in der gegnerischen Mannschaft war. Dann konnte er ihn nach Herzenslust bedrängen, schikanieren und ihm im geeigneten Moment auch den einen oder anderen deftigen Tritt verpassen. In der eigenen Mannschaft hätte das die Spielerehre verboten.

Damals war Jakob plötzlich mit einer unbekannten Geschicklichkeit vor Sepp aufgetaucht, hatte ihn um fast dreißig Zentimeter überragt und sich so breit gemacht, dass Sepp den Horizont nicht mehr erkennen konnte.

Sepp war schmal, sehr schmal, geradezu schmächtig. Andere Kinder hätten an diesem Punkt aufgegeben. Jakobs Größe hätte völlig gereicht um aufzugeben. Und natürlich das Wissen, dass Jakob im Notfall auch gerne nachhelfen würde, um an den Ball zu gelangen. Auch mit Gewalt. Sepp interessierte das nicht. In ihm war kein Platz für Angst. Er spielte mit Feuereifer – brannte innerlich. Es gab ihn, den Ball, das Tor und sonst gar nichts. Sobald er spielte, schien sich seine Welt auf diese simplen Tatsachen zu verengen und gleichzeitig war er in einer solchen Hochstimmung, dass auch Jakobs Gewalttätigkeiten ihm nichts anhaben konnten.

Jetzt musste Sepp den Ball abgeben. Es ging nicht anders. Jakob grinste hämisch. Sepp schaute sich um. Wen konnte er anspielen? Jakobs Lächeln verschwand, als er bemerkte, dass Sepp sich nicht einschüchtern ließ. Im gleichen Moment schnellte Jakobs geballte Faust nach vorne und traf Sepp in der Magengrube. Ihm blieb die Luft weg. Er krümmte sich.

Jakob übernahm triumphierend den Ball und spielte jetzt ungehindert aufs Tor. In seiner unendlich blöden Freude bemerkte er weder, dass er aufs eigene Tor spielte, noch, dass er den kleinen, ausgedienten Tennisball, den sie neuerdings immer zum Fußballspielen nahmen, viel zu hart anspielte. Bis vor kurzem noch wäre das kein Problem gewesen. Da hatten sie notgedrungen einen aus einigen Stofffetzen gefertigten Lumpenball benutzt, der alles andere als rund war. Und ganz sicher nicht so flink fliegend, hüpfend und springend wie das kleine abgewetzte Bällchen. Dieses schoss nun weit über das Tor hinaus, flog durch die Luft und konnte nur noch durch zerschellendes Glas am Weiterfliegen gehindert werden.

Im Fensterrahmen der kleinen Kapelle am Ende des Platzes klaffte ein metergroßes Loch. Spitze Reste der bunten Fensterscheibe standen drohend, wie Zähne eines Haifisches, im Rahmen. Ein schwarzes Loch hing anklagend und endgültig dort, wo eben noch die Scheibe war. Den vor wenigen Minuten noch glorreichen Fußballspielern stand das Entsetzen ins Gesicht geschrieben. Auch das Lachen der Jüngeren erstarrte. Das war das Ende vom Fußballspielen. Und genau das wurde ihnen gerade mit einem Schlag bewusst.

Der Lärm der zu Bruch gegangenen Scheibe wirkte wie ein Signal. Fenster öffneten sich, Mütter stürzten auf die Straße und der Geistliche trat aus der Kapelle wie ein kopfloses Huhn.

Nach einem kurzen Moment der Stille, in der alle fassungslos auf die Reste der Scheibe starrten, war es der Geistliche, der als Erstes seinem Ärger Luft machte. Seine Stimme überschlug sich vor Aufregung: „Nein, nein, nein wie könnt ihr nur …! Ich habe es schon immer gesagt … nein, nein, nein was für ein Unglück!" Dann liefen alle durcheinander, schaukelten sich gegenseitig hoch.

Die Mütter diskutierten mit hohen Stimmen und fingen an, die Schuldfrage durchzukauen. Alte Fehden brachen unversehens auf. „Nein, mein Fritz macht so etwas nicht, aber IHR Jakob …! Der hat uns schon im letzten Jahr das Kaninchen geklaut!"

Und natürlich traten auch die Väter auf den Plan, müde und unwillig, aber bereit, sich einzumischen, um als Oberhäupter der Familie für Ordnung zu sorgen und die Schuldigen ordentlich in die Mangel zu nehmen.

Schon wurden die ersten Jungen zu ihren Familien gerufen und wie Schwerverbrecher abgeführt, während sich der Pfarrer noch immer nicht beruhigt hatte, ja sogar die sieben Plagen der Bibel beschwor.

Ein kaputtes Fenster war tatsächlich ein Drama, vor allen Dingen ein finanzielles. Es fehlte überall in der Siedlung am

Nötigsten. Von dem spärlichen Lohn der Arbeiter auch noch das Kapellenfenster zu bezahlen, das war ganz einfach nicht machbar. Aber dass der Schuldige mit aller Unerbittlichkeit bestraft und zur Verantwortung gezogen werden musste, das war so sicher wie das Amen in der Kirche.

Doch erst musste er gefunden werden. Und in dem Moment, als die Eltern ihren Kindern noch an Ort und Stelle die Hammelbeine lang ziehen wollten, geschah das Erstaunliche. Während sich die Kinder niedergeschlagen und wie geprügelte Hunde ihrem Schicksal ergaben, schienen sich alle in Bruchteilen einer Sekunde gleichzeitig anzusehen. Wortlos lasen sie gegenseitig in ihren Augen. Sie wussten, dass sie sich alle, ganz gleich wie unterschiedlich sie waren und wie sehr dies auch immer für Reibereien sorgte, in diesem Moment aufeinander verlassen konnten. Alle für einen – einer für alle!

Keiner der Jungen hatte Jakob verraten, obwohl allen mit Schlägen gedroht wurde und es bei vielen nicht bei der Drohung blieb. Auch Sepp kassierte mehrere Ohrfeigen seiner wütenden Mutter. Vor mehr bewahrte ihn – wie immer – der Vater.

Dass sie Jakob nicht verrieten, nicht opferten, hatte natürlich auch etwas mit Jakob selbst zu tun. Wenn man die Wahl hatte, von Jakob oder von den Eltern verprügelt zu werden, da wählten viele doch freiwillig lieber die eigenen Eltern. Trotzdem gab es da auch etwas anderes – ein Gefühl, zusammen eine Gruppe zu sein, füreinander einzustehen, egal was passierte. Dieses kaputte Kapellenfenster verband sie miteinander, auch wenn die Folgen verheerend waren.

Schon immer hatten sich die Erwachsenen über das Spiel und die Ruhestörung geärgert. Die Mütter sahen mit Entsetzen, wie ihre Kinder die Schuhe abbolzten. Und auch die Hosen waren so oft zusammengeflickt, dass Naht an Naht saß. Man konnte sich diese Verschwendung und Verrohung nicht länger erlauben.

Es war ausgerechnet Sepps Vater, der, nachdem er den Ohrfeigen der Mutter Einhalt geboten hatte, aufstand und in seiner stillen, aber ganz bestimmten Art sagte: „Das hat mir jetzt ein Ende, Junge." Ausgerechnet er, der immer zu ihm gehalten hatte, verbot ihm nun unmissverständlich das, wofür Sepp sich leidenschaftlich begeisterte.

Und es hatte ein Ende. Gemeinsam mit allen anderen Eltern wurde beschlossen, dass Fußball in der Spiegelsiedlung nichts mehr zu suchen hatte. Das Kapellenfenster wurde ausgetauscht und von allen Kindern gemeinsam bezahlt. Sie arbeiteten hart dafür und überlegten insgeheim fieberhaft, wie und wo um alles in der Welt sie es anstellen konnten, wieder Fußball zu spielen.

Daran musste Sepp die ganze Zeit denken, nachdem er die Siedlung hinter sich gelassen hatte. Er rannte, bis er außer Atem war, denn er würde wahrscheinlich der Letzte sein, der in der Kiesgrube ankam. Wenn er Pech hatte, hatten sie ohne ihn angefangen und dann saß er so lange auf Reserve, bis einer sich freiwillig eintauschen ließ oder verletzt war. Doch da konnte er lange warten.

Er bog um die Ecke. Tatsächlich – sie hatten schon angefangen zu spielen. Ihre Schuhe hatten die Spieler ausgezogen und mehr oder weniger ordentlich an den Rand des „Spielfeldes", einem fünf Meter breiten und acht Meter langen Feld mit aufgeschüttetem Sand, gestellt. So würde keine noch so misstrauische Mutter Spuren finden.

Sein Eintreffen wurde schon von dem Gekicher der Mädchen begrüßt. Er glaubte so etwas wie: „Ihh, hat der schebbe Bää" zu hören, was im Kichern unterging.

Bei den Mädchen hatte er wegen seines schmächtigen Wuchses, der O-Beine und seiner abstehenden Ohren keine Chancen. Doch das machte ihm nichts. Mädchen interessierten ihn eh nicht. Was sollte man schon mit einem Mädchen anfangen? Die konnten weder Fußball spielen noch hatten sie auch nur die leiseste Ahnung vom Ablauf des Spiels. Stattdessen saßen die immer nur am Rand, guckten blöd und kicherten dämlich. Mädels halt.

„Der Schebbes kommt nicht zu uns ...", stellte Jakob trompetend klar, als er Sepp erspäht hatte.

Sepp hätte auch gar nicht freiwillig in dessen Mannschaft sein wollen. Er setzte sich an den Rand und hoffte auf die Gunst der Stunde. Schnell zog ihn das Spiel in den Bann. Alle von ihnen spielten mit Feuereifer, das konnte man sehen. Die meisten spielten mit Kraft, keiner mit Taktik. Wenn sie den Ball hatten, dann schienen sie wie berauscht zu sein und gleichzeitig kopflos.

Sorgsam beobachtete Sepp die Spieler, notierte innerlich ihre Eigenheiten. Gerade hatte der lange Sebastian den Ball. Sein Gesicht leuchtete. In den letzten Monaten hatte er einen gewaltigen Wachstumsschub gehabt. Deshalb wankte er jetzt immer noch etwas unkoordiniert durch die Gegend, als wäre es schon Aufgabe genug, mit den langen Armen und Beinen zurecht zu kommen, mal ganz abgesehen von einem kleinen schnellen Ball. Wie eigentlich immer, kam er nicht ansatzweise in Tornähe. Jetzt wurde er übel von Jakob bedrängt. Man sah förmlich, wie Sebastian nach einem Ausweg, einem flinken Ausweichmanöver suchte. War sein Denken schon langsam, sein Körper übertraf das noch bei weitem. Sebastian stand wie festgefroren vor Jakob und tat ... nichts. Als wollte er ihm, dem Gegner, den Ball quasi auf einem goldenen Teller servieren.

Sepp atmete bedrückt aus. Wenn er doch bloß nur dabei wäre! Jakob stob mit dem Ball davon wie eine Dampframme im Einsatz. Das Einzige, was Jakob wirklich konnte: sich den Ball schnappen und mit einem Affenzahn auf das Tor spielen. Er war nicht nur kräftig, er war zu fett. Für eine lange, vielleicht sogar geschickte Dribbelei hätte er, der jetzt schon stoßweise atmete, weder die Kondition noch den Sinn gehabt. Jakob würde niemals freiwillig einen Ball abgeben. Was ihn aber wirklich irritierte, war, wenn ihm plötzlich jemand im Wege stand. Hindernisse waren schlecht. Darauf war er nicht programmiert. Dann brauchte nur jemand von der Seite zu kommen und schon hatte Jakob das Nachsehen.

Heute hielt ihn niemand auf. Der Sand spritzte in einer Fontäne hoch, als Jakob den Ball mit Sabber vor dem Mund ins Tor trat und traf. „Toor!!", jubelte seine Mannschaft ihm zu. Sepp presste vor lauter Nachdenken die Lippen zusammen. Da musste doch etwas zu machen sein?

Er winkte Sebastian zu sich, der bedröppelt herumstand. Sebastian bewegte sich langsam in seine Richtung. „Na, Seppl, heute nicht dabei?", fragte er ihn langsam aber gutmütig.

„Nein, konnte nicht weg … aber hör mal … das nächste Mal, wenn Jakob den Ball hat, bleibst du im hinteren Viertel des Feldes. Du lässt ihn einfach auf dich zukommen. Du tust nichts. Bis er kurz vor dem Tor ist. Dann aber stellst du dich ihm in den Weg … verstanden?"

Sebastian war aufgegangen, dass das wahrscheinlich für ihn mit Schmerzen verbunden sein würde und verzog leicht das Gesicht.

„Verstehst du, dann kommt der kleine Karle und übernimmt den Ball. Du deckst solange Jakob und schon habt ihr ein Tor."

Jetzt stand Unglauben in Sebastians Gesicht und er knabberte auf seiner Lippe. „Meinst du??"

„Ganz sicher! Ihr könnt das schaffen …", beschwor ihn Sepp.

„Na dann …", antwortete Sebastian und trollte sich.

„Aber schick mir den Karle!", rief Sepp ihm hinterher.

Genauso instruierte er Klein-Karle. Karle war kein großer Kämpfer, aber er war so flink und wendig wie der Gummiball, den sie auf dem Spielfeld bearbeiteten.

Normalerweise titschte Karle immer ziellos über den Platz. Aber in Kombination mit Sebastians Größe könnte es klappen.

Das Spiel begann von neuem. Erst lief alles wie immer. Im Pulk bolzten alle wie besessen um den Ball, bis sich Jakob wieder einmal durchsetzte, um mit dem Ball seinen Siegeszug anzutreten. Sebastian hatte sich, wie verabredet, die ganze Zeit in Tornähe aufgehalten. Jetzt kam Jakob mit dem Ball schnaufend auf ihn zu.

Zweifelnd schaute Sebastian in Sepps Richtung. Sepp nickte ihm streng zu und signalisierte, noch zu warten. Jetzt durchhalten. Jakob roch das Tor. Niemand mehr, der ihn aufhalten konnte.

Jetzt!!! signalisierte Sepp Sebastian mit dem Kopf. Jetzt!

Schlagartig kam Leben in Sebastians schlaffe Gestalt. Mutig drängte er sich Jakob in den Weg, der mitten im Lauf ungläubig abbremsen musste und doch mit Karacho in ihn hineindonnerte. Schon war der kleine Karl zur Stelle, ein glückliches Lachen im Gesicht. Endlich war er am Ball. Schneller, als es die Gegner für möglich gehalten hatten, hatte er den Ball in seiner eigenen Hälfte des Spielfeldes in Sicherheit gebracht. Das allein war schon mehr, als er zu träumen gewagt hatte. Suchend schaute er nach Sepp. Was sollte er jetzt tun?

Sepp war mittlerweile nervös aufgestanden und hatte Rudi auf sich aufmerksam gemacht. Rudi sollte der Torschütze sein. Er stand optimal: ungedeckt und im besten Winkel zum Tor. Nur kurz winkte Sepp in Rudis Richtung. Schon hatte Karl verstanden. Unwillig trennte er sich vom Ball, schoss seinem Kameraden den Ball aber geradezu fachmännisch vor die Füße. Und Rudi hatte kapiert. Als hätten sie ihr ganzes Leben nichts anderes gemacht, traf er den Ball und versenkte ihn elegant im Tor.

„Toor!", brüllte Rudi in einer Mischung aus Erstaunen und Triumph. „Toor!"

Und während das gemeine Volk noch außer sich vor Freude feierte, kam Jakob schwerfällig herüber und baute sich böse und schwitzend vor Sepp auf. Mit spitzen Fingern polkte er ihn in die Brust. „Du denkst wohl, du wärst was Besseres, hä?"

Sepp stand regungslos da. Er erwartete, dass Jakob ihm jeden Moment seine dicke, schwitzige Faust ins Gesicht rammen würde. Stattdessen kam ihm dieser nur bedrohlich nahe, so nahe, dass Sepp dessen Schweißperlen, die ihm von Stirn und Nase tropften, abbekam.

„Du wirst kein Lehrer!", keifte Jakob. „Das hat nämlich MEIN Vater gesagt. Ha, ha. Und weißt du warum? Weil du nämlich schon bald mit arbeiten musst. Dein Vater bringt es nämlich nicht mehr, hat mein Vater gesagt!"

Sepp starrte Jakob fassungslos an. Er wusste zu gut, dass das, was Jakob da soeben von sich gab, nicht nur pure Rache war, sondern durchaus der Wahrheit entsprechen konnte. Jakobs Vater war schließlich Vorarbeiter. Deshalb verdiente er auch mehr als die anderen, allerdings nicht viel mehr. Es war dieser kleine Unterschied zwischen sehr arm und nur arm. Aber hier zählten diese Nuancen.

Sepp traten Tränen in die Augen und er hielt sie mit angespanntem Gesicht zurück. Er wusste selber nur zu genau, dass es seinem Vater nicht gut ging. Er wollte gar nicht daran denken, was passieren würde, wenn sich sein Vater nicht mehr erholte.

Trocken schluckte er und zog die Schultern hoch. Jakob gebärdete sich, wohl wissend, dass er ins Schwarze getroffen hatte, weiter.

„Was wird dein Vater denn sagen, wenn er erfährt, dass du trotz seines Verbotes Fußball spielst, hä?"

Jetzt kamen auch die anderen Jungen näher und umringten die beiden. An ihren Gesichtern konnte man ablesen, wie fassungslos sie über Jakobs Gemeinheiten waren. Was hatte er da gesagt? Er wollte Seppl verpetzen? Das konnte er doch nicht tun! Nicht, nachdem sie ihn alle gedeckt hatten. Wenn er DAS erzählen würde, würde keiner von ihnen mehr Fußball spielen können.

Sepp schaute in Jakobs wütende Augen und wusste, dass dieser zu allem fähig war.

Sepp begann mit sich zu hadern und fluchte innerlich. Er war dumm gewesen, hatte einen groben Fehler begangen und den Gegner unterschätzt. Trotzdem würde er sich von Jakob nicht fertig machen lassen, so viel stand fest. Irgendetwas musste er unternehmen. Diesen Triumph wollte er Jakob nicht gönnen.

Nach kurzem Nachdenken beschloss er, ihn zu bestechen. Jakob war bestechlich, das wusste er aus vielen anderen Situationen. Am besten gelang dies mit Essen, doch damit konnte Sepp nicht aufwarten, hatten sie doch nie genug zu Hause. Nein, es musste etwas anderes sein. Aber was? Plötzlich fiel ihm etwas ein – etwas viel Besseres als Essen.

„Wenn du es nicht sagst, nehme ich dich morgen mit zum Spiel."

Die Menge wich ehrfürchtig zurück. Keiner von ihnen war schon bei einem richtigen Fußballspiel gewesen. Zu teuer. Unmöglich. Sie starrten Sepp an, als hätte er ihnen Gold versprochen. Ausgerechnet Seppl! Einer, der bei weitem am wenigsten hatte. Wie sollte er das schaffen? Sepps Stimme war trocken. Natürlich hatte er selbst nicht die geringste Ahnung, wie er den behäbigen Jakob in das Stadion einschleusen könnte. Doch das durfte er sich jetzt nicht anmerken lassen.

„Nur Jakob, sonst niemanden. Ich nehme dich mit zum Spiel – auf Ehre und Gewissen. Versprochen."

„Der Junge soll nicht spielen, er soll lernen. Und wenn er nicht lernt, kann er sich genauso gut hier nützlich machen. Ich weiß sowieso nicht, wie ich das alles bis morgen fertig bekommen soll."

Im Hause Herberger herrschte düstere Stimmung. Zwar hatten sich weder Sepp – er war gestern pünktlich und ohne Schrammen zu Hause gewesen – noch dessen Vater, der wie gewünscht das Kaninchen geschlachtet hatte, etwas zu Schulden kommen lassen, aber Lina Herberger war nicht zufrieden. Sie stellte die Teller der Mahlzeit ordentlich zusammen und strich unbewusst die Schürze glatt.

Es war Sonntag und sie würde sich so gerne nur für kurze Zeit hinlegen, ausruhen, einen wunderbaren Moment einfach in den Schlaf entgleiten, aber daran war heute nicht zu denken. Nicht für sie. Seit Josef nicht mehr so konnte, lastete immer mehr Arbeit auf ihren Schultern. Und die anderen Kinder waren alle schon aus dem Haus. Doch wie zum Hohn ließ Josef seinem Letztgeborenen alle Freiheiten. Sie verstand das nicht. Natürlich wollte sie das Beste für ihren Sohn. Er war klug und strebsam, ein anständiger Junge. Vielleicht würde er ja wirklich Lehrer werden, wie er es sich wünschte, aber eine dumpfe Ahnung sagte ihr, dass diese Pläne zu hoch gegriffen waren.

Sie wusste, worauf man sich verlassen konnte – auf seiner eigenen Hände Arbeit – und je eher Sepp das begriff, umso besser.

Ihr Mund verkniff sich zu einem bitteren Strich, als Josef, wie gewohnt, ein Wort für seinen Sohn einlegte. „Lina, er hilft uns doch schon so viel. Und gelernt hat er die ganze Woche schon mehr als genug. Lass ihn doch heute etwas mit seinen Kameraden unternehmen!"

Sie blitzte ihn an, wagte aber nicht zu widersprechen, zumindest nicht offen. Sie hatte sich schon weiter aus dem Fenster gelehnt, als es sich für eine Frau gehörte. Und wie immer hatte Josef der Diskussion – zwar auf gutmütige Art, aber entschieden – ein Ende gesetzt.

Für kurze Zeit herrschte angestrengte Stille. Eine Stille, in der Sepp fast meinte, man müsste sein aufgeregtes Herz klopfen hören. So viel hing davon ab, dass er jetzt frei bekam. Und gleichzeitig fühlte er sich schuldig. Sein Vater ahnte gar nicht, was er mit seinen Kameraden unternehmen wollte. Und wenn er es gewusst hätte, hätte er eigenhändig die Tür verriegelt, anstatt ihn freizuboxen. Aber darüber durfte er jetzt nicht nachdenken. Unten wartete Jakob sicher schon ungeduldig. Wie hatte er sich darauf bloß einlassen können? Ohne Karten für das Spiel …

Natürlich hatte er instinktiv gewusst, dass Jakob mit seiner Drohung ernst gemacht hätte. Erst die Sache mit dem Eigentor und dem kaputten Kapellenfenster, dann die Schmach des Unterliegens gestern. Das konnte Jakob doch nicht einfach so auf sich sitzen lassen. Ehre hin oder her – hier ging es um Jakobs Ansehen und das hatte mehr Bedeutung als alles andere. Dabei machte sich Jakob gar nichts aus Fußball. Es bedeutete ihm – wie so vieles andere – überhaupt nichts. Deshalb hätte er sie auch ohne mit der Wimper zu zucken alle verraten.

Sepp machte ein undurchdringliches Gesicht. Dann erhob sich der Vater und sprach das erlösende Wort.

„Du kannst gehen."

Angemessen langsam erhob sich Sepp. „Danke, Vater. Danke, Mutter."

Ohne seine Erleichterung zu zeigen, verließ er die Wohnung. Sepp spürte die brennenden, bösen Blicke seiner Mutter im Rücken. Er musste vorsichtig sein. Er hatte so viel zu verlieren.

Sie waren schon einige Zeit unterwegs und hatten noch nicht viel gesprochen. Flink eilte Sepp voran. Er hatte einen riskanten Plan, wie er sie beide zum Spiel bringen konnte. Jakob trollte aufgeregt hinterher. Er konnte es zwar nicht zugeben, aber dass Sepp ihn heute mitnahm, war schon etwas Besonderes für ihn. Niemand war jemals mit ihm auch nur irgendwohin gegangen, zumindest nicht freiwillig. Jakob hatte keine Freunde, er hatte nur Untertanen.

Zwar wusste er, dass Sepp es jetzt auch nicht ganz freiwillig tat, aber so eine kleine Drohung, alle zu verraten, war schließlich legitim. Er war es gewohnt, sich auf diese Weise Respekt zu verschaffen und wenn dann noch etwas für ihn raussprang, war es umso besser.

Sepp und Jakob waren schon in Platznähe.

„Und woher hast du die Karten?", keuchte Jakob atemlos.

Sepp blieb stehen, sein Gesicht, eine Maske der Entschlossenheit, schien älter, als er eigentlich war. Im Vergleich dazu klang seine Stimme richtiggehend dünn und doch abgeklärt.

„Ich habe gar keine Karten."

„Und wie sollen wir dann hereinkommen??" Jakob schien mehr konsterniert als wütend.

„Ich kenne da eine Stelle, da klettern wir über den Zaun." Zielstrebig setzte sich Sepp in Bewegung.

„DA KLETTERN WIR WOHIN?!"

Jakob schüttelte ungläubig seinen dicken Kopf. Er sah richtig dumm dabei aus. Sepp hatte zwar schon vermutet, dass diese Kletterangelegenheit mit Jakob ein Problem werden würde, doch eine andere Lösung, sein Versprechen einzuhalten, sah er nicht. Der Zaun war hoch, das allein schreckte Jakob anscheinend schon ab. Was dieser aber noch gar nicht wusste, war, dass extra gegen das Überklettern Spitzen obenauf angebracht worden waren. Spitzen, die, wenn sie nicht einen Angriff auf den Körper darstellten, auf jeden Fall einen verheerenden Schaden an ihren Sonntagshosen und Hemden anrichten konnten. Und wie immer in solchen Situationen, lief sein Blut erst schneller, pulsierte rauschend durch seine Adern und hinterließ dann eine Art kühle Gelassenheit. Er nahm alles sehr klar wahr: die Erwachsenen, die zum Spiel eilten, die nervöse Anspannung oder die ausgelassene Freude der Fußballfans. Er liebte die Spielatmosphäre. Und er wusste, dass er Jakob jetzt nicht gehen lassen durfte. Danach würde alles nur noch schlimmer. Jakob war es gewohnt zu siegen, er konnte mit Niederlagen nicht umgehen. Dafür mussten andere bluten. Deshalb musste er, Sepp, dafür sorgen, dass dieser Tag ein Erfolg für Jakob werden würde. Er MUSSTE ihn dazu bewegen, über den Zaun zu klettern, egal wie.

„Sag bloß, du bist feige!", hörte er sich sagen.

Jakob hörte auf, den Kopf zu schütteln und sah ihn böse an. Jedes Mal, wenn Jakob wütend wurde, wurden seine feisten Backen rot, schienen sich förmlich aufzuplustern. Jetzt wusste er auch, an wen ihn Jakob erinnerte: an einen Kuckuck, der auch dann noch seinen Schnabel aufriss und nach Futter schrie, wenn er schon längst groß und fett seine Wahleltern überragte und alle „Geschwister" aus dem Nest geschubst hatte. Mit dem Unterschied, dass der richtige Jakob seine Geschwister nicht aus dem Nest schubsen musste, da er, was selten war, ein Einzelkind geblieben war, der Sonnenschein seiner Eltern.

„ICH BIN NICHT FEIGE!", würgte der Sonnenschein zwischen seinen geblähten Nüstern hervor. Na also, wer sagte es denn. Jakob war reingefallen.

„Gut, dann kann ja nichts schief gehen. Hier geht's lang."

Bestimmt, und als wäre das überhaupt kein Problem, schritt Sepp zu der Stelle, an der er über den Zaun klettern wollte. Immer noch rotbackig, aber nicht mehr komplett bockig, beäugte jetzt auch Jakob den Zaun. Von unten betrachtet, wirkte er riesig.

„Äh …", kommentierte Jakob. Auch Sepp war etwas mulmig zumute, aber er hatte eine Aufgabe, die es zu erfüllen galt.

„Wir klettern jetzt auf den Baum da," drängelte Sepp, „dann hangeln wir uns von dort vorsichtig über den Zaun. Und wir müssen es JETZT machen! Los, du zuerst!"

Umständlich zog sich Jakob am Baum hoch. Als er in der massiven Krone angekommen war, hielt er stolz inne. Sepp schwang sich ihm hinterher.

„Wieso ist es denn so eilig?!", hakte Jakob nach. Er war jetzt auf einer Höhe mit den bedrohlichen Spitzen des Zauns und musterte sie argwöhnisch. Sepp gab Jakob einen kleinen Schubs nach vorn, sodass er nicht anders konnte, als sich über die Spitzen zu hangeln, um mit einem lauten „Wuff" und unter Quieken auf der anderen Seite unten aufzuprallen.

„Weil jetzt gleich der Platzwart seinen Kontrollgang macht. Dann müssen wir hier verschwunden sein", zischte Sepp von der anderen Seite des Zaunes. Jakob sah sich ängstlich um. So hatte er sich das nicht vorgestellt. Auch Sepp kundschaftete verstohlen von seinem erhöhten Posten auf dem Baum die nähere Umgebung aus. Wenn er sich nicht täuschte, war die Gefahr schon im Anmarsch.

Sepp sprang Jakob hastig hinterher und landete unsanft neben ihm auf dem harten Boden. Mit Entsetzen hatte er das verräterische „Ratsch" des zerreißenden Hosenstoffes gehört, als er die Spitzen passierte. Gott, das würde wieder Ärger geben! Sein linker Oberschenkel musste auch etwas abgekriegt haben. Er fühlte sich warm und feucht an. Wahrscheinlich nur ein Kratzer. Der Schmerz würde später kommen. Aber jetzt mussten sie unbedingt weg, sonst waren sie schneller draußen, als sie hereingekommen waren.

„Los jetzt!!" Sepp zog panisch an Jakobs Ärmel.

„Au!", kommentierte dieser den Schmerz weinerlich. Jakob sah mittlerweile ganz schön blass aus. Noch vor kurzem war er davon ausgegangen, dass die beiden ganz regulär und völlig stressfrei mit gekauften Karten durch den Haupteingang des Stadions marschieren würden. Dass sie über einen meterhohen Zaun mit gemeinen Spitzen obendrauf klettern würden, noch dazu, wo ihnen jetzt der Platzwart auf den Fersen war, hatte er sich nicht träumen lassen. So war er jedenfalls nicht in der Lage, das Spiel zu genießen.

Ganz anders ging es Sepp. Mit jedem Schritt, mit dem er der Aussicht auf das Spielfeld näher kam, ging es ihm besser, wurde es ihm leichter ums Herz. Nichts zählte mehr. Nicht das Pochen im Oberschenkel, nicht die harte Hand der Mutter, wenn sie das Loch in der Hose entdecken würde, und auch nicht die Memme von Jakob, die sonst immer laut tönte und jetzt, wo es darauf ankam, keinen Schneid besaß.

„Setz dich, aber leise!", forderte Sepp ihn auf und es wunderte ihn gar nicht, dass Jakob nicht widersprach. Jakob hatte ES nicht, das wusste er. Er würde nie für eine Angelegenheit so brennen, wie Sepp es tat. Er würde für seine Träume nie ein Risiko eingehen und würde immer loslassen, wenn etwas schwierig werden würde, anstatt festzuhalten und das Mögliche zu schaffen. Jakob war eben kein Fußballspieler. Aber ER, Sepp, ER war einer. Von ganzem Herzen, mit Leib und Seele und mit all seiner Kraft.

Verzückt sah er, wie jetzt die Spieler auf das Feld liefen, sich gegenseitig freundschaftlich die Hände reichten und wie anschließend der Münzwurf über die Seiten entschied. Sepp's Herz schlug dabei besonders für den Karlsruher FV, der heute auf dem Mannheimer Sportplatz antrat und den er nicht zum ersten Mal sah. Niemand wusste, dass er sich schon oft über den Zaun geschlichen hatte. Es war ja auch noch nie etwas passiert. Und ausgerechnet heute, wo er sein Geheimnis an Jakob preisgeben musste, dieses Missgeschick! Wie sollte er das bloß seinen Eltern erklären?

Anpfiff. Sepp vertagte seine Gedanken. Der Karlsruher Innensturm Förderer, Fuchs und Hirsch machte seinem sagenhaften Ruf alle Ehre. Sepp beobachtete die technischen Kunststücke und die bestechenden Kombinationen mit Argusaugen. Er brannte die Erinnerung daran tief in sich ein. So tief, dass man ihn nachts hätte wecken können. Vielleicht hätte er seinen Vornamen nicht anständig sagen können, aber die Spielkombination, die hätte er gewusst.

Wenn er Fußball sah, war das wie ein inneres Beten. Und gleichzeitig wusste er genau, was in jedem Spieler vorging, konnte fast spüren, wie sich der Ball anfühlen musste, der jetzt unter großem Jubel für den Karlsruher FV ins Tor ging. Sie hatten es so sehr verdient, Deutscher Meister zu werden! Vor einem Jahr hatte er sich sogar zum Endspiel der Deutschen Meisterschaft einschleichen können und erlebt, wie Viktoria 89 Berlin vom Freiburger FC mit 3:1 besiegt wurde. Aber irgendetwas sagte ihm, dass er im Karlsruher FV einen zukünftigen Meister vor sich hatte.

„Die machen es, spätestens übernächstes Jahr, ich schwöre!", raunte er Jakob fiebernd zu. „Ach erzähl doch keinen Quatsch!", entgegnete ihm Jakob, der langsam wieder Oberwasser bekam und das Spiel nun sichtlich genoss.

„Nein, guck dir doch mal an, wie die aufeinander eingespielt sind. Solche Paare sind die stärksten Waffen des Angriffsspiels gegen jede Abwehr."

Jakob sah ihn mit einem solch merkwürdigen Blick an, als wäre er irre.

„Ich weiß es!", bekräftigte Sepp, ohne darüber nachzudenken. Erstaunlich gutmütig brummte Jakob zurück: „Wahrscheinlich versteht niemand hier so viel von Fußball wie du, du Depp!" Jakob musste lachen und verpasste ihm eine Kopfnuss.

„So ist es", bestätigte Sepp ernsthaft.

Noch lachend meinte Jakob: „Du bist eigentlich gar nicht so übel. Aber du spinnst ziemlich, wenn du denkst, dass sie dich mal spielen lassen! Hast du dich mal angeguckt?" Jakob lachte weiter in seiner Einfältigkeit. Sepp riskierte einen kurzen Blick. Das war wohl das, was einem Freundschaftsangebot von Jakob am nächsten kommen würde. Zumindest aber einem Waffenstillstand. Und das konnte für ihn nur gut sein. So viel hatte er gelernt. Er rang sich ebenfalls ein Lächeln ab. Wenn man jemanden nicht besiegen kann, dann muss man ihn sich zum Freund machen, das hatte schon sein Vater gesagt. Trotzdem konnte er das nicht auf sich sitzen lassen.

„Dann werde ich eben Trainer!", warf er leise, aber entschieden ein.

„Klar, Trainer, erzähl das mal deiner Mutter, wenn sie deine Hose sieht!", lachte Jakob schadenfroh.

„Mist!", fluchte Sepp, wieder an das erinnert, was er eben noch verdrängt hatte. „Das gibt Ärger! Wahrscheinlich müsst ihr demnächst ohne mich spielen."

Verzweiflung machte sich in ihm breit. Jakob griff in seine Tasche und kramte etwas hervor. Das roch nach …

„Speck!", sagte Jakob. „Hier, gib den deiner Mutter!"

Sepp guckte nun ungläubig neben sich. Für einen Moment war er vom Spiel abgelenkt. Er nahm den Speck in die Hand und roch daran. Das Wasser lief ihm im Munde zusammen.

„Danke", sagte er immer noch ungläubig. Dass Jakob ihm freiwillig ein schönes Stück Speck anbot, damit er seine Mutter besänftigen konnte, hätte er nicht im Traum erwartet. Aber Jakob schien es ernst damit zu sein.

„Das vergess ich dir nicht."

„Schon gut", winkte Jakob ab. Einen kurzen Moment sahen sie sich verschwörerisch an. Dann starrten beide wieder gebannt aufs Spielfeld. Die Menge jaulte auf, als der Karlsruher FV seine Torchance nur knapp verfehlte. Sepp fragte sich, ob es jemals etwas Besseres als Fußball in seinem Leben geben würde. Nein, das konnte er sich nicht vorstellen, wirklich nicht. Und er würde alles dafür tun, alles, um irgendwann einmal dabei zu sein.

Fachzeitung Fußball 1920:
15 000 Zuschauer. Nürnbergs erste Niederlage. Glänzendes Spiel des Waldhof Sturms.
Das glänzende Spiel der Flügelstürmer Skutlarek und Willmann sowie das harmonische Zusammenarbeiten des Trios Höger-Hutter-Herberger verdienen höchste Anerkennung.

Süddeutsche Sportzeitung 1920:
Herberger der glänzende und technisch gut geschulte Halblinke, verdient es, in einer repräsentativen Mannschaft berücksichtigt zu werden.

Der Kicker 1925:
Der beste Mann im Mannheimer Sturm war selbstverständlich Herberger. Seine Sturmführung war über alles Lob erhaben. Die Art, wie er von hinten kommende Bälle aus der Luft erfasste und mit großer Sicherheit weiterleitete, war großartig.

Fußballwoche 1928:
Der Stil, in dem Sobek und Herberger dieses Tor herausarbeiteten, war so herrlich, dass minutenlanger Beifall einsetzte.
Er (Herberger) kann die Bedingung, die an den Mittelstürmer von heute gestellt werden, wie wenige erfüllen, weil er den Stellungsspielverstand nicht nur hat, sondern weil er auch ein Vollbluttechniker und körperlich so großartig fit ist, dass er den Ball im vollsten Lauf annehmen und mit ihm den Gegner im pfeilschnellen Antritt übersprinten kann.

II.

Fügung

Frankfurt im Oktober 1938: Lehrgang Gau Südwest

Er konnte es nicht fassen. Seine Augen hingen wie gebannt am Spielfeld, nichts anderes interessierte mehr. Vergessen waren all die anderen mittelmäßigen Probespiele, die er als Trainer gesehen hatte, all die anderen hoffnungsfrohen Talente, die sich so oft überschätzten und nie zu den Berufenen zählen würden. Dieser junge Mann hier war der geborene Fußballspieler und ein begnadeter Torschütze obendrein, ein echtes Ausnahmetalent.

Sepp Herberger spürte ein aufgeregtes Kribbeln in der Magengrube. Er hatte selbst genügend Jahre als Spieler hinter sich und mittlerweile ausreichend Erfahrung als Trainer, um zu wissen, wer gut war. Aber eigentlich brauchte er das alles nicht – Fußballtalente hatte er schon erkannt, als er noch ein kleiner Junge war. Es war etwas Grundlegendes, fast schon eine Art von Besessenheit, die man entweder hatte oder nicht.

Der junge Spieler, den er gerade einer eingehenden Prüfung unterzog, war gut aussehend, doch ein wenig schmächtiger gebaut als die anderen, vielleicht 18 Jahre alt. Aber seine Art zu spielen war enorm kraftvoll und würde mit dem Training sicher noch weiter reifen.

Flink und wendig führte er den Ball, ließ sein Umfeld dabei nicht aus den Augen. Vorausschauend wie kein anderer hatte er das Spielfeld im Blick, wusste genau, wen er jetzt gerade anspielen sollte und wer Gefahr lief, von den gegnerischen Spielern eins zu eins gedeckt zu werden.

Er bestimmte den Verlauf des Spiels, legte Rhythmus und Strategie fest, obwohl die Mannschaft bunt durcheinander gewürfelt war und sie sich untereinander gerade mal drei

Tage lang kannten. Natürlich war er noch ein Rohdiamant und schien selber noch nicht zu wissen, wie talentiert er war. Man merkte das an der schüchternen, unprätentiösen Art, wie er das Spielfeld betrat. Doch das würde sich ändern.

Aufgeregt kramte Sepp Herberger sein grünes, schon recht abgenutztes Notizbuch aus der Anzugtasche. Wie hieß der Bursche doch gleich? Er blätterte hastig, bis er den Namen fand.

„F.W." stand da groß geschrieben. „F.W." wie Fritz Walter. Namen konnte er sich nicht ganz so schnell merken wie Bewegungen. Hätte ihn jemand nach einem bestimmten Spieler gefragt, so hätte er vermutlich jede erdenkliche Eigenheit seiner Bewegungen auf dem Platz nennen können. Ob er nun schnell oder langsam, behutsam oder unbedacht, ausdauernd oder kurzatmig war – alles fiel ihm sofort ein, als wäre es an einem geheimen Ort gespeichert, jederzeit abrufbar.

Schon sein ganzes Leben hindurch war er aus irgendeinem Grund auf die Fähigkeiten von Spielern geeicht. Seine Frau Ev zog ihn manchmal liebevoll damit auf: Sie wunderte sich, dass er ihren Namen behalten konnte, ohne, dass sie dafür einen Ball bewegen musste.

Sie hatten sich – wie es sich für einen Fußballer gehörte – natürlich auf dem Sportplatz kennen gelernt. Eva Müller war damals Dienstmädchen in Mannheim gewesen und hatte zur Abwechslung mit ihrer Freundin das sonntägliche Spiel des SV Waldhof Mannheim, dem Verein, bei dem er damals spielte, besucht. Sofort war sie Sepp aufgefallen. Er hatte nicht lange gezögert und sich ihr vorstellen lassen. Auf den ersten Blick hatten beide gewusst, dass sie zueinander gehörten.

Ihren Hochzeitstermin mussten sie dann mehrmals wegen wichtiger Spiele verschieben, die Hochzeitsnacht hatten sie im Zug auf der Fahrt zu einem Spiel verbracht. Mittlerweile waren sie seit 17 Jahren verheiratet – glücklich verheiratet! Eine bessere Frau hätte er gar nicht finden können. Seinen ganzen Weg hatte sie treu begleitet, doch vom Fußball verstand sie immer noch rein gar nichts.

Er schmunzelte. Vielleicht verstanden sie sich deshalb so gut. Keiner redete dem anderen hinein. Er sagte ihr nicht, wie sie kochen sollte, sie schrieb ihm nicht vor, wie er trainieren sollte. Trotzdem hatte sie ihr Möglichstes dazu beigetragen, dass er heute Trainer war. Sie hatte ihm mit ihrer praktischen Art auch zur Seite gestanden, als er selber noch als spurtschneller Halb- und Mittelstürmer glänzte und sogar in der Nationalmannschaft spielen sollte.

Sie war zwar selten bei einem Spiel dabei gewesen – die Regeln begriff sie einfach nicht und das würde sich wahrscheinlich auch nie ändern. Aber wenn er mit stolz glänzenden Augen nach Hause kam, hatte sie ihn mindestens ebenso stolz in die Arme geschlossen.

Dass er es überhaupt zum Spieler geschafft hatte, war eigentlich ein kleines Wunder. Niemand in der Spiegelsiedlung hätte auch nur einen Pfennig auf ihn gewettet. Nach dem frühen Tod seines Vaters, der einer Erkältung erlegen war, musste er alle Hoffnungen auf eine bessere Ausbildung an der Bürgerschule begraben.

Danach hatte er für seine Mutter sorgen müssen und gerade einmal die Volksschule beenden können. Für alle stand eigentlich fest, dass Seppl damit, wie auch sein Vater, höchstens Arbeiter in der Spiegelfabrik werden konnte. Die Chancen für eine bessere Zukunft hatten wirklich schlecht gestanden, doch er war jung, talentiert, hatte einen eisernen Willen, eine tiefe Besessenheit und eine Mordswut im Bauch. Er wollte Fußballspieler werden und sonst gar nichts, verdammt!

Sepp ließ keine Möglichkeit aus zu trainieren, allein, auf der Straße oder im Verein, egal wo, in jeder freien Minute. Sein Leben hatte aus Arbeiten, Fußballspielen und wenig Schlaf bestanden. Aber inzwischen war man aufmerksam geworden, langsam erkannte man sein Talent und seinen eisernen Willen.

So hatte er es aus eigenem Antrieb geschafft, das Leben in der Spiegelsiedlung voller Enge, mit den begrenzten Möglichkeiten und wenig Hoffnung weit hinter sich zu lassen und ein bekannter Fußballspieler zu werden. Das Höger-Hutter-Herberger Trio war selbst heute noch allen ein Begriff. Viele hielten ihn damals für den besten Mittelstürmer überhaupt, was dazu führte, dass er mit 24 Jahren Nationalspieler wurde.

Doch gerade als er von seinem ersten erfolgreichen Einsatz aus Finnland zurückkam, verpasste ihm das Schicksal wieder einmal einen Dämpfer: Kurz zuvor hatte er den Verein gewechselt und dafür Geld angenommen – 10 000 Mark. Was später gang und gäbe sein sollte, konnte einem Fußballer zu diesem Zeitpunkt das Genick brechen. Nach dem „Amateurparagraphen" waren Geldzuwendungen für Spieler untersagt. Der Gedanke dahinter war, dass Fußballer sich nicht am Spielen bereichern sollten. Bekleidung, Schuhe, Fahrtkosten, alles musste aus eigener Tasche bezahlt werden. Die einzige zulässige Entschädigung waren Spesen in der Höhe von 3,50 Mark pro Spiel, nicht mehr. Wer mehr annahm, dem drohte eine mehrjährige Sperre.

Herberger hatte sich auf dünnes Eis begeben und wusste dies. Da nutzte es auch nicht viel, dass er gar nicht wirklich an dem Geld hing. Natürlich konnten sie es gut gebrauchen: Sie waren frisch verheiratet und er ernährte sie beide mit einem verschwindend geringen Gehalt als kleiner Angestellter. Egal wie bescheiden sie lebten, im Geldbeutel war es immer klamm. Doch Ev, der gute Geist, war von Anfang an skeptisch gewesen und hatte ihn gewarnt. Sie hatte ihn gedrängt, die Geldsumme nach wenigen Tagen von selbst zurückzugeben, zwar mit einem letzten wehmütigen Blick, aber mit reinem Gewissen. Damit hatte Ev ihm einen letztendlich großen Gefallen getan, denn natürlich kam die ganze Angelegenheit später heraus und er musste sich dafür verantworten.

Der Nachweis über die Rückgabe rettete ihn vor einer offiziellen vierjährigen Sperre als Spieler. Auf Verbandsebene durfte er schon wenige Monate später weiterspielen, aber als Nationalspieler bekam er trotzdem erst Jahre später wieder einen Einsatz.

Doch weswegen er den Verein überhaupt gewechselt hatte, war die Hoffnung auf eine neue berufliche Perspektive. Längst schon hatte er seine Fühler weiter ausgestreckt. Er war 24 Jahre alt und würde nicht sein ganzes Leben lang Fußballer sein können. Das war ihm immer bewusst. Und ebenso sehnlich hatte er sich gewünscht, danach als Trainer arbeiten zu können. Aber wie sollte das gelingen ohne Ausbildung? An der Sporthochschule würde er ohne Abitur nicht studieren können.

Immer wieder drehte und wälzte er seinen Wunsch in Gedanken, begann sich selbst in jeder freien Minute weiterzubilden. Erst sah es so aus, als würden all seine Bemühungen ihn nicht weiterbringen, alle Gebete ungehört bleiben. Vier lange Jahre passierte in dieser Hinsicht gar nichts.

Doch dann nahte seine große Sternstunde fast auf Zehenspitzen. Er war inzwischen 28 Jahre alt und hatte sich zu einer Trainerschulung bei seinem großen Vorbild, dem DFB-Trainer Otto Nerz, als Teilnehmer angemeldet. Es war die erste Schulung dieser Art und er hatte zwei Jahre darauf warten müssen. So weit, so gut.

Unruhig wartete er auf den Lehrgang. Doch als er Otto Nerz in Berlin besuchte, musste er feststellen, dass dieser keinesfalls in der Lage sein würde, den sehnlich erwarteten vierwöchigen Lehrgang abzuhalten. Nerz hatte sich von einer Bauchfellentzündung noch nicht richtig erholt, kaum dass er sich ohne Schmerzen bewegen konnte. Als er aber Herberger vor seiner Tür stehen sah, hatte er eine Idee. „Sie kommen mir gerade recht!", sagte er knapp und nahm seinen Mantel. „Ich war sowieso gerade auf dem Weg zu Linnemann, da können Sie genauso gut mitkommen."

Wenig später saßen sie zusammen vor dem DFB-Präsidenten Felix Linnemann, der sie kritisch musterte. Sein lehrerhaftes Gesicht verfinsterte sich immer mehr, als er hörte, was Nerz ihm zu sagen hatte.

„Ich werde diesen Lehrgang nicht durchführen können," erklärte ihm Nerz mit Bedauern, „ich bin noch nicht so weit." Dann ließ Nerz eine kunstvolle Pause. Äußerlich unbewegt, wartete Herberger nervös auf Linnemanns Reaktion. Dieser saß spitzbärtig vor Nerz und Herberger und schaute sie über den oberen Rand seiner Brille unverwandt an. Was mochte er bloß vorhaben, fragte sich Herberger.

Gerade Linnemann war es gewesen, der ihn vor Jahren zur Trainerausbildung gedrängt und diese Idee in seinen Kopf gesetzt hatte. Würde es jetzt auch Linnemann sein, an dem alles scheitern sollte? Würde er den Lehrgang absagen?

Aber der Oberregierungs- und Kriminalrat Linnemann, ausgestattet mit messerscharfem Verstand und einer impulsiven, cholerischen Ader, dachte nicht daran, Herbergers Zukunft als Trainer scheitern zu lassen, denn er hielt viel von ihm.

Linnemanns Zeigefinger schoss plötzlich über den Tisch und deutete auf ihn, Herberger. „Den Lehrgang machen Sie!", bestimmte er kurzerhand, wie Nerz es erwartet hatte. Nerz hatte den jungen Herberger schon seit geraumer Zeit beobachtet und als Schüler gefördert, und er war überzeugt, dass er der Aufgabe gewachsen war. Gleichzeitig spürte Nerz aber auch ein leichtes Unbehagen, wie eine Ahnung, dass damit etwas in Gang gesetzt wurde, was sich letztendlich seiner Kontrolle entziehen sollte.

Und Herberger spürte dies auch. Ihm war in dem Moment klar, dass dies der Anfang von etwas Bedeutendem war, ein Geschenk des Schicksals, ein Wendepunkt. Er war längst reif dafür, hatte die Zeit des Wartens gut genutzt.

Wie immer, wenn er sich vor eine Herausforderung gestellt sah, wuchs er über sich hinaus und es gelang ihm, den Lehrgang bravourös abzuhalten. Es war eine Freude, ihm beim Unterrichten zuzusehen, denn er hatte eine natürliche Begabung dafür. Er machte seine Arbeit so gut, dass er dabei dem Prorektor der Berliner Hochschule für Leibesübungen, Professor Dr. Carl Diem, auffiel. Das Ergebnis war sogar noch besser, als er es sich in seinen kühnsten Träumen erhofft hatte. Carl Diem höchstpersönlich bot Herberger an, ihn aufgrund einer Ausnahmeregelung für besonders Begabte an der Hochschule studieren zu lassen.

Herberger hatte sein Ziel erreicht, zwar auf Umwegen, aber er würde Trainer werden und einen Abschluss als Diplom-Sportlehrer vorweisen können. Er, der gerade mal einen Volksschulabschluss hatte, kein bisschen Latein konnte und als kleiner Angestellter sein Geld verdiente. Er, der sich jedes einzelne Quäntchen Wissen über Fußballtheorie und -praxis allein und mit eiserner Disziplin selber angeeignet hatte – ER durfte auch ohne Abitur studieren. Da war sie endlich, seine Chance!

Schon einmal hatte Herberger dem Schicksal getrotzt, indem er nicht Arbeiter in der Spiegelsiedlung, sondern gefeierter Nationalspieler geworden war. Jetzt war er auf dem Sprung, ganz andere Höhen zu erreichen. Wie hoch, sollte er selber in diesem Moment noch nicht ahnen.

Doch zunächst war die Studienzeit hart. Er war der älteste Student an der Uni und der einzige, der kein Latein konnte. Geld war Mangelware. Evs und sein Budget umfasste 200 Mark im Monat, zum Leben blieben ihnen ganze 19 Mark die Woche.

Auch hatte seine Frau vor dem Umzug Bedenken, dann in Berlin zu leben. Sie fragte ihn, was sie, „die Ev vom Lande", wie sie sich scherzhaft nannte, denn ausgerechnet in der Großstadt Berlin anfangen solle.

Doch trotz aller Bedenken hielt sie zu ihm. Und es hätte wieder einmal, wie schon so oft zuvor, keine bessere Partnerin für Herberger geben können.

Als Herberger noch von Weltmeisterschaft träumte, war Ev schon Weltmeisterin im Sparen und konnte so sein Studium ermöglichen. Er selbst machte aus der Not eine Tugend und hörte von einem Tag auf den anderen auf, zu rauchen. Das war schließlich auch gesünder. Seitdem konnte er es aber nicht mehr haben, wenn andere und gerade Fußballspieler in seiner Gegenwart rauchten wie die Schlote. Immer wieder bemängelte er ab diesem Tag das fehlende Gesundheitsbewusstsein bei Sportlern.

Mit jedem Tag lebten sie sich besser in Berlin ein. Letztendlich begann sogar Ev, sich dort richtig wohl zu fühlen. Später, als er sie auch mal zum Kaffeetrinken ins vornehme Cafe Kranzler ausführen konnte, war sie schon ganz versöhnt mit der Großstadt.

Auch Herberger fühlte sich wohl. Er spielte, mittlerweile vielfach gelobt, beim piekfeinen Fußballclub Tennis Borussia, wo er sich später sogar als Trainer etwas Geld verdienen konnte. Und gerade dieses Training war schuld an dem einzigen wirklichen Wermutstropfen, der den Triumph seines Studiums abmilderte. Nach nur sechs Semestern hatte er sein Studium – als Bester von allen! – fast ausschließlich mit Einsen und Zweien abgeschlossen. Doch in einem Fach hatte er „nur" ein „genügend". Dieses Fach war ausgerechnet Psychologie.

Das fuchste ihn sehr. Denn von Psychologie – und gerade von der Spieler-Psychologie – verstand er viel und hielt sich auch für begabt. Aber er hatte tatsächlich keine einzige der Psychologie-Vorlesungen besuchen können, denn an den Tagen der Vorlesung war er als Trainer verpflichtet. Bei der ersten Prüfung war er auch gleich durchgefallen. In der Nachprüfung hatte er dann mit einem weiteren Prüfling vor Professor Sippel gesessen, innerlich zerrissen, was er ihm sagen sollte. Sollte er zugeben, dass er nicht ein einziges Mal in einer der Vorlesungen war, oder sollte er pokern?

Wie nicht anders zu erwarten, traf die erste Frage des Professors gleich ins Schwarze. Sippel hatte den ersten Prüfling noch freundlich gemustert und ihn gefragt: „Welche meiner Vorlesungen haben Sie besucht?"

Herberger war zwar noch nicht an der Reihe, musste aber jetzt schon schlucken. Das lief wesentlich schlechter als erwartet. Kandidat eins antwortete umfangreich. Er musste in jeder Vorlesung des Professors gewesen sein, dachte Herberger. Trotzdem spannte sich Sippels Gesicht zunehmend an und am Ende war seine Laune ziemlich im Keller.

„Und Sie …?", hatte Sippel sich kurz und bündig an seinen zweiten Kandidaten gewandt. Dieser gab sich einen Ruck: „Gar keine, Herr Professor." Und dann hatte er ihm erklärt, warum nicht und dass er gerne in die Vorlesung gekommen wäre, aber für sich und seine Frau Geld verdienen müsse. Der Professor zeigte keine Reaktion. „Aha", bemerkte er bloß. Am Schluss der Prüfung warteten die Delinquenten angstvoll auf das Ergebnis.

„Durchgefallen", verkündete der Professor mit kaltem Blick dem ersten Kandidaten. Er könne sich nur zu gut daran erinnern, dass dieser nicht, wie behauptet, die ganze Zeit anwesend gewesen war, sondern lediglich nur eine Vorlesung besucht hatte und in dieser auch noch ein Magazin gelesen hatte.

Dann wandte Sippel sich an Herberger, der nun froh war, die Wahrheit gesagt zu haben: „Genügend", teilte er ihm kurz und bündig mit und Herberger atmete auf. Sippel hatte menschliches Verständnis und wohl offenbar Humor, denn später, viel später, an einem Tag in unerreichbarer Ferne würde er Herberger mit einem Telegramm gratulieren, was für ein guter Psychologe aus ihm doch geworden sei, vielleicht sogar, weil er in keiner seiner Vorlesungen gewesen sei.

Aber das konnte Herberger weder wissen noch ahnen. Er ließ sich von der Psychologie-Note auch nicht abhalten, sich weiter für einen guten Psychologen zu halten. Ansonsten hielt seine Glückssträhne auch weiterhin an. Kaum zwei Jahre nach dem Studium im Jahr 1932, er war mittlerweile 35 Jahre alt, wurde er zum Verbandstrainer beim Westdeutschen Fußballverband in Duisburg ernannt und damit stand das Tor auf seinem Weg nach oben endgültig offen.

Einflussreiche Männer standen hinter ihm: nach wie vor Otto Nerz, aber auch Willi Knehe, der Spielausschussvorsitzende des Westdeutschen Fußballverbandes. Es war eine gute Zeit.

Der Druck der inneren Anspannung, die ihn sein ganzes Leben begleitet und ihn immer angetrieben hatte, umsichtiger zu sein, schneller und klüger zu handeln als andere, war für eine kurze Zeit gewichen. Doch eine gewisse Vorsicht und ein immer währendes Vorausschauen und Vorausplanen war ihm schon da fast zur zweiten Natur geworden. Er wusste nur allzu gut, wie schnell das Schicksal sich wenden konnte. Aber in diesem Moment stand die Welt voller neuer Möglichkeiten und bewegte sich schnell und dennoch harmonisch zu seinen Konditionen, trug ihn wie eine Welle vorwärts.

Automatisch wusste er, was er zu tun hatte. Er musste eine solide Basis schaffen, gerade jetzt, wo die soziale und wirtschaftliche Lage in Deutschland nach dem Schwarzen Freitag im Herbst 1929 dramatisch aussah. Die Arbeitslosigkeit hatte ein nie gekanntes Ausmaß angenommen, machte vor keiner Schicht halt. Er wäre gerne sofort durchgestartet, platzte fast vor Plänen und Ideen, wie er dem Fußball eine ganz neue Richtung geben würde, und musste doch erst einmal Lösungen für grundlegende Probleme finden.

Den Nachwuchs hatte er dabei ganz besonders im Auge: Junge Talente, die er aufbauen und formen konnte. Doch schon der erste Lehrgang war ein Fiasko. Offensichtlich waren die Teilnehmer nicht nach dem Gesichtspunkt Leistung, sondern danach ausgesucht worden, wer dringend eine Arbeit und eine warme Mahlzeit brauchte. Auch der Verein selbst hatte kein Geld, da ein Großteil der Mitglieder ebenfalls arbeitslos war. Somit waren kaum Berufene in Herbergers Kursen und finanzielle Mittel standen ihm auch nicht zur Verfügung. Er überlegte und beschloss, noch weiter unten direkt in den Bezirken anzufangen. Vor Ort überprüfte er kontinuierlich die Ausbildung, lud aber gleichzeitig die Übungsleiter zur Schulung ein. Schnell hatte er mit diesem Konzept Erfolg.

Er wusste nicht, dass er hinter seinem Rücken schon längst mit Nerz verglichen wurde. Einige behaupteten sogar, er würde auftreten wie ein kleiner König. Selbst wenn er gewusst hätte, wie hinter seinem Rücken getuschelt wurde, es hätte ihn nicht gestört. Später würden ihn noch ganz andere Titel schmücken. Für viele würde er „der Chef" sein, für einige ein „Feldwebel", für manche ein „Tyrann", wenn auch ein sanfter.

Aber er fühlte sich für die Sache verantwortlich, war bereit, die Dinge in die Hand zu nehmen und dafür die Konsequenzen zu tragen. Denn was er bei Nerz sah, gefiel ihm schon lange nicht mehr. Nerz hatte den Fußball geformt und hatte ihn wachsen lassen, aber jetzt fehlten neue Impulse. Es konnte nur eine Frage der Zeit sein, bis er deswegen mit Nerz zusammenstoßen musste.

Bis zu diesem Zeitpunkt war Nerz der Lehrer, Herberger der Schüler. Sie waren ein perfektes Gespann: Nerz war für die Theorie zuständig, befahl und erläuterte, Herberger für die Praxis. Herberger beherrschte die Nerzschen Trainingsmethoden wie keiner sonst und konnte daher seinen Lehrer immer mehr entlasten, gerade als dieser sein medizinisches Staatsexamen absolvierte. Doch ihre Rangordnung geriet unmerklich ins Wanken.

Innerlich spielte in Herberger eine ganz andere Melodie, er hatte ein anderes Bild vom Fußball als Nerz. Er spürte, dass er mehr von den Spielern verstand – und wie er fand – auch vom Spiel selbst. Deshalb sah er auch voraus, was kommen musste: Nerz, der „Schleifstein", wie er oft genannt wurde, der distanziert, autoritär, gar rüde und paukerhaft auf Kondition und Ausdauer setzte, den auf Sieg ausgerichteten Zweckfußball zum Kraftsport erhob, musste damit jene Flamme löschen, die für einen Fußballspieler unerlässlich war: die Leidenschaft am Ball.

Zwar hatte Herberger für sich jede Technik von Nerz übernommen, die hilfreich war, aber er wusste tief im Herzen, dass seine Spieler Menschen waren und deshalb achtete er darauf, dass in ihrem Herzen die Flamme der Spielfreude nicht erlosch. Seine Spieler sollten brennen vor Freude, den Ball zu treffen. Sie sollten Freude am Tun empfinden, statt Langeweile am Zweck und monotoner Arbeit auf dem Feld. Sie sollten nach dem harten Training umfallen vor Müdigkeit – umfallen, aber lachend!

Nerz' Spieler hingegen waren zwar Kraftpakete, aber sie brannten nicht mehr für das Spiel und es konnte nicht mehr lange dauern, bis das offensichtlich wurde. Der politischen Führung war allerdings die Strategie vom reinen Kraftsport gerade recht. Doch Herberger schwebte nicht das Bild des Sportlers als Athlet vor. Ausgerechnet vom Machtwechsel 1933 hatte er sich aber naiverweise erhofft, dass damit eine Verjüngung, eine Veränderung eintreten würde, hatte sich deshalb sogar drängen lassen, der NSDAP beizutreten. Er hatte glauben wollen, als man ihm sagte, es seien anständige Menschen und eine gute Sache. Doch bald begann er zu begreifen, wie die Wirklichkeit aussah. Keinem seiner Spieler würde er Parolen erzählen, er würde sich nicht funktionalisieren lassen, nahm er sich vor. Er wollte sein Ziel erreichen, wollte so gerne den Fußball verändern, aber er wollte sich nicht von den Machthabern der

Politik einspannen lassen. Dass er schon längst ein Rad im Getriebe war und dass auch seine – wenn auch couragierten – Versuche, Fußball nur Fußball sein zu lassen, nichts ändern konnten, begriff er noch nicht.

Ev war fast panisch vor Angst. Er solle JA aufpassen! warnte sie. Man hörte schließlich immer wieder, dass die fanatischen Anhänger der Partei mit Andersgesinnten nicht gerade zimperlich umgingen. Und er passte auf.

Dass Sport und Politik seit der Machtergreifung der Nazis untrennbar miteinander verbunden waren und dass diese unselige Allianz seitdem immer weiter voranschritt, hatte Herberger von Anfang an unterschätzt. Ein sichtbares Zeichen für diesen Umbruch war auch der neu eingesetzte „Reichssportführer" Hans Tschammer von Osten. Zwar war er politisch eine Fehlbesetzung, da er gar nichts von Sport verstand, doch zumindest war er normalen Argumenten zugänglich, dachte Herberger. Aber er sollte auch in diesem Punkt noch eines Besseren belehrt werden.

Eigentlich waren die letzten Jahre für Sepp Herberger beruflich reibungslos verlaufen, die Spannungen zwischen Nerz – dieser trug mittlerweile den Titel „Reichstrainer" – und ihm blieben unter der Oberfläche. Von außen betrachtet waren sie ein funktionierendes Team, in dem Herberger immer mehr zu einem gleichberechtigten Assistenten wurde und immer wichtigere Aufgaben übernehmen durfte.

Den ersten Weltmeisterschaftslehrgang im Frühjahr 1934 hatte er mitgeleitet. Hier begannen dann aber auch die Schwierigkeiten. Immer mehr gebärdeten sich beide wie zwei Leitwölfe, die erst noch subtil, nahezu unmerklich, dann aber immer erkennbarer um die Führung kämpften. Die Stimmung hatte sich geändert, so stark, dass Herberger dann anschließend zur Weltmeisterschaft in Italien einfach übergangen wurde. Er wurde auch nicht dazu eingeladen, obwohl das gute Abschneiden – immerhin ein dritter Platz! – auch sein Verdienst war.

Neun der Spieler kamen aus Herbergers Schule. Und es war unglaublich, dass Deutschland gleich bei seiner ersten Teilnahme an einer WM, der insgesamt zweiten, die es überhaupt gegeben hatte, gleich ins Finale kam. Das ganze folgende Jahr konnte die deutsche Mannschaft – noch unter dem Einfluss der Euphorie – eine richtige Siegesserie bei ihren Spielen verbuchen.

Und dann kam 1936 Olympia und endete in einem Fiasko. Die Spieler waren, dank der Nerzschen Trainingsmethoden, ausgebrannt und kraftlos. Selbst unmittelbar vor den eigentlichen Spielen hatte Nerz ihnen keine ruhige Minute gegönnt, hatte sie unbarmherzig sogar noch zu 400-Meter-Läufen antreten lassen. Vier Spieler konnten danach nicht mehr eingesetzt werden, weil sie sich Zerrungen geholt hatten. Die Mannschaft war am Ende und so sollte sie auch spielen.

Der 7.8.1936, der Tag, an dem Deutschland bei Olympia in Berlin gegen Norwegen antreten musste, sollte ein rabenschwarzer Tag des deutschen Fußballs werden. Die ganze Führungselite des Deutschen Reiches hatte das Spiel aufmerksam verfolgt. Die Goldmedaille wäre daher Pflicht gewesen. Herberger selbst war zum Spiel privat angereist und hatte schon bald die Aufgabe bekommen, die anderen Mannschaften auszuspionieren. Deshalb konnte er das Spiel der deutschen Mannschaft nicht verfolgen, saß aber schon gespannt beim Mittagstisch, verspeiste ein Eisbein und wartete auf Nachricht. Sein Kollege Knöpfle kam als Erster direkt vom Stadion herein. Noch mit einem Happen Eisbein im Mund signalisierte Herberger die Frage: „Wie ...?"

Mit erstarrter Miene setzte Knöpfle sich zu ihm und sagte monoton: „2:0". Und nach kurzer Pause fügte er hinzu: „Verloren!"

Der Bissen Eisbein war Herberger im Halse stecken geblieben, war zu einem trockenen, faserigen Klumpen geworden. Nie wieder, seit dieser Schreckensbotschaft, hatte er Eisbein gegessen. Und nie wieder hatte er den Fehler begangen und auch nur ein einziges Spiel unterschätzt.

Schon kurze Zeit später gab es Gerüchte über den Rücktritt von Otto Nerz. Die Schuld wurde zuallererst immer beim Trainer gesucht, auch wenn Nerz die Verantwortung für die Schlappe nicht allein zu tragen hatte. Auch Linnemann hatte einen nicht geringen Anteil daran, denn dieser hatte bei der Mannschaftsaufstellung dazwischengefunkt und so war erst gar nicht die stärkste Mannschaft zum Einsatz gekommen.

Nerz setzte sich gegen die Anschuldigungen entsprechend zur Wehr und die Zeit verging mit dem Hin- und Herwälzen von Schuldzuweisungen.

Es war klar, dass im Falle eines Rücktritts oder Wechsels nur Herberger als Nachfolger in Frage kommen würde. Doch die wirkliche Frage war: wann?

Dass sich Nerz bereits seit einigen Monaten mit beruflichen Änderungsplänen beschäftigte, hatte Herberger schon seit geraumer Zeit gewusst. Nerz, der eine Professur an der Reichsakademie für Leibesübungen inne hatte, wollte sich dieser Aufgabe zunehmend widmen. Trotzdem war Herberger überrascht, als er an einem schönen Herbsttag 1936 die Zeitung aufschlug und lesen konnte, dass er – ohne davon zu wissen – zum Reichstrainer ernannt worden sei.

Vor allen Dingen fehlte ja eigentlich für die Ernennung zum neuen Reichstrainer eine grundlegende Bedingung: der Rücktritt des alten. Herberger grübelte und kam zu einem erschreckenden Ergebnis. Nerz würde ihm niemals einfach so das Feld überlassen. Seit 13 Jahren war Nerz Trainer der Nationalmannschaft gewesen, der erste hauptamtliche Trainer überhaupt. Er hatte den Fußball geformt und in Deutschland zu dem gemacht, was er heute war. Er würde nicht einfach gehen. Im Gegenteil, er würde alles daran setzen, viel eher seine Stellung auszubauen und seine Professur stärker mit der Betreuung der Nationalmannschaft zu verbinden.

Und so war es dann auch. Herberger sollte zwar offiziell Reichstrainer sein, aber Nerz sollte immer noch der Hauptverantwortliche für die Schulung, die Auswahl, die Aufstellung und die Betreuung der Nationalmannschaft bleiben. Herberger hätte platzen können vor Wut. Nerz wünschte sich wahrscheinlich den neuen Reichstrainer als williges Werkzeug, das er formen und für seine Zwecke einsetzen konnte, während er seine eigene Karriere weiter vorantrieb. Im Grunde genommen war Herberger damit nichts anderes als zuvor – Nerz' Lakai.

Das würde er sich nicht gefallen lassen. Immer stärker übte er Druck auf den DFB-Präsidenten Linnemann aus und stellte die Bedingung, nur die Nachfolge anzutreten, wenn er Mitspracherecht bei der Aufstellung der Mannschaften bekäme. Immer wieder hielt Linnemann ihn hin. Praktisch gab es also zwei Trainer und es war genau diese unklare Situation, die für Herberger unerträglich war. Doch was sollte er tun? Was konnte er tun, um das Blatt zu wenden?

Erst kündigte er seinen eigenen Rücktritt an. Doch dies war mehr Drohgebärde, als dass es ihm wirklich ernst damit gewesen wäre, denn was hätte das gebracht? – Gar nichts, damit wäre alles für die Katz gewesen.

In der momentanen Situation konnte er nicht gewinnen, also setzte er – wie immer – auf Geduld und Ausdauer und ging taktisch vor. So sicherte er sich zunächst als Übergangslösung nur, dass die Aufstellung vor Länderspielen allein mit ihm abzusprechen sei. Nerz war dabei der „amtliche" Trainer, Herberger fungierte als eigentlicher Reichstrainer. Er hoffte, dass Nerz irgendwann einmal der Atem ausgehen würde. Doch ein Jahr später hatte sich noch immer nichts an der Lage geändert. Es war eine Situation, die nicht der psychischen Härte entbehrte. Aus den Freunden –

Herberger war sogar Trauzeuge bei Nerz gewesen – waren erbitterte Konkurrenten geworden.

Wie ein Sohn, der den Vater übertrumpft, hatte Herberger über Nerz' Kopf hinweg sich und seine Ideen weiterentwickelt. Und das stellte neben dem Kampf um die Vorherrschaft den eigentlichen Konflikt dar: Der Chefsessel war zu klein für beide und das wussten sie. So legten sie sich auf Arbeitsteilung fest: Nerz übernahm das Training der Hintermannschaft, Herberger selbst übernahm die Stürmer. Und es funktionierte. Die Mannschaft spielte hervorragend, obwohl sich ihre Trainer gegenseitig belauerten.

Was Herberger immer wieder darin bestärkte, nicht aufzugeben, waren „seine" Spieler, die er mit Hingabe trainierte und die immer besser wurden.

1937 war dabei ein absolutes Glücksjahr. Die Männer brachten eine unglaubliche Leistung, obwohl ihre zerstrittenen Trainer auf der Bank saßen und sich gegenseitig anschwiegen.

Am 16. Mai gewann Herbergers Mannschaft in Breslau mit 8:0 haushoch gegen Dänemark. Dies war das beste Spiel, das bis dahin eine Mannschaft jemals zuvor absolviert hatte.

„Breslau-Elf" wurden sie seither stolz genannt. Sie gewannen zehn von elf Länderspielen. Sieben Spiele davon hatten sie zu Null gewonnen. Alle waren brillant gespielt. Und als hätte er es geahnt, war es genau die Nähe zu den Spielern und die praktische Arbeit mit ihnen, die Herberger ganz langsam an Macht in dem Führungskampf gewinnen ließ.

Er konnte die Stimmungen der Spieler nicht nur spüren, er konnte sie sicher vorausahnen, kannte jeden Einzelnen wie seine Westentasche in- und auswendig, war gleichsam Teil von ihnen. Er sah alles, witterte alles. Gleichzeitig war er ständig unterwegs, um neue, hoffnungsvolle Talente aufzustöbern. Niemand entging seinem Spürblick.

Ganz Deutschland atmete auf und machte sich Hoffnungen auf den nächsten Weltmeisterschaftstitel. Seine „Breslau-Elf" galt als Favorit, doch genau das bereitete ihm nahezu Darmkrämpfe. Zu hohe Erwartungen waren für jeden Trainer eine schwere Hypothek. Zu viele Hoffnungen lasteten auf ihm und seiner Mannschaft. Die Angst, wieder sein ständiger Begleiter, ließ ihn wachsam bleiben.

1938, das spürte er genau, würde das Jahr der Entscheidung werden. Bei der noch immer unausgetragenen Situation mit Nerz musste sich das Blatt zwangsläufig irgendwann einmal wenden. Die anstehende Weltmeisterschaft würde die Entscheidung bringen – welche auch immer.

Der Schlag des Schicksals kam nun allerdings von unerwarteter Seite. Es lag nicht an den Trainern und auch nicht an den Spielern, dass sie nach dem zweiten Spiel schon ausscheiden mussten. Diesmal war es die Politik, die ihnen allen dazwischenfunkte.

Seiner Breslau-Elf wurde, so wie sie zusammengesetzt war, ein Spielverbot auferlegt. Nach dem Anschluss Österreichs an das Deutsche Reich war von ganz oben angeordnet worden, dass eine gemischte Gruppe, bestehend aus deutschen und österreichischen Spielern, zur bevorstehenden WM antreten sollte. Herberger war machtlos, er konnte nichts daran ändern. Natürlich konnten sich die beiden Gruppen nicht von heute auf morgen unbelastet miteinander spielen, denn zu lange waren sie Gegner gewesen.

Jedem Einzelnen sah man seinen Unmut und seinen Widerwillen über die von beiden Seiten als missglückt erachtete Konstellation an. Es wäre ein Leichtes gewesen, getrennte Mannschaften gewissermaßen auf Hochglanz zu bringen, aber es war übermenschlich, in so kurzer Zeit aus Feinden Freunde zu machen.

Herberger bemühte sich nach Kräften, das Unheil abzuwenden, und somit versuchte er, Linnemann umzustimmen, dass eine derartige Konstellation auf dem Spielfeld überhaupt zustande kam. Er hatte mit Linnemann Stunde um Stunde diskutiert, doch dieser blickte ihn nur über seine Brille an und sagte: „Seppl, sind Sie verrückt?"

Es gab nichts zu diskutieren. Zumindest nicht mit Linnemann. Auch Herbergers guter Kontakt zu Tschammer von Osten nutzte ihm nichts. Vom Führer wurde eine gemischte Mannschaft gewünscht, die gefälligst ein Wunder zu liefern hatte. So war das Gesetz. Und plötzlich war Nerz, der die Zusammenlegung ebenso ablehnte wie Herberger und möglicherweise kein weiteres Fiasko erleben wollte, nicht mehr an Herbergers Seite und hielt sich, ebenso wie Linnemann, defensiv zurück.

Herberger musste einsam und allein mit der prekären Situation fertig werden. Und dabei ging es nicht nur um die spürbare Feindschaft der beiden Mannschaften, deren Ablehnung so groß war, dass sie quasi jederzeit aufeinander losgehen konnten, um ihren Kampf nicht mit dem Ball, sondern mit Fäusten auszutragen. Nein, die beiden Mannschaften spielten auch noch grundverschieden. Da stimmte gar nichts. Seine Männer waren athletisch, kraftvoll und ehrgeizig, die Österreicher hingegen genial, elegant und ballverliebt, aber schlampig. Hinzu kam, dass die Österreicher fürs Spielen bezahlt wurden, Herbergers Männer dagegen, wie in Deutschland üblich, nicht. Dieser Unterschied sorgte für zusätzlichen Zündstoff.

Dann ließ Nerz plötzlich und aus heiterem Himmel ausgerechnet drei Wochen vor der Weltmeisterschaft seinen offiziellen Rücktritt verkünden. Das war für Herberger, der schon lange nicht mehr damit gerechnet, sich fast mit dieser Doppelbesetzung abgefunden, ja in diesem Fall sogar angefreundet hatte, ein herber Schlag. Ausgerechnet jetzt, wo er Nerz einmal gebraucht hätte, saß er allein auf der Trainerbank! Konnte es noch schlimmer kommen?

Es konnte. Die Zuschauer der Weltmeisterschaft in den Stadien von Frankreich waren gegen sie und ließen die

Spieler das deutlich spüren. Noch nie zuvor hatte er erlebt, dass Zuschauer so leidenschaftlich Partei ergriffen hatten. In ihren Augen spielten dort keine Sportler, sondern Nazis. Und sie machten ihrem Ärger über die verhassten Nachbarn lautstark Luft: Flaschen, Eier und Tomaten flogen von allen Seiten auf den Platz. Die deutsche Mannschaft wurde ausgebuht, angegiftet und ausgepfiffen. Die Menge war rasend vor Wut – das Spiel fand in einem tobenden Hexenkessel statt.

Und Herberger, der allein auf der Trainerbank saß und mit seinen Mannen auf dem Feld mitlitt, konnte es den Franzosen nicht einmal verübeln, dass sie so reagierten und für sie zu diesem Zeitpunkt nicht einfach nur ein Fußballspiel ausgetragen wurde. Ihm war mit der Zeit völlig klar geworden, dass sich hier Politik und Sport miteinander vermengen musste. Er selbst befand sich ja ebenfalls in dieser ungesunden Allianz.

So sehr er auch schon seit Jahren versuchte, vor allem für sich selber Sport und Politik strikt voneinander zu trennen, so war es ihm doch nicht möglich, sich dieser Verbindung vollständig zu entziehen. Er bekam Vorgaben von oben, die es zu erfüllen galt, ihm wurden Vorschriften gemacht, die er nicht umgehen konnte und in seine Belange mischte man sich immer wieder ein. Wollte er Trainer bleiben und dem nachgehen, wofür er sich schon als Kind berufen fühlte, sah er keinen anderen Ausweg, als sich nach außen diesem Machtapparat zu beugen, auch wenn sein Herz ganz anders schlug.

Keiner seiner Spieler würde auf dem Platz etwas anderes üben als Fußball. Auf seine Art praktizierte er den inneren Widerstand, auch wenn er sich später würde rechtfertigen müssen, warum er überhaupt dabei geblieben war. Denn obwohl er sich weder mit den Zielen der Nazis identifizierte, noch sich in ihren Reihen engagierte, war er doch ein Rad im Getriebe genau jenes Regimes, das ihm zuwider war. Aber seine Welt bestand so sehr aus Fußball, dass weder für diese Einsicht noch für die Ideologie der Nazis Platz war.

In diesen Tagen in Frankreich hatten sich angestrengte, enttäuschte, tiefe Furchen in Herbergers Gesicht gegraben und ihn geprägt wie noch nie zuvor. Mit 2:4 schied Deutschland gegen die Schweiz aus dem Turnier aus.

Sie hatten verloren. Auf ganzer Linie. Aber aufgeben würde er nicht, solange er es schaffen konnte, innerlich unabhängig zu sein, sein Herz und seine Gesinnung frei-zuhalten. Für ihn war Fußball größer als alles, sogar größer als Politik.

Jetzt saß er bei dem Lehrgang in Frankfurt und dachte nach. Die unsägliche Weltmeisterschaft war bereits seit vier Monaten vorbei. Trotz der Niederlage musste es weiterge-hen.

So war er hierher gekommen, um nach Nachwuchs Aus-schau zu halten. Und als hätte ihm jemand ins Ohr geflüs-tert, dass er vor allem hier war, um auf einen Spieler auf-merksam zu werden, blickte er auf und betrachtete faszi-niert die jungen Männer vor ihm auf dem Spielfeld.

Sie standen noch ganz am Anfang. Sie konnten alles sein, oder nichts. Aber er wäre mit Blindheit geschlagen gewesen, wenn der junge Spieler aus Kaiserslautern nicht etwas ganz Besonderes war.

Wieder ein Blick in sein Notizbuch, in dem die Lettern „F.W." in Großbuchstaben geschrieben standen.

„F.W. – Fritz Walter also", murmelte er vor sich hin und setzte noch ein entschiedenes Ausrufezeichen dahinter. Dann klappte er sein Notizbuch zu, steckte es wieder in die Hosentasche und fuhr weiter fort, sich die Eigenarten der Spieler auf dem Platz ins Gedächtnis zu brennen. Aber sein Herz klopfte aufgeregt. Er ahnte, dass etwas Großes im Gange war, eine ganz besondere Fügung.

Unten auf dem Rasen machte sich genau in diesem Augenblick bei dem Spieler, der soeben mit Argusaugen beobachtet wurde, Unruhe breit. Dem erst achtzehnjährigen Fritz Walter wurde mulmig zumute und sein Puls begann zu rasen.

Natürlich war ihm schon von Beginn diesen Lehrgangs an klar gewesen, dass alle Spieler unter strengster Beobachtung standen. Man wurde schließlich nicht zum Spaß hierhin eingeladen. Dass hier die besten Nachwuchsspieler des Deutschen Reiches gefunden werden sollten, dessen waren sich alle dreißig Teilnehmer bewusst. Hier wurde darüber entschieden, ob es zurück nach Hause ging und man nie über die Vereinsebene hinauskam, oder ob man zu den wenigen Berufenen gehörte, die die Chance bekommen sollten, als Nationalspieler eingesetzt zu werden. Und dazu wurde jeder einer eingehenden Prüfung unterzogen, deren Urteil vernichtend sein konnte.

Fritz Walter wurde flau in der Magengrube. Er war sicher, dass er jetzt im Augenblick dran war. Er fühlte sich in diesem Moment beobachtet wie noch nie zuvor. Er wusste, dass ihm gerade buchstäblich auf die Füße gesehen wurde und dass er sich jetzt keinen Fehler erlauben durfte. Beinahe fühlte er sich außerhalb seines Körpers, als würde er sich selbst immer wieder über die Schultern schauen. Es war ein absolut beklemmendes Gefühl.

Ihm schoss alles Mögliche in den Kopf. Wäre er doch gar nicht erst hierher gefahren. Hätte er sich doch bloß nicht überreden lassen. Frankfurt war eine Großstadt. Das allein schreckte ihn schon. Und dann auch noch zum Lehrgang!

Er war nicht dieser selbstbewusste Spieler, für den er manchmal – zumindest auf dem Platz – gehalten wurde. Er wusste zwar, dass er ganz gut spielen konnte und wollte auch unbedingt weiterkommen mit seiner Leistung bei seinem Verein, aber dass er einmal aus Kaiserslautern herauskommen, gar Karriere machen sollte und dann ausgerechnet im Fußball, das hätte er sich nicht in seinen kühnsten Träumen ausgemalt. Als Hohmann ihn eingeladen hatte, waren seine ersten Gefühle Angst und Unsicherheit. Dann erst folgte der Stolz über die Einladung.

Was ihm nicht bewusst war und was der Mann auf der Tribüne nur zu klar erkannt hatte, war, dass er etwas hatte, was vielen seiner Mitspieler fehlte: einen untrüglichen Instinkt am Ball. Wenn er Fußball spielte, war er nahezu in einem hypnotischen Zustand. Er wusste immer, was zu tun war und wer mit ihm in einer Mannschaft spielte, konnte sich blind auf ihn verlassen. Er konnte zwar selbst nicht genau sagen, warum das so war, gab es doch ganz andere Spieler, die laut und selbstverliebt die Macht auf dem Feld an sich rissen und sie nur schwer wieder an andere abgaben.

Fritz Walter war anders. Er war weder laut noch selbstverliebt. Wenn er spielte, versuchte er instinktiv die anderen mit einzubeziehen. Er wusste, dass ein Spiel nur mit der ganzen Mannschaft gewonnen werden konnte und dass Alleingänge in die Zeit seiner Kindheit gehörten, wo er bereits früh bei den Schülern und der Jugend des 1. FC Kaiserslautern spielte.

„Junger Spritzer" wurde er liebevoll genannt und wären die dicken Wurstbrote der Metzgerfamilie Speyer nicht gewesen, die ihn zur Kost aufnahm und hochpäppelte, wäre er ganz sicher nicht heute zu diesem Lehrgang gekommen.

Bereits vor einem Jahr wollte man ihn in die erste Mannschaft stecken, doch da er vom Arzt kein Attest für „vorzeitige Spielberechtigung in der ‚Ersten'" bekam, das alle unter achtzehn Jahren vorlegen mussten, wurde ihm die „Kur" bei der Metzgerfamilie verordnet, die auch tatsächlich nach einem halben Jahr so anschlug, dass er kräftiger wurde und dem Wechsel in die erste Mannschaft des FCK nichts mehr im Wege stand. Er dankte es der Familie mit zahlreichen Toren, die er durch seinen untrüglichen „Torriecher" erzielte, wodurch die erste Mannschaft endlich wieder aufgestiegen war.

Ihm selbst bescherten seine Tore zum ersten Mal Artikel in der Presse. Lobend ließen sich die Journalisten über ihn aus – er war zum ersten Mal der Öffentlichkeit aufgefallen und ihm wurde klar, dass er es schaffen konnte, wohin auch immer. Zumindest konnte er es hoffentlich schaffen, hier nicht übel aufzufallen. Das würde ihm für heute schon völlig reichen.

Es war kein geringerer als Karl Hohmann, Trainer des Gaues Südwest und früherer Nationalspieler, der Fritz Walter dazu ermutigt hatte, an diesem Lehrgang teilzunehmen.

Jetzt stand er auf dem Platz und musste sein Können unter Beweis stellen – für sich, aber auch für Hohmann, der sich die Mühe gemacht hatte, ihn in Kaiserslautern aufzusuchen, mit ihm zu trainieren, um ihm anschließend die Neuigkeit zu übermitteln, dass er ihn zu diesem entscheidenden Lehrgang einladen würde.

Drei Tage lang hatten die dreißig Auserwählten aus dem gesamten Gau Südwest bereits miteinander verbracht, hatten sich unzählige Male aufgewärmt und geturnt, in einzelnen Kopfballstaffeln ihr Können gezeigt, Fußballtheorie und -praxis gelernt und in unterschiedlichen Mannschaftsaufstellungen gegeneinander gespielt. Heute war es nicht anders als die Tage zuvor. Und doch fühlte Fritz, dass am heutigen Spieltag etwas ganz Entscheidendes geschehen sollte. Er war auf einmal nervös wie noch nie zuvor.

Gerade war er nicht am Ball, lief aber voraus, um bei nächster Gelegenheit von links außen angespielt zu werden und in seiner Eigenschaft als Mittelstürmer durch die gegnerische Abwehr zu brechen.

Im Lauf schielte er nach rechts und entdeckte am Rand des Spielfelds einen Mann, der mit Hut und Mantel und mit leicht zusammengekniffenen Augen geradezu stoisch dasaß und den Spielverlauf beobachtete. Dieser Mann kam ihm irgendwie bekannt vor, doch Fritz hatte nicht allzu lange Gelegenheit herauszufinden, wer das war, da der vorhergesehene Pass früher als erwartet auf ihn zugeflogen kam.

Er fing den Ball geschickt mit dem Knie ab, dirigierte ihn blitzschnell nach unten und suchte gleichzeitig nach einer Möglichkeit, schon jetzt aufs Tor zu zielen, da er bereits in guter Distanz dazu stand. Doch gerade als er ausholen und mit einem kräftigen Schuss den Ball im Kasten versenken wollte, hakte sich ein Fuß bei ihm ein und versuchte ihn zu stürzen. Fritz verlor zwar nicht das Gleichgewicht, dafür aber den Ball.

„Mist, verdammter!", fluchte er und setzte nun alles daran, das Leder wieder zurückzuerobern. Er nahm die Verfolgung auf, jagte seinen Gegner quer übers Feld, bis dieser völlig außer Atem, den Ball an einen seiner Kameraden abgeben musste und dabei den entscheidenden Fehler machte. Der Schuss war zu schwach. Der Ball torkelte zwar in die richtige Richtung, blieb aber diesmal an Fritz' Knöchel hängen. Dieser schubste den Ball mit einem leichten Haken nach links und rannte anschließend in Windeseile zurück in die gegnerische Hälfte. Jetzt schoss er noch im Lauf einen Pass nach vorn, wo sich bereits ein Spieler seiner eigenen Mannschaft in eine günstige Position gebracht hatte.

Kurze Pause.

Der Spurt war anstrengender, als er dachte. Und obwohl seine Kondition in bester Verfassung war, machten sich nun die Strapazen der letzten Tage bemerkbar.

Wieder dieses Stechen in der Magengrube. Fritz wagte einen erneuten Blick zur Seite, wo der Mann noch immer unbeweglich und völlig konzentriert dem Spielverlauf folgte. Auf einmal wusste er, wer das war: Sepp Herberger, der Reichstrainer! Das war also der Grund für seine Nervosität. Der Reichstrainer persönlich hielt Ausschau nach jungen Talenten, die in der Zukunft eingesetzt werden und eine Chance bekommen sollten.

Fritz' Puls begann zu rasen. Da oben saß der große Sepp Herberger und beobachtete ausgerechnet ihn beim Spiel.

„Jetzt bloß nichts falsch machen", dachte Fritz, der sich wieder in die Nähe des gegnerischen Tors manövriert hatte. Eckball. Der Ball näherte sich seinem Kopf in einem vorbildlich ausgeführten Schuss auf bananenförmiger Flugbahn. Jetzt den richtigen Zeitpunkt zum Absprung finden … und … Tooor!!! Die Mannschaft jubelte.

Fritz hatte heute sein siebtes Tor geschossen und er rannte vor Freude quer über den Platz, bis ihn die anderen einholten und zu Boden warfen. Jetzt ertönte das schrille Trällern der Pfeife. Hohmann pfiff in diesem Moment das Spiel ab. Ein harter Trainingstag ging dem Ende zu. Das war geschafft.

Fritz hatte sich glücklich aufgesetzt und blickte stolz um sich. Aber so sehr er mit seinen Blicken den Spielfeldrand abtastete, um die Reaktion Herbergers auf sein Tor zu sehen, er konnte ihn nicht entdecken. Der Platz, an dem der Mann noch vor wenigen Minuten gesessen und konzentriert das Spiel beobachtet hatte, war leer.

„Hey, Fritz, das war wieder 'ne Meisterleistung!", hörte er jemanden sagen. Ein anderer klopfte ihm kameradschaftlich auf die Schultern: „Spitze Flitzer!"

Fritz wischte sich freudig, aber zugleich beunruhigt den Schweiß von der Stirn. Hatte Herberger am Ende gar nicht bemerkt, wie er das Tor geschossen hatte? Warum war er aufgestanden? Das Spiel war doch noch gar nicht zu Ende. Hatte er etwas falsch gemacht?

Noch während er vor sich hin grübelte, zogen ihn die Kameraden weg und in Richtung Umkleidekabine. Ihn ließ es nicht mehr los, dass der Reichstrainer ihn womöglich gar nicht beachtet haben könnte, ihn vielleicht sogar zu schlecht fand und ihn nicht für ein Nachwuchstalent hielt.

Als die Männer ihn am Arm packten und vom Platz zogen, sah er von weitem, wie Hohmann mit Herberger am Spielfeldrand stand und sich eifrig unterhielt. Kurz bevor die Mannschaft in die Umkleidekabinen ging, bemerkte Fritz, wie sich beide Trainer nach ihm umdrehten und mit ernstem Gesicht in seine Richtung blickten.

„Oh je, jetzt ist es aus", dachte Fritz, „jetzt muss ich wieder nach Hause fahren, womöglich noch vorzeitig. Den letzten Spieltag kann ich vergessen." Dann gingen sie allesamt die Treppen hinunter und verschwanden in den engen, unbeheizten Räumen.

„Der Mann ist gut", brummte Herberger mit undurchdringlicher Miene. Hohmann sah ihn erwartungsvoll an. Immerhin war Fritz Walter seine Entdeckung. Kurz vor diesem Lehrgang hatte er ihn zu Hause in Kaiserslautern aufgesucht und ihn gesondert ins Gebet genommen. Er wusste, dass aus ihm noch etwas ganz Großes werden konnte, und so hatte er ihn eine halbe Stunde vor dem eigentlichen Übungsspiel, das er selbst als Trainer abhielt, auf den Betzenberg bestellt, um ihm allein auf den Zahn zu fühlen.

Er ließ ihn ein ums andere Mal Bälle stoppen, stellte ihn mit dem Rücken zum Tor und ließ ihn zugespielte Bälle im Drehschuss verwandeln. Daran konnte er seine Beweglichkeit am besten testen.

Danach stand für Hohmann fest, dass seine Wahl die richtige war. Nur an Walters Selbstbewusstsein musste noch gearbeitet werden, denn als dieser hörte, dass er nach Frankfurt zum Lehrgang eingeladen werden würde, machte er erst mal einen Rückzieher.

Das Schlimmste, was ihm passieren konnte, war, dass er allein in die Großstadt fahren sollte. Hohmann wusste jedoch genau, wie er es anstellen konnte, dass sein Schützling die Angst verlor.

„Wer sagt Ihnen denn, dass Sie allein fahren sollen? Vier oder fünf Spieler aus Kaiserslautern, die Sie gut kennen, werden auch noch eingeladen", hatte er ihm zugeredet und löste damit, wie erwartet, Vorfreude aus. Er kannte Walter ganz genau. Er wusste, dass er im Leben wie im Spiel die nötige Rückendeckung brauchte und dass er dann zu allem bereit war.

„Leben Sie entsprechend! Sie haben eine Chance!", waren die letzten Worte, die Hohmann dem nun sichtlich aufgeregten Fritz Walter mit auf den Weg gab.

Jetzt, nachdem der vierte Tag des Lehrgangs zu Ende gegangen war, konnte er sich selbst davon überzeugen, dass sein Ausnahmespieler alles getan hatte, um in Hochform zu kommen. Aber das war auch der Moment, wo er vom Reichstrainer persönlich gerne gehört hätte, dass Fritz Walter ein Ausnahmespieler war, der vom geschulten Auge Hohmanns entdeckt worden war.

Doch Herberger tat ihm diesen Gefallen vorerst nicht. Nicht zu schnell und nicht zu viel – alles peu à peu und im passenden Moment. Mochte es innerlich nur so brodeln, weil er genau wusste, dass mit Walter die kommenden Länderspiele gewonnen werden konnten – er ließ sich nichts anmerken, machte es ganz allein mit sich und mit seinem Notizbuch aus, das er nun erneut aus der Tasche kramte.

Als er darin gerade eine mögliche Mannschaftsaufstellung mit Fritz Walter im Mittelsturm notieren wollte, lugte ihm Hohmann neugierig über die Schulter.

„Ah, Sie Fuchs, Sie haben ihn bereits in Ihrem Büchlein stehen!" Hohmanns Augen funkelten, wusste er doch genau, was das bedeutete. Wer es bis in die geheimsten Aufzeichnungen Herbergers geschafft hatte, war so gut wie gemacht.

„Hmmh", brummte Herberger konzentriert und notierte sich mit schnellen Strichen die Aufstellung, die ihm gerade vorschwebte. „Aber sagen Sie noch nicht zu viel. Er wird mir sonst ein Überflieger. – Er hört noch von mir."

Hohmann nickte zustimmend. Jetzt durfte ER sich nicht anmerken lassen, dass es in ihm nur so brodelte. Und natürlich würde er sich nicht an die Anweisungen des Reichstrainers halten – nicht in diesem Fall. Er wusste, dass bei Walter keine Gefahr eines Überfliegers bestand.

Die beiden verabschiedeten sich und Hohmann ging eiligen Schrittes in die Umkleidekabine, wo sich die meisten Spieler bereits angezogen hatten.

„Walter, Sie kommen gleich zu mir, ja?", bestimmte er in strengem Tonfall. Die anderen Spieler blickten sich an. Das konnte nichts Gutes bedeuten, so viel stand fest. Hohmann verließ die Kabine.

„Mensch, Fritz, was haste denn ausgefressen?", tönte es von allen Seiten.

Sein Gesicht verdunkelte sich. Fritz machte sich nun ernsthafte Sorgen. Wahrscheinlich waren seine schlimmsten Befürchtungen eingetreten und er durfte den letzten Tag des Lehrgangs nicht mehr bestreiten. Aus und vorbei …

Mit mulmigem Gefühl und zitternden Knien ging er nach draußen, wo Hohmann schon ungeduldig im Gang auf und ab lief. Als er ihn entdeckte, packte ihn Hohmann am Handgelenk und zog ihn mit einem Ruck zur Seite.

„Mensch, Walter!", schrie er ihm förmlich ins Gesicht. „Sie haben's geschafft!"

Fritz war nun völlig konsterniert, schien überhaupt nichts mehr zu verstehen. Mit offenem Mund starrte er den hektisch gestikulierenden Trainer an.

„Na, Herberger! Unser Reichstrainer! Sie stehen in seinem Buch!" Hohmann schüttelte Walter an den Armen. Jetzt fiel der Groschen. Mit einem Mal schien die Anspannung der letzten Tage von ihm abzufallen wie Staub.

„Sie müssen jetzt unbedingt am Ball bleiben, klar? Alles andere ergibt sich von selbst."

„Sie meinen, dass ihm das Spiel gefallen hat?", gab Walter fast schüchtern zurück.

„Das Spiel?! SIE haben ihm gefallen. Und ich bin mir sicher, dass er sich noch bei Ihnen melden wird", antwortete Hohmann noch immer außer sich vor Begeisterung. Er klopfte seinem Schützling ermutigend auf die Schultern, dann ging er frohen Schrittes an ihm vorbei und ließ den jungen Fritz mit einer Mischung aus Euphorie und Fassungslosigkeit zurück.

„Denken Sie an meine Worte! Bleiben Sie am Ball, Sie können es schaffen!", rief er ihm noch über die Schulter nach, dann verschwand er in der Dunkelheit des Ganges.

Draußen, im mittlerweile verlassenen Stadion, saß einsam und ruhig ein Mann, bekleidet mit Hut und Mantel, auf der Trainerbank. Sein kantiges Gesicht ruhte auf seinen Händen. Die Ellenbogen hatte er auf die Knie gestützt. Er genoss den Moment stiller Freude.

Seit langem war er wieder das erste Mal im Reinen mit sich und der Welt. Es gab sie immer und würde sie auch immer wieder geben, die Momente, in denen sein ganzes Leben, sein Traum in sich zusammenzufallen schien. Mit Zähigkeit und Beharrlichkeit hatte er dem Schicksal trotzdem immer wieder ein Schnippchen schlagen können.

Aber es gab auch diese seltenen Sternstunden. Heute hatte er vom Leben ein Geschenk bekommen: ein neues Fußballtalent, dessen Stern bald aufgehen würde.

Normalerweise war es mühselig, die Spreu vom Weizen zu trennen. Es gab genügend Spieler, die alles taten, um von ihm wahrgenommen zu werden und eine Chance zu bekommen. Doch nur in ganz seltenen Fällen besaßen Spieler ein Talent, das sich förmlich anbot, aufdrängte und durchsetzte – ohne Anstrengung – wie das von Fritz Walter. Herberger konnte es kaum erwarten, wie dieser sich in seinem ersten wichtigen Spiel bewähren würde.

Der Mann auf der Bank atmete hörbar aus und stand auf, ein zufriedenes Lächeln auf seinem Gesicht, das er nur mit einem Menschen teilen würde.

Zeit, wieder nach Hause zu fahren.

An den
NS-Reichsbund für Leibesübungen
Fachamt Fußball
Berlin Charlottenburg 9
Haus des Deutschen Sports

2.5.1939

Betr.: Olympiakandidaten
Ihr Schreiben vom 24.4.1939

Auf Ihr obiges Schreiben teilen wir Ihnen mit, dass der Spieler
Fritz Walter, 1. FC Kaiserslautern an den Aufstiegsspielen seines
Vereins teilnimmt.
Wir bitten um Kenntnisnahme.

Heil Hitler   NS-Reichsbund für Leibesübungen e.V.
                           Gau XIII Südwest

III.

Prüfung

Frankfurt, 14. Juli 1940 – Länderspiel gegen Rumänien

„Junger Mann? Haben Sie sich endlich entschieden, oder soll ich mir weiter die Beine in den Bauch stehen? Rein oder raus?" Die knarrende Stimme der alten Dame und eine Portion Parfum der Marke Uralt-Lavendel holten ihn unsanft ins Jetzt zurück, während ihr faltiger Mops sie aufgeregt kläffend umsprang. Er konnte es ihr nicht verübeln. Seit geraumer Zeit stand er hier schon mit zitternden Knien und zugeschnürter Kehle und fragte sich, ob sich seine Aufregung jemals bessern würde.

Fritz Walter machte der Dame Platz, die sich energisch an ihm vorbeidrängte. Ein letztes Mal blickte er ehrfürchtig an der imposanten Fassade des Frankfurter Hotels Excelsior hoch. Hier sollte er gleich auf Fußballgrößen wie Janes, Kupfer oder Kitzinger treffen, die er schon als Schuljunge bewundert hatte.

Als er vor einigen Wochen das Schreiben Herbergers bekommen hatte, in dem er aufgefordert wurde, sich auf das Länderspiel gegen Rumänien vorzubereiten, ja seinen ganzen Lebensstil darauf einzurichten, konnte er kaum glauben, dass er tatsächlich in die erste Auswahl gekommen war.

Ein Brief vom Reichstrainer allein war schon unglaublich genug, doch ein leiser Zweifel flüsterte ihm ein, dass es unzählige Male vorgekommen war, dass ein Spieler ein derartiges Schreiben bekommen, sich wochenlang beim Training geschunden hatte, in jeglicher Hinsicht spartanisch lebte und dann letztendlich doch nicht fahren durfte. Also wollte er diesem Schreiben keine besondere Bedeutung zukommen lassen, auch wenn Herberger ihm sogar eine handschriftliche Bemerkung unter den Schreibmaschinentext gesetzt hatte: „Denken Sie daran: Fußball wird nicht nur auf dem Boden gespielt!"

Es war erstaunlich, dass sich der Trainer überhaupt daran erinnert hatte. Genau das war nämlich die Lektion gewesen, die Fritz bei seinem zweiten Lehrgang vor einem Jahr, diesmal bei Herberger selbst, hatte lernen müssen. Bei einem Trainingsspiel war er in der Luft mit einem Gegner zusammengekracht. Damals schon hatte ihn der Trainer ins Gebet genommen, dass er mit dem Gegner überall zu rechnen hatte und daher auch sein Kopfballspiel verbessern sollte. Das Spiel fand eben nicht nur am Boden statt.

Fritz hatte auch gelernt, dass Mühen und Entbehrungen jetzt und immer zu seinem Sportler-Leben gehören würden, ebenso wie ein striktes tägliches Training und der Verzicht auf Rauchen, Trinken und unvernünftiges Essen. Herberger hatte das Spieler-Leben alles andere als schöngeredet. Trotzdem konnte Fritz seinen ersten Einsatz als Nationalspieler kaum erwarten.

Natürlich gelang es ihm da auch nicht, so zu tun, als wäre das ein Schreiben wie jedes andere. Dazu war er viel zu nervös, als seine Mutter zu ihm auf die Arbeitsstelle in die Stadtsparkasse gerannt kam und ihm den Brief aufgeregt vor die Nase hielt. Normalerweise steckte sie seine Post immer hinter die Glasscheibe des Kühlschranks, wo er sie dann mittags herausholte. Dass sie es selbst diesmal nicht abwarten konnte, sich sogar die Mühe machte, sie persönlich bei ihm vorbeizubringen, musste etwas Besonderes bedeuten.

„Nun mach schon, Junge," hatte sie ihn bedrängt, „mach ihn auf!"

Fritz nahm den Brief, sah kurz auf den Absender und steckte ihn in aller Ruhe in seine Hosentasche. Sein Herz pochte wild vor Aufregung, doch er wollte sich nichts anmerken lassen. „Nicht jetzt, Mutter", winkte er ab.

„Aber willst du denn gar nicht wissen, was drinsteht?"

„Jetzt nicht, den muss ich in Ruhe lesen." Damit gab er ihr unmissverständlich zu verstehen, dass jetzt nicht der richtige Zeitpunkt war, um weiter zu insistieren. Seine Mutter sah ein, dass es keinen Zweck mehr hatte, ihren Jungen zu bedrängen. Schließlich kannte sie ihn nur zu gut. Wenn er nicht wollte, konnte man sich auf den Kopf stellen und mit den Füßen wackeln. Wenn er nicht wollte, wollte er nicht. Den Dickschädel musste Fritz von seinem Vater geerbt haben, so viel stand fest.

Enttäuscht und zugleich aufgeregt, weil sie ebenfalls vermutete, dass der Brief etwas ganz Besonderes bedeutete, kehrte sie um und ging wieder nach Hause. Fritz hingegen verzog sich heimlich auf die Toilette, um endlich die erlösenden Zeilen zu lesen. Mit zitternden Händen hatte er den Brief geöffnet und tatsächlich: Sepp Herberger hatte ihm mitgeteilt, dass er in die erste Auswahl beim Spiel gegen Rumänien gekommen war. Selbst Jahrzehnte später sollte er sich noch an diesen Augenblick erinnern. Dieser erste Brief von Herberger würde für ihn immer der wichtigste sein.

„Jetzt bloß nicht zu viel verraten", dachte er, sich selbst mäßigend, als er wieder zu seinen Kollegen nach draußen ging, die ihn sofort mit allen möglichen Fragen zu löchern begannen. Doch er sagte kein Wort. Erst wenn alles wirklich fest stand, erst wenn er tatsächlich Bescheid bekam, zu diesem Länderspiel zu fahren – erst dann wollte er mit der Sprache herausrücken. Über ungelegte Eier sollte man schließlich nicht sprechen, das hatte sein Vater schon immer gesagt.

Und es dauerte nicht lange, bis er vom DFB die offizielle Mitteilung erhielt.

Jetzt stand er da und starrte auf den großen Eingang des Hotels, in dem er mit den anderen Spielern untergebracht war. Er hoffte nun inständig, sie würden ihn einigermaßen nett empfangen und nicht allzu hochnäsig mit ihm, dem Grünschnabel, umspringen.

Fritz holte tief Luft, nahm seinen Koffer und betrat die Eingangshalle. Schon von weitem bemerkte ihn ein Portier, der sofort auf ihn zukam, um ihm sein Gepäck abzunehmen. Fritz sah ihn ungläubig an. Noch nie hatte ihm jemand seinen Koffer getragen. Das konnte er schon selbst, dachte er.

„Wo finde ich denn Reichstrainer Herberger?", fragte er unsicher, noch immer den Koffer in der Hand.

„Geben Sie mir Ihr Gepäck", antwortete der Portier freundlich. „Ich sehe sofort nach ihm und sage ihm, dass Sie hier sind." Mit einem geschickten Griff am Henkel zog der Portier am Koffer und schaffte es diesmal, ihn zu entwenden.

„Walter, ist mein Name. Fritz Walter", rief er dem Mann hinterher, der eiligen Schrittes mit seinem Koffer verschwand und ihn allein zurückließ.

Fritz blickte sich ehrfürchtig um. Die noble Empfangshalle mit ihren dunklen Holzvertäfelungen wirkte fremd auf ihn, der noch nie zuvor in solch einem Hotel gewesen war. In einer der Sitznischen am Rande unterhielten sich Geschäftsleute, deren feine Anzüge darauf schließen ließen, dass hier Geld im Spiel war. In der Hotelhalle herrschte reges Treiben. Es war kaum etwas davon zu merken, dass der Krieg nunmehr seit zehn Monaten in vollem Gange war. Hier liefen alle mit einer Gelassenheit durch die Räume, als wollten sie bewusst demonstrieren, dass so etwas wie Krieg gar nicht existiere, ja gar keinen Platz in ihrem Leben hatte. Der Rauch teurer Zigarren zog an ihm vorbei und vermischte sich mit dem Duft feinen Parfums reicher Damen, die an ihm vorbeistolzierten.

Fritz atmete tief ein. Das war also der Duft der großen weiten Welt, dachte er amüsiert und gerade als er sich nach einer der Damen umdrehen wollte, sah er, wie der Reichstrainer aus einem der angrenzenden Räume eilig auf ihn zukam.

„Schön, dass Sie hier sind", begrüßte Herberger ihn freudig, gab ihm einen festen Handschlag und führte ihn mit dem Arm auf seine Schulter gelegt in Richtung Treppe. „Hier ist Ihr Zimmerschlüssel. Sie teilen sich Ihr Zimmer mit Kupfer. – Jetzt gehen Sie nach oben und machen sich frisch. Dann kommen Sie zu uns in den Frühstückssaal. Wir sind gerade beim Kaffeetrinken."

„Und mein Koffer?"

„Machen Sie sich darüber keine Sorgen. Der ist längst auf Ihrem Zimmer. Also, bis gleich." Damit verabschiedete sich der Trainer, gab ihm noch einen freundschaftlichen Klaps auf den Rücken und ging wieder in die Richtung, aus der er gekommen war.

Fritz blickte auf den Schlüssel und ging die Treppen hinauf zu den Hotelzimmern. Jetzt war er wirklich nervös. In wenigen Minuten würde er auf Namen und Gesichter einer fremden Welt treffen, zu der ER nicht gehört hatte – bis heute.

Minuten später fasste sich der Neuankömmling ein Herz und ging festen Schrittes durch die Empfangshalle in Richtung Frühstückssaal, aus dem frohes Lachen und aufgeregtes Reden schon von weitem zu hören war.

„Ahh, da ist ja unser Neuer!", rief Herberger durch das Stimmengewirr, als er ihn im Türrahmen stehen sah.

Fritz blickte sich neugierig um. Da saßen nun alle und sahen ihn erwartungsvoll an. Er suchte nach bekannten Gesichtern und entdeckte Hohmann, der ihm von seinem Platz aus strahlend zuwinkte. Herberger kam sofort auf ihn zugelaufen und schob ihn in Richtung Mannschaft, um die Spieler nacheinander vorzustellen.

Als Erstes stand der Mannschaftskapitän Paul Janes auf und schüttelte ihm die Hand.

„Hab schon viel von dir gehört. Ich bin der Paul." Und als er in Fritz' unsichere Augen blickte, schob er noch ein „wir sind hier alle per Du" hinterher.

Das Eis war gebrochen. Seine schlimmsten Befürchtungen hatten sich nicht erfüllt. Hier war niemand arrogant und hochnäsig, hier gab es offenbar keine Stars. Fritz atmete erleichtert auf, als ihm alle nacheinander mit Lachen im Gesicht freudig die Hand schüttelten, so, als ob sie ihn schon lange kannten, als ob er bereits seit einiger Zeit zu ihrem engsten Freundeskreis gehörte.

Nachdem er den Spielern der Reihe nach vorgestellt war, nahm alles wieder seinen gewohnten Lauf. Sie unterhielten sich, lachten, scherzten wie vorhin. Fritz gehörte nun zur Gruppe, wie jeder andere auch. Er war eingegliedert, als wären sie alle eine große Familie und als wäre es überhaupt kein Thema, dass er neu war und noch nie zuvor ein Länderspiel bestritten hatte.

Irgendjemand schob ihn von hinten auf einen Platz und stellte ihm eine frische Tasse Kaffee vor die Nase, die er erst einmal hypnotisch anstarrte. Auf gar keinen Fall wollte er, dass seine Hand mit der Tasse verräterisch zitterte, was zum Ergebnis hatte, dass der Kaffee langsam kalt wurde.

Gerade hatte er sich entschlossen, doch noch einen Schluck zu probieren, als ihm jemand einen kräftigen Schlag auf die Schulter versetzte. Der Kaffee schwappte über und ergoss sich auf der blütenweißen Tischdecke. Na, bravo, besser konnte es nicht anfangen. Neben ihm nahm Kupfer Platz und ging einfach über das Malheur hinweg.

„Ich bin der Anderl. Wir sind zusammen auf der Bude. Wirst sehen – alles halb so wild. Sind alles ganz dufte Jungs."

„Männer, alle mal herhören!", rief der Trainer auf einmal durch die Runde. „Heute Nachmittag pünktlich um zwei Uhr ist Treffpunkt in der Hotelhalle. Abfahrt zehn nach zwei – Training bis fünf. Und jetzt ist erst einmal Bettruhe angesagt."

„Bettruhe? Heißt das, dass wir jetzt schlafen sollen?", stieß Fritz Anderl leise mit dem Ellbogen an.

„Das ist hier so Usus. Der Chef schwört auf Bettruhe, vor allem vor den eigentlichen Spielen. Keine Sorge, jetzt müssen wir nicht richtig schlafen. Können ein bisschen miteinander quasseln."

Quasseln hörte sich gut an, denn zum Schlafen wäre er jetzt eh nicht gekommen. Dafür war alles viel zu neu und aufregend. Als sie gemeinsam mit den anderen aufstanden, entdeckte er von weitem Baumann, einen der jüngeren Spieler, den er schon von Lehrgängen her kannte. Baumann spielte, wie er selbst, im Mittelsturm und war ebenfalls Anwärter auf den begehrten Posten beim kommenden Spiel gegen Rumänien. Herberger war sich offenbar noch nicht im Klaren, wer nun am Sonntag spielen sollte, und so hatte er vorerst beide eingeladen, um seine Entscheidung kurzfristig zu fällen. Erst einmal wollte er sich beide ansehen und das konnte er am besten beim Training.

Fritz wurde es ein wenig mulmig zumute. Er wollte unbedingt spielen. Sollte er am Ende doch nicht eingesetzt werden? War Baumann im Augenblick sein größter Konkurrent? Wie sollte er sich nun ihm gegenüber verhalten?

Jetzt stand Hohmann neben ihm und zog ihn leicht zur Seite.

„Hab ich's Ihnen nicht gesagt, dass Sie eine Chance haben? Jetzt stehen Sie hier und sind heißester Anwärter auf das Spiel. Alles, was Sie nun tun müssen, ist, auf sich vertrauen und beim Training alles geben, dann kann nichts schief gehen." Mit diesen Worten und einem aufmunternden Augenzwinkern ging Hohmann weiter.

Fritz machte sich auf den Weg in die Hotelhalle, wo Anderl bereits auf ihn wartete, um gemeinsam mit ihm nach oben zu gehen. Wieder einmal hatte Hohmann es geschafft, ihn in helle Aufregung zu versetzen. „Kann gar nichts schief gehen", murmelte Fritz skeptisch in Gedanken vor sich hin. Dann ging er mit Anderl an seiner Seite die Treppen hinauf.

„Was denken Sie Janes? Wer soll Ihrer Meinung nach morgen spielen?", wandte sich Herberger vertrauensvoll an den Mannschaftskapitän, der sich völlig außer Atem und schweißnass neben ihm auf die Trainerbank fallen ließ.

Kurze Pause. Die Spieler saßen vereinzelt auf dem Rasen und wischten sich den Schweiß von der Stirn. Herberger hatte sie heute, wie auch am Tag zuvor, ziemlich gescheucht.

Man konnte ihm die Anspannung ansehen. Zwar hatte seine Mannschaft letzten November den amtierenden Weltmeister Italien mit 5:2 vom Platz gefegt, aber die 1:5 Niederlage im September zuvor gegen Ungarn steckte ihm noch in den Knochen. Jetzt, wo der Krieg ausgebrochen war und er alle Hebel in Bewegung setzen musste, um seine Spieler von der Front fern zu halten oder gar wegzuholen, konnte er dies nur dadurch halbwegs anständig begründen, wenn er Siege vorzuweisen hatte. Außerdem musste er beweisen, dass nicht Otto Nerz, sondern er der bessere Trainer war, gerade weil man es an höherer Stelle nicht gerne sah, dass er sich politisch überhaupt nicht betätigte.

„Wenn Sie mich fragen, Chef – Walter ist genauso gut wie Baumann", keuchte Janes. „Wenn's nach mir ginge, könnten morgen beide gleichzeitig antreten. Dann würden wir auf jeden Fall gewinnen."

„Ha, Sie sind gut", lachte Herberger. „Dann sind wir die erste Mannschaft mit zwölf Spielern auf dem Feld. Fällt überhaupt nicht auf, was? Aber mal im Ernst: Was ist Ihnen aufgefallen?"

„Tja, Baumann war im Spiel eben aggressiver als Walter. Aber Walter ist ein guter Sprinter. Wenn der sich was in den Kopf gesetzt hat …"

„Das seh ich genauso", brummte Herberger und kritzelte wieder in seinem Notizbuch herum.

„Außerdem hatte Walter eben den besseren Blick für die Situationen. Baumann war dafür aber im Zweikampf meist überlegen. – Tja, keine leichte Entscheidung. Bin froh, dass ich sie nicht treffen muss."

Herberger nickte zustimmend. „Holen Sie mir den Kupfer und den Kitzinger, ja? Und ruhen Sie sich noch einen Moment aus. Gleich üben wir Standardsituationen."

Paul Janes erhob sich schwerfällig und schüttelte die Beine aus. „Wird gemacht, Chef." Langsam schlurfte er wieder in Richtung Spielfeld, wo sich Kupfer neben seinem Sprintgefährten Kitzinger auf dem Rasen ausruhte.

Nicht weit von ihnen entfernt saß der junge Fritz auf dem Rasen und rieb sich den Unterschenkel. Eben noch hatte er im Gefecht nach einem Ball gegrätscht und dabei eine recht schmerzhafte Bekanntschaft mit einem Stollen gemacht.

Als er kurz aufblickte, sah er, wie Kupfer und Kitzinger gerade mit Herberger sprachen und dabei abwechselnd zu ihm hinüber sahen. Was die wohl gerade über ihn sagten? Spielen oder nicht spielen hing wahrscheinlich von diesem Gespräch ab. Eben noch hatte Baumann wechselweise mit ihm im Mittelsturm gegen die Hintermannschaft gespielt. Jetzt wurde es eng. Herberger musste sich entscheiden, wer nun gegen Rumänien antreten durfte und Walter hatte noch nie so sehr gehofft, dass die Wahl auf ihn fallen würde. Er konnte es schaffen, wenn man ihn nur lassen würde.

Unsicher blickte er noch einmal auf. Die beiden Außenspieler waren schon wieder auf dem Weg zum Spielfeld, doch Herberger kritzelte völlig in sich versunken unermüdlich in sein Büchlein. Dann stand er mit einem Mal auf und rief laut und deutlich zu seiner Mannschaft hinüber: „Männer, auf geht's! Keine Müdigkeit vorschützen! Eckbälle! Baumann beginnt!"

Die Männer erhoben sich müde und abgeschlafft, schüttelten sich die Beine aus und setzten sich in Bewegung. Fritz saß noch eine Sekunde länger auf dem Rasen. Er wusste in diesem Moment, dass die Würfel gefallen waren und im selben Augenblick wusste er auch, dass ER am Sonntag nicht spielen würde. Im Moment konnte er sich nichts Schlimmeres vorstellen.

Kurz vor Spielbeginn, am Sonntagnachmittag des 14. Juli 1940, war die Atmosphäre zum Zerreißen gespannt. Das Frankfurter Waldstadion war bis auf den letzten Platz besetzt. Alle, die es sich leisten konnten, waren gekommen, um sich von ihren Ängsten ein wenig abzulenken, denn der Krieg hatte schon tiefe Spuren hinterlassen. Aber sie ahnten trotzdem, dass nach diesen neunzig Minuten alles wieder beim Alten sein würde. Doch noch war die Front weit weg – keiner war unmittelbar selbst betroffen und die Politiker wogen einen in Sicherheit, denn Deutschland war nach deren Aussagen unbezwingbar. Noch gab es also keinen Grund, ihnen keinen Glauben zu schenken und so konnten sich alle auf das bevorstehende Spiel freuen.

Auf den Rängen kochte und brodelte es nur so. Alle unterhielten sich aufgeregt, gestikulierten wild und schlossen Wetten auf den bevorstehenden Sieger ab. Noch kurz zuvor hatten die Menschenmassen den Mannschaftsbus auf dem Weg zum Stadion freudig winkend begrüßt, an die Scheiben geklopft und ihren Favoriten mit aufmunternden Gesten Mut gemacht. Diese hatten ebenfalls lachend zurück gewunken und sich über so viel Anteilnahme gefreut. Es war tatsächlich so, als ob die Menschen auf den Straßen zu ihnen gehörten, ja sogar Teil ihres Teams zu sein schienen, und sie dadurch wie in einer großen Familie allen

Spielern Halt geben konnten – allen, bis auf einem: Fritz Walter. Dieser saß still und leise im Bus, lächelte zaghaft nach draußen und überlegte sich nur, ob die Menschen nach dem Spiel noch immer so freundlich sein würden, wie sie es jetzt gerade waren.

Kurz vor Spielbeginn hatte er erfahren, dass heute doch sein großer Tag sein sollte, seine ganz persönliche Prüfung.

Nun stand er in dieser großen Turnhalle und streifte sich sein Trikot über. Alles erschien ihm wie in einem Traum. Noch vor wenigen Monaten war er ein unbekannter Fußballspieler und er wusste, dass er es nach diesem Spiel nicht wieder sein würde. So oder so. Selbst wenn er heute nicht ein einziges Mal an den Ball käme, war er danach ein bekannter Mann, ob ihm das gefiel oder nicht.

Nicht weit von ihm entfernt begann Herberger damit, in alt bekannter Routine einzelne Spieler vom Rest der Gruppe zu sondieren, die sich nervös und aufgekratzt lautstark unterhielt. Alle scherzten und lachten miteinander, als wollten sie in den nächsten zehn Minuten nicht ein Länderspiel bestreiten, sondern gemeinsam einen Kegelabend einläuten.

Mit einer Mischung aus Nervosität und Befremden betrachtete Fritz das Treiben der Mannschaft, konnte sich jedoch noch nicht recht zugehörig fühlen, auch wenn sich die letzten Tage alle mit ihm größte Mühe gegeben hatten und keiner ihm gegenüber arrogant aufgetreten war. Er wusste, dass er mit diesem Spiel erst seine Gesellenprüfung ablegen musste. Danach konnte es anders aussehen, danach konnte er richtig dazugehören – „hoffentlich", dachte er.

„Hahnemann, passen Sie mir gut auf den Neuen auf", wandte sich Herberger väterlich an seinen Flügelspieler Willi Hahnemann und spitzte dabei über die Schulter zu seinem Schützling hinüber, der sich auf der Bank gerade die Schuhe zuband. „Sie wissen ja selbst wie das ist, wenn man gerade anfängt. Er braucht jetzt einen starken Partner an seiner Seite." Der Trainer klopfte dem Spieler aufmunternd auf die Schultern und vergewisserte sich, ob sein verstecktes Lob angekommen war.

„Klar, Chef, auf mich können Sie sich verlassen", antwortete dieser in sicherem Tonfall und gab seinem Trainer zu verstehen, dass es keinen Zweifel gab, dass er dieser Verantwortung gewachsen war.

„Und lassen Sie ihn nicht im Regen stehen – präzise Pässe. Das können Sie doch, sind doch ein alter Fuchs." Hahnemann nickte zuversichtlich. Er gehörte ebenso wie Kupfer, Kitzinger und Janes zur alten Riege, die schon seit Jahren ganz oben mitmischten. Für ihn war es eine Ehrensache, auf den noch unerfahrenen Neuen, der ausgerechnet heute sein erstes Länderspiel bestritt, zu achten. Doch wirklich Sorgen machte er sich nicht um ihn. So, wie sich Fritz Walter die letzten Tage präsentierte, war für ihn klar, dass dieser sein Bestes geben würde und er selbst nicht viel dazu beitragen musste, ihm unter die Arme zu greifen.

Herberger ging weiter und schnappte sich den nächsten Spieler. Diesmal nahm er den Mannschaftskapitän Paul Janes ins Gebet. Erneut legte er den Arm um seinen Spieler und führte ihn ein Stück beiseite, als würde ein Vater mit seinem Sohn einige vertrauliche Dinge besprechen, die für andere Ohren nicht bestimmt waren.

Was Sepp Herberger jedem einzelnen Spieler vor jedem Turnier ins Ohr flüsterte, war tatsächlich nicht für andere bestimmt. Er schwor nicht nur jeden ein, sein Bestes zu geben. Er bestätigte auch, dass jeder von ihnen quasi der wichtigste Mann auf dem Spielfeld war und dazu brauchte er nichts erfinden. Er erinnerte sich einfach daran, was jeden Einzelnen ausmachte, worin er unschlagbar war und was sein hervorstechendstes, positivstes Merkmal war. Manchmal waren es spielerische Fähigkeiten, manchmal waren es besondere menschliche Qualitäten, aber immer führte es dazu, dass beim Spiel genau diese Eigenschaft besonders stark hervortrat, als wäre sie durch Herbergers Worte in nur wenigen Sekunden gewachsen und aufgeblüht. Manchmal war es aber auch nötig, den Spielern einen gezielten Dämpfer zu versetzen und sie zu stutzen. Ballverliebte Einzelgänger konnte kein Team gebrauchen, am allerwenigsten seines.

So ging Herberger von Spieler zu Spieler und nahm jeden noch einmal zur Seite. Diese ihm ureigenste Angewohnheit sollte für immer sein Markenzeichen als Trainer werden und nur die Spieler, die das Glück hatten, von ihm trainiert zu werden, kamen in diesen Genuss.

Kurz bevor die Mannschaft auf den Rasen musste, nahm sich Herberger auch noch Fritz Walter vor, der sich in einer Ecke der Turnhalle warm hüpfte. Als der Trainer auf ihn zukam, blickte dieser in unsichere Augen und verstand sofort.

„Aufgeregt?", wollte Herberger wissen. „Es geht", antwortete Fritz Walter standhaft, obwohl ihm ganz anders zumute war.

„Walter, Sie schaffen das", ermutigte Herberger seinen Neuling. „Stellen Sie sich vor, Sie spielen daheim auf dem Betzenberg!"

„Gut, ich versuch's", gab dieser zaghaft zurück und hüpfte verlegen von einem Bein auf das andere. Herberger legte den Arm um seine Schulter und versuchte ihn weiter zu beruhigen.

„Alles, was Sie tun müssen, ist, nach vorne spielen und auf sich vertrauen. Und wenn Sie denken, dass Ihre Chance gekommen ist, zögern Sie nicht. Selbst wenn's nichts wird … und halten Sie immer Hahnemann im Auge, mit ihm zusammen können Sie ein hervorragendes Duo werden, also nur Mut."

Er klopfte Walter aufmunternd auf die Schulter und schickte anschließend seine Männer nach draußen, wo die

Zuschauermasse die Mannschaften mit frenetischem Applaus begrüßte.

Sepp Herberger nahm auf der Trainerbank Platz. Ausgerechnet jetzt hallten ihm die Schlagzeilen der vergangenen Wochen im Ohr – Schlagzeilen, die unkten, ob solch ein Zusammenspiel von Jung und Alt überhaupt funktionieren konnte und ob der Trainer nicht besser eine andere Strategie fahren sollte, aber er wusste es besser.

Er verwarf alle Unkenrufe mit einer Handbewegung und konzentrierte sich auf das Spiel, das gerade durch den italienischen Schiedsrichter Scorzoni angepfiffen wurde.

„Ausgezeichnet", dachte Herberger. Hahnemann hatte sich gleich nach Spielbeginn den Ball gesichert und ihn Walter zugespielt. Von Anfang an funktionierte deren Zusammenspiel wie am Schnürchen, so, als hätten sie schon seit Jahren in einer Mannschaft gespielt – so, als hätten sie nie etwas anderes getan.

Herberger grinste zufrieden, denn er wusste wieder einmal, dass er mit seiner Strategie Recht behalten hatte. Die Mannschaft passte gut zusammen. Jeder achtete auf den anderen. Ein Ballverlust konnte sofort wieder wettgemacht werden. Wurde einer vom Gegner bedrängt, war sofort ein anderer zur Stelle und half ihm aus der Patsche.

Auf einmal spannten sich Herbergers Gesichtszüge an. Er kniff – längst zum Markenzeichen geworden – sein rechtes Auge zusammen und beugte sich konzentriert nach vorne. Es war gerade eine Viertelstunde gespielt worden und schon waren seine Männer in den gegnerischen Strafraum vorgedrungen … jetzt eine Vorlage von Walter und … „Tooor!!!"

Der Trainer sprang mit erhobenen Armen auf. Das Stadion bebte. Hahnemann hatte eine hervorragende Vorlage – ausgerechnet von seinem Neuling Fritz Walter gespielt –

in ein Tor verwandeln können. 1:0 für Deutschland und das gleich nach fünfzehn Spielminuten.

Die Spieler konnten sich kaum halten. Außer sich vor Freude gratulierten sie dem Torschützen und stürmten anschließend auf Walter los, ohne den dieses Tor niemals geglückt wäre. Diesem konnte man seine Verlegenheit anmerken. So viel Anerkennung hatte er noch nie bekommen. Dort, wo er bislang gespielt hatte, gratulierten alle nur dem Torschützen. Dass nun aber ihm, der die Vorlage zum 1:0 lieferte, ebenfalls auf die Schultern geklopft wurde, war er nicht gewöhnt.

Herberger setzte sich wieder und war nun sichtlich erleichtert. Seine Rechnung war aufgegangen und wenn alles so weiterging wie bisher, konnte er mit der Leistung seiner Spieler zufrieden sein. Und tatsächlich: Kurz vor Ende der ersten Halbzeit war der Spielstand 3:0. Das konnten die Rumänen, die sich alle Mühe gaben, den Ball länger als zwei Minuten zu besitzen, nun wirklich nicht mehr aufholen. Da mussten sie sich nach der Pause schon etwas ganz Besonderes einfallen lassen. Doch Herberger wusste nur zu gut, dass solche Lücken nicht von ungefähr kamen und dass sie vor allen Dingen nicht innerhalb einer fünfzehnminütigen Pause ausgemerzt werden konnten.

Aber was jetzt, kurz vor Ende der ersten Halbzeit geschah, damit hatte keiner, auch nicht Sepp Herberger, gerechnet. Seine Spieler waren wieder einmal in den gegnerischen Strafraum vorgedrungen. Die Rumänen bemühten sich nach allen Kräften, die Lücken zu stopfen und die Schotten dicht zu machen. Der deutsche Rechtsaußenspieler Plener schoss eine Flanke nach innen, wo er zwar niemanden Bestimmtes anpeilen konnte, aber trotzdem berechtigte Hoffnungen hatte, dass einer aus seinen Reihen diese Flanke verwandeln würde.

Als es gerade so aussah, als könnte der Schuss sein Ziel verfehlen, vielleicht sogar zu hoch ankommen und über das Tor hinausschießen, ragte aus dem allseitigen Getümmel der junge Fritz heraus. Er ging zuvor tief in die Knie und sprang so hoch er konnte. Mit einem gezielten Köpfer versenkte er den Ball in der äußersten rechten Torecke, unerreichbar für den rumänischen Torhüter.

Mit 4:0 und strahlend vor Glück ging er mit seiner Mannschaft im Siegeszug in die Pause. Die Zuschauer tobten und brüllten vor Begeisterung. Walters Einstand war geschafft und er hoffte von da an inständig, dass seine Glückssträhne nicht schon nach der Pause beendet sein würde.

„Stift, das hast du großartig gemacht!", rief ihm Hahnemann anerkennend zu. Die anderen fanden ebenfalls nur Worte des Lobes für ihn, der sein Glück noch gar nicht richtig fassen konnte. Dabei war alles wie am Schnürchen gelaufen. Von dem Moment an, wo er den Platz betreten hatte, hatte er gewusst, was zu tun war. Er konnte sich auf sich und seinen Instinkt verlassen, das war schon immer so und würde vielleicht auch immer so bleiben, wenn er nur hart genug dafür trainierte und wenn er weiterhin die Chance bekommen würde, ganz oben mitzuspielen.

Aber bevor er sich zu sehr in Träumereien verlor, musste dieses eine Spiel gewonnen werden. Und jetzt, wo er auf dem Weg in die Pause war und ihm noch immer seine Kameraden jubelnd auf die Schultern klopften, tat er für kurze Zeit das, was er vielleicht noch nie zuvor getan hatte: Er schickte ein Stoßgebet zum Himmel, dass sein Wunsch in Erfüllung gehen und sie heute als haushoher Sieger vom Platz gehen würden.

„Na, Sie Anfänger! Fürs erste Mal war's nicht schlecht …", tönte eine väterliche Stimme von hinten über Walters Kopf. Dann spürte er, wie ihm jemand fest auf die Schultern klopfte, sich mit einer Hand kurz auf ihm abstützte, um neben ihm auf einem der gepolsterten Stühle im Festsaal des Hotels Platz zu nehmen.

Eine ganze Weile saß er da schon und betrachtete staunend, was um ihn herum vor sich ging. Ihnen zu Ehren war der Festsaal feierlich eingedeckt worden. Kuchen und Gebäck waren zuhauf auf die langen Tische drapiert worden, und das, obwohl es Kuchen seit einiger Zeit nur noch auf Essensmarken gab. Aber hier im Hotel spürte man nichts von Knappheit und Rationen. Hier liefen die Ober in langen weißen Schürzen, mit schwarzen Westen und um den Hals gebundenen Fliegen geschäftig durcheinander und lasen ihren Ehrengästen jeden Wunsch von den Augen ab.

Wer hätte das gedacht, dass sein Stoßgebet doch noch erhört worden war. Mit 9:3 waren sie als haushohe Sieger vom Platz gegangen. Fast wäre es sogar zum 10:3 gekommen, wäre sein fabelhafter Torschuss in der 89. Minute nicht durch Abseitsstellung aberkannt worden. Solch ein Schuss war ihm noch nie zuvor gelungen. Er hatte eine Flanke von links im Lauf direkt aus der Luft angenommen und mit Karacho ins gegnerische Tor geschmettert. Er war so stolz auf dieses Tor gewesen, womit er – wie er fand – sich selbst übertrumpft hatte. Dass ihm dieses nicht anerkannt wurde, war ein kleiner Wermutstropfen im sonst so reibungslosen Spiel gewesen. Doch nachdem das Spiel mit neun zu drei Toren abgepfiffen wurde und die vielen Jugendlichen aufs Spielfeld gerannt kamen, um ihre Helden hautnah im Siegestaumel mitzuerleben, war auch das schnell vergessen.

Wie hatte er sich gut gefühlt. Innerlich raste sein Herz vor Aufregung und Stolz und natürlich auch vor Anstrengung, denn dieses Länderspiel hatte ihm einiges an Kraft und Kondition abverlangt. Er hatte schnell gemerkt, dass hier mit anderen Bandagen gekämpft wurde und dass seine Spielerkollegen allesamt schneller waren als die Spieler, mit denen er es sonst zu tun hatte. Hier wurde auf hohem Niveau gespielt und er wusste nur zu gut, dass er hart trainieren musste, wenn er weiterhin mithalten wollte.

Doch bekam er auch die Chance, weiter mitzumachen? Sicher, er hatte heute, bei seinem ersten Länderspiel drei Tore erzielt und mehrere gute Vorlagen geliefert, doch genügte Sepp Herberger das, um ihn weiter bei Länderspielen einzusetzen?

Fritz Walter drehte sich um und blickte in die wissenden Augen seines Trainers, der ihn freundlich anlächelte. Jetzt erst realisierte er, was dieser soeben gesagt hatte. Jetzt bemerkte er auch eine Spur von Stolz, der in seinen Augen geschrieben stand und den selbst er, der mehr als ein gesundes Maß an Selbstzweifel hatte, eindeutig ablesen konnte.

„Danke", entgegnete Fritz zaghaft und lächelte ebenfalls freundlich zurück. Er wusste nicht recht, was er sagen sollte und blickte verlegen auf seinen noch leeren Kuchenteller.

„Sie haben ja noch gar nichts gegessen", bemerkte Herberger. Er drehte sich augenblicklich zu einem der jungen Ober um und signalisierte mit einem Handzeichen, dass sein Schützling Kaffee und Kuchen bekommen sollte, woraufhin sogleich jemand angeeilt kam, um die Wünsche des Reichstrainers zu erfüllen.

„Danke, ich habe keinen Hunger. Kann jetzt noch nichts essen", entschuldigte sich Walter, konnte aber das Stück Sachertorte, das ihm in Windeseile vor die Nase gesetzt wurde, nicht mehr abwenden.

„Essen Sie ruhig. Könnte sein, dass es schon bald keinen Kuchen mehr gibt", antwortete Herberger und um seinen jungen Spieler nicht allzu sehr zu beunruhigen, setzte er ein kameradschaftliches Augenzwinkern hinzu.

Fritz nahm einen großen Schluck Kaffee aus seiner Tasse und lehnte sich zurück. Noch immer blickte er sich staunend um, während er den ruhigen Worten Herbergers aufmerksam folgte.

„Ja, ja, ich war auch mal so wie Sie", begann dieser zu erzählen. „Jung und unerfahren ... wissen Sie, das ganze

Drumherum ist schon sehr schön. Vor allem, wenn man zu Auswärtsspielen fährt. Ich sage Ihnen, Auswärtsspiele sind das Größte. Andere Länder, die gemeinsame Fahrt mit der Mannschaft … es gibt nichts Schöneres. Wenn Sie sich anstrengen, könnte es sein, dass Sie schon bald ins Ausland fahren."

Der junge Fritz sah ihn ungläubig und gleichzeitig erwartungsvoll an.

„Sie meinen, dass Sie mich weiterhin aufstellen werden?"

„Mal sehen. Natürlich haben Sie noch viel zu lernen, aber wenn Sie hart genug trainieren …"

„Ja, ich weiß genau, wo meine Schwächen sind. Glauben Sie mir, ich werde sehr hart trainieren", versprach Walter und sah ihm fest in die Augen. Herberger sollte sehen, dass es ihm ernst damit war und dass er bestimmt nicht zu der Sorte Menschen gehörte, die viel redeten und bei denen dann doch nichts dahinter steckte. Die Sorte, die es im Fußball wie im Leben zuhauf gab und mit denen er noch nie etwas anfangen konnte. Er war ganz sicher nicht so. Wenn er etwas versprach, dann hielt er sich auch daran, komme was wolle.

„Heute waren Sie wirklich gut, aber mit einem Spiel ist es nicht getan. Es werden andere und schwerere folgen. Trainieren Sie eisern." Mit diesen Worten stand Sepp Herberger auf. Er hatte bemerkt, dass einige seiner Spieler, die sich im Stehen unterhielten, hoffnungsvoll zu ihm hinüber sahen, damit er auch zu ihnen kam, um mit ihnen zu reden. Er wollte nicht den Eindruck erwecken, dass er einen Spieler bevorzugte und so machte er sich auf den Weg zu den anderen. Gleichzeitig war dies auch das unmissverständliche und deshalb ersehnte Zeichen, dass sie im nächsten Spiel wieder eingesetzt würden. Er konnte im Gespräch auch ruhig kritisieren, Hauptsache, er kam überhaupt. Nur wen er gar nicht ansprach, der musste sich Sorgen machen.

Kurz bevor er den Tisch, an dem Walter saß, verließ, drehte er sich noch einmal zu ihm um und sagte: „Leben Sie nach sportlichen Grundsätzen, dann werden wir uns bald wieder sehen." Dann ging er zu den anderen Spielern hinüber. Heute konnten alle aufatmen, denn er rief ihnen schon von weitem zu: „Männer, ihr dürft alle wiederkommen!", und sorgte dadurch für Hochstimmung. Alle begannen zu lachen und zu scherzen, ließen das Spiel noch einmal Revue passieren und holten sich allesamt noch ein letztes Lob vom großen Reichstrainer Sepp Herberger ab.

Fritz Walter aber blieb nachdenklich vor seinem noch immer nicht angerührten Kuchenteller sitzen und grübelte. In Gedanken malte er sich aus, wie er ab jetzt noch eiserner trainieren würde. Wenn er vor seiner Arbeit und nach Dienstschluss zum Training gehen würde, dann könnte er es sicherlich schaffen. Er würde jeden Morgen und jeden Abend mit dem Fahrrad auf den Betzenberg fahren, würde dort notfalls über den Zaun steigen und trainieren. Tagaus, tagein, bei jedem Wetter. Er hatte es dem Trainer versprochen und er würde sein Versprechen halten – komme was wolle.

Sportteil Schweizer Tageszeitung 13. April 1941:

Vor Schweiz–Deutschland.
Das Fußball-Länderspiel in Bern.

Zwölf Jahre lang rang die Schweiz vergeblich um einen Fußball-sieg gegen Deutschland. Fünfmal hintereinander musste sie ihre Niederlage ohne einen Ehrentreffer ertragen.
[…]
Nächsten Sonntag steigt nun im Stadion Wankdorf „das Spiel der Spiele". Reichstrainer Herberger bringt mit einer Ausnahme die gleiche Nationalmannschaft mit, die unsere Elf in Stuttgart auf die Verliererseite drängte. Anstelle des unabkömmlichen Streitle nimmt der in Köln erfolgreich debütierte Miller vom Dresdner Sportclub neben dem Kapitän Janes, der übrigens sein 88. Länderspiel bestreitet, den linken Verteidigerposten ein. [...]
Besonderem Interesse begegnen die Nachwuchsspieler Schön und Walter, die dem bisherigen Sorgenkind des deutschen Teams, dem Innensturm, neue Stoßkraft und beachtlichen Kredit verschafft haben.
[…]
Es sind alle Anzeichen vorhanden, dass das Jubiläumsspiel Schweiz–Deutschland in Bern als ein wirklich großes Fußball-ereignis in die Geschichte des internationalen Sports eingehen wird.

IV.

Von Frieden keine Spur

Berlin im April 1941

Ev stand in der Küche und erledigte den Abwasch. Ein langer Tag war zu Ende gegangen, an dem sie wieder einmal gewaschen, geputzt und gekocht hatte, so, wie sie es immer tat.

Müde und abgeschlagen tauchte sie das schmutzige Geschirr in das Becken und begann pflichtbewusst, die Reste von den Tellern zu kratzen, so lange, bis sich das Kratzen mit einem alt bekannten Geräusch vermengte.

Sie stockte und lauschte.

Vom Wohnzimmer tönte beharrlich das abgehackte Tippen der alten Schreibmaschine, die ihr Mann immer öfter dazu benutzte, um seine Spielaufstellungen oder Ähnliches für sich und die Nachwelt festzuhalten.

Ev richtete sich auf und versuchte sich auf den Klang der alten Schreibmaschine zu konzentrieren. Kein Zweifel: Diesmal hörte sich das Tippen abgehackter und wütender an als sonst. Zwar wusste sie, dass an der Schreibmaschine das „E" hing, was dazu führte, dass das gleichmäßige Tippen in regelmäßigen Abständen von einem Geräusch unterbrochen wurde, das Ev an das energische Spalten von Holz erinnerte. Doch sie kannte mittlerweile jede Stimmung ihres Mannes an der Art, wie er allabendlich die Schreibmaschine bearbeitete. Und so wie es sich heute anhörte, musste er unglaublich wütend sein.

Auch hatte er beim Abendbrot kaum ein Wort gesprochen. Natürlich war ihr bewusst, dass ihr Mann nie besonders viel mit ihr sprach. Zwischen ihnen herrschte eher so etwas wie ein verständiges Miteinander. Ihre Ehe beruhte auf Liebe und gegenseitigem Verständnis, da musste man nicht viel miteinander sprechen, man sah sich einfach in die Augen und wusste, was den anderen bedrückte. Nur diesmal war es anders.

Ev stützte sich einen kurzen Moment auf den Rand des Beckens und dachte darüber nach, was die letzten Wochen geschehen war und was möglicherweise der Grund für seine Wut sein konnte. Seine Spieler hatten das letzte Turnier verloren – gut, oder besser gesagt: nicht gut. Aber sie hatten doch schon öfters verloren, nie war es so schlimm gewesen. Diesmal musste etwas ganz Besonderes, etwas Entsetzliches sein, den gequälten Geräuschen der hilflosen Schreibmaschine nach zu urteilen.

Mit einer Handbewegung wischte sie sich eine Strähne aus der Stirn und nahm langsam den Abwasch wieder auf. Im Moment fand sie keine Erklärung. Es half nichts – wenn sie wissen wollte, was mit ihm los war, musste sie ihn fragen, auch wenn sie sich vorgenommen hatte, sich aus seinen beruflichen Belangen herauszuhalten. Das war normalerweise besser für sie beide. So geduldig er mit seinen Spielern war, so ungeduldig konnte er reagieren, wenn er ihr etwas erklären sollte.

„Du verstehst eh nichts von Fußball", sagte er dann immer und hatte damit auch Recht. Unzählige verzweifelte Versuche, ihr wenigstens die Grundregeln zu erklären, waren an ihr abgeprallt, denn irgendwie fehlte ihr dafür jegliches Verständnis. Fußballregeln, selbst wenn es sich nur um die einfachsten handelte, waren für sie nur böhmische Dörfer. Für sie liefen die elf, oder besser gesagt zehn Spieler – so viel hatte sie mittlerweile begriffen – alle im Laufe des Spieles in eine Richtung und versuchten dabei ein Tor zu schießen. Aber ein Spielfeld war für sie einfach nur eine grüne Rasenfläche mit aufgemalten Streifen, die zugegebenermaßen schön sorgfältig aufgemalt waren. Außerdem war der Rasen immer hübsch gleichmäßig geschnitten und eines Tages, wenn sie vielleicht ein Häuschen haben würden, dann sollte der Rasen in ihrem Garten ebenso akkurat geschnitten sein. Aber das alles sagte sie Seppl besser nicht. So sehr sie sich bemüht hatte, sie konnte an dem ganzen Spiel einfach nicht das finden, was er darin sah. Sie hielt es für besser, ihn einfach in Ruhe machen zu lassen.

Andererseits musste auch er manchmal den Kürzeren ziehen. Es gab Tage, da kam er nach Hause und war offenbar der Meinung, er wäre immer noch auf dem Spielfeld. Er verwechselte sie dann wohl mit einem seiner Spieler und versuchte sie ordentlich zu dirigieren und ihr Anweisungen für den Haushalt zu geben. Doch da hatte er die Rechnung ohne sie gemacht. In solchen Situationen musste er einsehen, dass er sich besser zurückhalten sollte.

Ansonsten konnte sie nicht viel über den Beruf ihres Mannes sagen. Das verwunderte viele, wo sie doch die Frau des Reichstrainers war. Auch dass sie ihren Seppl selten zu Spielen begleitete, konnten viele nicht nachvollziehen. Aber warum denn, fragte sie sich nur. Andere Ehefrauen begleiteten ihre Männer ja auch nicht zur Arbeit auf die Bank oder wussten gar, wie er die Darlehen berechnete.

Doch was sie sicher wusste, war, dass er das tat, wofür er sein ganzes Leben lang leidenschaftlich gebrannt hatte und wofür er alles aufzugeben bereit war. Mag sein, dass sie nicht viel davon verstand, aber was sie sehen konnte, war, dass sein Beruf ihn glücklich machte, und das war für sie Grund genug, ihn nach Kräften zu unterstützen.

„So ein verfluchter Mist!", tönte es plötzlich von draußen, gefolgt von einem wütenden Aufstampfen.

Ev Herberger wurde jäh aus ihren Gedanken gerissen. Das war die Gelegenheit, auf die sie insgeheim gehofft hatte. Eine Möglichkeit, ins Wohnzimmer zu gehen und dabei – natürlich ganz beiläufig – zu fragen, was mit ihm los sei.

Sie wischte sich ihre aufgeweichten Hände an der Schürze ab und lugte vorsichtig um die Ecke. Als sie sah, wie ihr Mann im Trainingsanzug und in Hauspantoffeln, aus denen er halb herausgeschlüpft war, am Wohnzimmertisch saß und wie besessen an der Schreibmaschine herumfummelte, musste sie schmunzeln. Irgendwie sah es liebenswert aus, wie er so dasaß, die Augen zu Schlitzen zusammengekniffen, die Stirn in Falten gelegt und dabei leise vor sich hinfluchte. Nervös wippte er leicht auf dem Sofa auf und ab.

„Was ist denn los?", startete sie ihren ersten Versuch.

„Ach das verdammte ‚E' wieder."

„Hängt's?"

„Was denn sonst?"

Sie zögerte noch einen Moment, dann beschloss sie, sich im zweiten Anlauf der Sache anzunehmen.

„Lass doch mal sehen."

„Als ob du's besser könntest", gab er ungeduldig zurück.

Wortlos setzte sie sich neben ihn aufs Sofa und beugte sich über die alte „Erika", die sich nach Meinung ihres Mannes offensichtlich der Arbeitsverweigerung schuldig gemacht hatte. Ein unhaltbarer Zustand, wie sie fand. Mit einem geübten Griff in das Gehäuse löste sie die Verspannung der strapazierten Maschine und befreite das „E" aus der Umklammerung mit seinem Nachbarhebel.

„Das nächste Mal musst du's leicht nach links schieben. Da hakt's immer."

„Ja, ja", antwortete er ungehalten und begann sofort damit, weiter auf die Maschine einzuhacken. Neugierig spähte sie auf das bereits beschriebene Blatt, das schlaff aus der Maschine hing und darauf wartete, erneut von ihrem Mann malträtiert zu werden. Ev kniff die Augen zusammen, um auf die Entfernung lesen zu können, was da geschrieben stand:

„Länderspiel D.–Schweiz am 20.4. 41 in Bern.

Die Gründe für die Niederlage:

Millers Leichtsinn
Mangelnde Kampfkraft unserer Stürmer
Helmut Schöns fehlende innere Härte gegenüber schweren
Aufgaben.
Kampfkraft und Taktik der Schweiz …"

Und weiter unten:

„Das Spiel hätten wir gewonnen, wenn Miller die ihm auf
die Seele gebundenen Ermahnungen und Ratschläge be-
herzigt hätte. Miller hat sich eine allzu selbstsichere Haltung beim DSC zugelegt. Er macht in Überlegenheit und
Spielereien. Das war mein Eindruck nach dem Spiel DSC–
Tennis Borussia. Noch am Abend des Spiels ermahnte ich
ihn im Hinblick auf die schwere Aufgabe in Bern zu einem
verantwortungsbewussten Spiel. ‚Ich möchte diese Spielereien nicht mit einem verlorenen Länderspiel bezahlen',
sagte ich ihm wörtlich …"

„Ist das der wirkliche Grund?", unterbrach ihn Ev kurzerhand.
    „Was? … wofür …?" Konsterniert hörte er auf zu tippen
und blickte verduzt auf.
    „Na, du ärgerst dich über die Spieler!"
    „Ach, Ev, das verstehst du doch nicht", gab er zurück.
Und gerade als seine Frau sich schon halb damit abgefunden hatte, dass es überhaupt keinen Zweck haben würde,
weiter zu insistieren, setzte er wütend an:
    „Die sind einfach zu blöd! Hundertmal hab ich dem
Miller das gesagt, wirklich hundertmal! Kurz bevor die auf
das Spielfeld sind, hab ich dem noch nachgerufen: Spiel auf

Sicherheit! Wir hätten das Spiel leicht in der Tasche gehabt und dann so was …"

Außer sich vor Wut klatschte Sepp Herberger auf seinen Schenkel und lehnte sich zurück, um nach Luft zu schnappen. Ev sah ihn sorgenvoll an. Sein Gesicht war rot vor Wut, die Ader an seiner Stirn trat hervor und füllte sich zunehmend mit Blut. Wenn er sich weiter so aufregen würde, würde er Probleme mit dem Kreislauf bekommen, dachte sie. Sein Blutdruck war nicht der beste.

„Und dieser Schön! So ein Nervenbündel! Wenn's drauf ankommt, kannste den zu nix gebrauchen!"

„Jetzt reg dich doch nicht so auf", versuchte Ev einzulenken. „Mal gewinnt man, mal verliert man, so ist das nun mal."

Jetzt blickte er sie das erste Mal ganz bewusst an. In seinen Augen stand völlige Fassungslosigkeit. Langsam beugte er sich zu ihr hinüber und sah sie durchdringend an.

„Ev, wir MUSSTEN aber gewinnen, diesmal!", beschwor er sie. „Das ist die einzige Möglichkeit, die Spieler von der Front fernzuhalten. Der Führer will, dass wir gewinnen, und wenn wir ihm den Gefallen nicht tun, gibt's auch keinen Grund dafür, dass nicht alle in den Krieg ziehen sollen, so wie andere Männer auch. Und dann auch noch die Zeitungen! Da stand ja auch schon vorher überall, dass wir nur siegen konnten, nachdem wir die Schweiz jetzt schon fünfmal in Folge besiegt haben. Und wie sieht das jetzt aus …? Wie soll ich jetzt noch begründen, dass unsere Spitzensportler mehr Lehrgänge brauchen. Spitzensportler, das nimmt mir doch jetzt keiner mehr ab!"

Ev legte ihrem Mann beruhigend die Hand auf den verkrampften Arm. Natürlich begriff sie, um was es ging, auch wenn sie immer wieder versucht hatte, die Gedanken der Angst beiseite zu schieben und so zu tun, als wäre nichts geschehen. Doch so sehr sie sich das auch wünschte, sie konnte sich nichts vormachen. Mit den beschwörenden

Worten ihres Mannes stand der Krieg in seiner ganzen Härte auf einmal mitten in ihrem Wohnzimmer und ermahnte sie, bloß nicht so naiv zu sein und zu denken, dass ihr Mann in diesen Zeiten einer ungeheuren Gefahr entgehen konnte.

Auf den Straßen gab es kein anderes Thema. Im Radio tönte es zu jeder Stunde und in den Zeitungen stand es geschrieben, dass das Deutsche Reich von allen Seiten Unterstützung erfahren musste. Und natürlich war klar, dass vor allem dem Sport diese Aufgabe zuteil werden würde. Deutschland brauchte Siege, um nach außen Stärke zu demonstrieren und damit der ganzen Welt zu zeigen, dass es unbezwingbar war. Evs Mann war Reichstrainer und in dieser Funktion war er der Hauptverantwortliche, wenn es darum ging, die angeordneten Siege vorzuweisen.

Niedergedrückt legte Ev ihre Hände in den Schoß. Wenn sie nur wüsste, wie sie ihrem Mann helfen konnte. Und als würde er instinktiv wissen, dass er sich – zumindest für die nächsten Minuten – von dem immensen Druck, der auf ihm lastete, befreien könnte, sprach er aufgeregt weiter.

„Seitdem der Krieg angefangen hat, sind schon genug Spieler gefallen. Denk nur an den Zürndorf. Und den Eckert hat's auch erwischt. Es DÜRFEN einfach keine weiteren Spieler mehr fallen. Das darf ich einfach nicht zulassen!"

Eine kurze Pause unangenehmen Schweigens folgte. Dann richtete Sepp Herberger sich von neuem auf.

„Und dann auch noch am Führergeburtstag. Als ob da ein Mensch dran denkt!"

„Na, wenn du mich fragst – da haben fast alle dran gedacht, oder was meinst du, warum die trotz Krieg überall Feste organisiert haben?"

„Ich hab da jedenfalls nicht dran gedacht", wandte er stur ein, „als ob's nichts Wichtigeres gäbe. Bei meinem Geburtstag werden in ganz Deutschland ja auch keine Feste organisiert. Also, was soll das? – Das hätte ich diesem Tschammer auch am liebsten gesagt …"

Ev gefror das Blut in den Adern. Sie kannte ihren Mann nur zu gut und bei aller Diplomatie, die ihm sonst zu eigen war, und bei jeglichem Geschick, Situationen zu durchschauen und sich dementsprechend zu verhalten, so konnte es durchaus sein, dass er kein Blatt vor den Mund nahm, wenn ihm etwas zu weit ging. Auch wenn er sich damit in Gefahr brachte. Schlagartig erinnerte sie sich an eine Begebenheit vor ein paar Jahren, als Sepp sich mit der SA anlegte, weil diese sich in seine Trainingsmethoden einmischen wollte.

Er leitete damals in Duisburg einen seiner ersten Lehrgänge, als sich drei SA-Männer für den Nachmittag ankündigten, um Ordnungsübungen mit den Kursteilnehmern durchzuführen. Das, hatte Seppl erklärt, würde er auf gar keinen Fall mitmachen. Kurzerhand ließ er der SA telefonisch absagen und gab seinen Teilnehmern vorsichtshalber am Nachmittag frei. Für den Abend setzte er, um ganz sicherzugehen, dass keiner mehr im WSV-Heim auftauchen würde, einen Theaterbesuch an.

Für die SA-Männer war das eine ungeheuerliche Frechheit gewesen. Herberger hatte sich damit ausgesprochen unbeliebt gemacht, aber er konnte gerade noch mal das Schlimmste abwenden, indem er dem Reichssportführer Tschammer von Osten in einem persönlichen Gespräch erläuterte, dass solche SA-Maßnahmen dem Sportbetrieb nur schaden würden.

Ev fand diese und ähnliche Aktionen zwar mutig und auch richtig, aber sie wäre damals vor Angst fast gestorben. Sie wurde das Gefühl einfach nicht los, dass sich ihr Mann tagtäglich auf dünnem Eis bewegte – Eis, auf dem er sehr schnell einbrechen konnte.

„Seppl, du hast doch nichts über den Führergeburtstag gesagt, oder?" Evs Stimme klang nahezu panisch.

„Nein, natürlich habe ich nichts gesagt", antwortete er mürrisch. Man konnte ihm ansehen, dass er kurz vor dem Platzen war.

„Ich möchte, dass du vorsichtig bist", beschwor sie ihn. „Du weißt nur zu gut, dass die auch anders können."

„Ist doch noch gar nix passiert", winkte er ab.

„Ja, noch ist nix passiert, aber du weißt genau, dass das damals reine Glücksache war."

„Iwo." Mit einer Handbewegung wischte er ihre Bedenken beiseite. Er wusste, worauf sie in diesem Moment anspielte. Und er wusste auch, dass er damals, als er in der Reichskristallnacht den alten Mann vor einer Horde prügelnder SA-Männer in Zivil beschützt hatte, selbst nur knapp einer ungleichen Schlägerei entkommen war – oder mehr. Wie gut, dass er damals so gut im Training gestanden hatte und schneller laufen konnte als die anderen. Wer weiß, wie sie ihn zugerichtet hätten.

„Seppl, bitte versprich mir, dass du vorsichtiger sein wirst."

„Versprochen", sagte er mit fester Stimme und blickte dabei entschlossen in ihre ängstlichen Augen. Und um sein Versprechen zu untermauern, klopfte er ihr bestätigend auf den Oberschenkel.

Ev stand auf und lief wortlos in die Küche, wo ihr Abwaschwasser bereits kalt geworden war. Ein leiser Schauer lief ihr über den Rücken. Sie wusste genau, dass er alles versuchen würde, um seine Jungs, die mittlerweile fester Bestandteil seiner ureigenen Familie waren, vor den Grauen des Krieges zu beschützen. Die Meldungen über den Tod seiner Spieler hatten ihn tief getroffen, so, als wären seine eigenen Söhne ums Leben gekommen. Er würde nichts unversucht lassen, um die anderen Männer vor der lauernden Gefahr zu beschützen, dessen war sie sich sicher.

Langsam tauchte sie ihre Hände in das kalte Wasser und begann von neuem, das Geschirr zu spülen. Mit jeder Bewegung wischte sie einen Gedanken nach dem anderen fort. Sie hatte Angst.

Von drinnen drang wieder das alt bekannte Geräusch der Schreibmaschine zu ihr herüber und vermischte sich mit ihren Spülbewegungen im schmutzigen Wasser. Einige Minuten später verstummte das klackernde Geräusch der Maschine. Ein Blatt wurde aus der Halterung gezogen. Sepp Herberger war mit seinen Aufzeichnungen am Ende.

Aufgewühlt lehnte er sich auf dem Sofa zurück und starrte ins Leere. Noch hatte er keine Ahnung, wie er es anstellen konnte, um die Haut seiner Spieler zu retten. Angestrengt dachte er nach. Wenn ihm doch bloß etwas einfallen würde. Es müsste etwas sein, das nicht weiter auffiel und trotzdem wirkungsvoll wäre. Etwas, das nicht nur einzelne, sondern möglichst die ganze Mannschaft vor dem Schlimmsten bewahrte – etwas verdammt Gutes …

Berlin, Juni 1941: Filmaufnahmen zu „Das große Spiel"

Der Regisseur Robert Adolf Stemmle war wieder einmal fassungslos. Was hatte er sich da nur eingehandelt!

Dass sich der große Sepp Herberger als fachlicher Berater für seinen Film zur Verfügung gestellt hatte, hatte erst wie ein ganz großer Glücksgriff ausgesehen. Noch dazu, wo dieser der ganzen Filmcrew mit Körpereinsatz eindrucksvoll demonstriert hatte, dass die Fußballszenen, die der versierte Drehbuchautor und Sportjournalist Richard Kirn entworfen hatte, viel besser und echter wirkten, wenn sie auch von wirklichen Fußballspielern umgesetzt wurden und nicht von den Schauspielern, die nun einmal Fußball-Laien waren.

Stemmle hatte es schon in den Fingern gekribbelt, diese Szenen zu drehen. Das konnte etwas ganz Großartiges werden, hatte er gedacht. Eine einmalige Verbindung von

Kunst und Wirklichkeit, ein Fußball-Film mit wirklich authentischen Szenen. Und es war auch etwas ganz Einmaliges geworden, wenn auch nicht ganz so, wie er erwartet hatte.

Herberger, der es geschafft hatte, für diesen Film die halbe Nationalmannschaft in einem Sonderurlaub vom Militär zu befreien, war mit seinen Mannen zu den Dreharbeiten erschienen. Doch nachdem dieser erst so richtig losgelegt hatte, konnte man den Titel Dreharbeiten nur noch ansatzweise verwenden. Passender wäre wohl die Bezeichnung Trainingslager gewesen. Und der unbestrittene Chef des Trainingslagers war natürlich Herberger, wer sonst.

Schnell hatte die Wirklichkeit die Kunst bezwungen und Stemmle als Regisseur war denkbar an den Rand gedrängt worden. Es wäre fast zum Lachen gewesen, wenn es nicht gleichzeitig auch ein wenig ärgerlich gewesen wäre: Herberger gab die Anweisungen zu den Szenen, sprang notfalls selber ein, wenn seine Männer es nicht so brachten, wie er wollte, ließ noch nicht einmal den jungen Fritz Walter in Ruhe, der wie immer sein Bestes gab.

Abends sammelte Herberger, ganz wie bei einem Lehrgang, eigenhändig die Trainingsanzüge der Spieler ein, morgens um neun Uhr begann der Tag natürlich mit einem Fußball-Training. Und wie selbstverständlich hatte es Herberger sich nicht nehmen lassen, auch das Drehbuch zu korrigieren, wenn ihm eine Szene nicht gefiel. Dabei waren ihm dramaturgische Gesichtspunkte herzlich egal, wenn nur das fußballerische Ergebnis stimmte. Da wurden selbst Kleinigkeiten geändert: Vor einem Spiel gab es eben für die Fußballer nicht mehrere Gänge, sondern nur eine leichte Mahlzeit und so hatte es dann auch im Drehbuch zu stehen.

Und das Allerschlimmste: Herberger hatte sogar die Schauspieler mit seinem Fußballwahn angesteckt!

René Deltgen, der die Rolle des Mittelstürmers spielte,

übte zu Hause mit einer solchen Inbrunst, dass mehrere Fensterscheiben dran glauben mussten. Auch die Apfelbäume der Umgebung waren wie leergefegt, kein einziger Apfel hing mehr am Stiel.

Gustav Knuth war ebenfalls ganz im Fußballfieber und übte tagsüber dribbeln, passen und schießen, während er abends mit Muskelkater auf der Bühne stand.

Der nächste Film, so hatte Stemmle sich geschworen, würde ganz sicher kein Fußballfilm mehr werden. Und der letzte Drehtag hatte ihn in seinem Vorsatz nur bestätigt.

Sie waren nach Dresden gereist, um während eines Vorspiels zur Deutschen Meisterschaft Aufnahmen in dem echten, voll besetzten Stadion zu machen. Zwar wussten die Zuschauer über diese filmische Maßnahme Bescheid, doch was sich ihnen dort unten auf dem Rasen bot, überstieg jegliche Erwartung.

Von vornherein waren zwar die Szenen mit den Schauspielern im Filmdress im richtigen Stadion geplant gewesen – ein Film, so lebendig wie die Wirklichkeit.

Was aber nicht geplant war, war, dass die Schauspieler auch im wirklichen Spiel mitspielten. Doch der Mime Wolfgang Staudte, jung und ehrgeizig, hatte seinem Regisseur kurzerhand verkündet, er sähe das anders. Wahrscheinlich fühlte er sich nach dem ganzen Training zu Höherem berufen.

Stemmle reagierte zunächst verhalten. Zwar konnte er die Bilder nur zu gut gebrauchen, doch irgendeine Stimme im Kopf mahnte zur Vorsicht. Schauspieler blieben nun mal Schauspieler.

Staudte, der durchaus bemerkte, dass sein Regisseur Bedenken hatte, tat alles, um diese zu entkräftigen. Er versicherte Stemmle äußerst überzeugend, dass er genug trainiert hatte, um auch im wirklichen Leben als Spieler zu bestehen. Er habe dabei folgenden Plan gefasst: Er wollte an den Ball kommen, ihn annehmen, auf den Gegner zu-

laufen, dann zutreten, aufschreien, umfallen und sich gefeiert raustragen lassen. Bei diesem Plan konnte nichts
schief gehen, hatte sich Staudte gedacht und Stemmle fand
es ebenfalls, zumindest halbwegs, plausibel.

Staudte war schon dabei, sich in der Kabine umzuzie-
hen, als Herberger, mit dem nichts dergleichen abgespro-
chen war, ihn entsetzt entdeckte. Aufgebracht nahm er den
Regisseur beiseite: „Der Staudte, soll der etwa mitspielen?!", fuhr er ihn an.

Stemmle, dem zwar nicht ganz wohl bei der Sache gewesen war, der aber trotzdem nichts dagegen hatte, dass
sein Schauspieler in einem richtigen Spiel dabei sein sollte,
argumentierte damit, dass er für seinen Film neben Deltgen
gut noch einen Mann gebrauchen könnte, der im Sturm
erscheinen würde.

Herbergers Züge verhärteten sich und er erklärte lako-
nisch: „Herr Stemmle, da könne ma heute was erlebe. Das
gibt eine Katastrophe! Der Platz ist nass. Der kriegt keinen
Ball!"

Der Platz war tatsächlich so nass, matschig und vollge-
sogen – der Regen kam von überall –, dass der Einsatz
auch für die wirklichen Fußballspieler alles andere als
leicht werden würde. Nur für einen Einzigen würde es
später das perfekte Wetter sein – Fritz Walter.

Staudte hatte das Gespräch der beiden mitbekommen.
Er bekniete auch den Trainer inständig und Herberger ließ
ihn daraufhin mitspielen. Das würde vielleicht einen Spaß
geben, dachte er.

Die angekündigte Katastrophe nahm ihren Lauf: So sehr
sich Staudte anstrengte, er kam einfach nicht an den Ball.
Ziellos lief er umher, um seinen gut ausgetüftelten Plan in
die Tat umzusetzen, doch er war wohl lange nicht so geübt,
wie er angenommen hatte. Staudte, der immer dann viel zu
spät loslief, wenn er den Ball entdeckte, wirkte auf dem
Feld, als habe er sich verirrt. Ftsch! kam der Ball auf ihn zu

und in der gleichen Sekunde war er auch schon wieder an ihm vorbeigeflitzt.

Das Publikum amüsierte sich köstlich und begann, den hoffnungslosen Schauspieler zu dirigieren. „Rechts spielen!", riefen sie ihm zu und hatten eine Mordsgaudi, als auch dieser Ball wieder an Staudtes zappelnden Bemühungen und tapsiger Unbeholfenheit vorbeiging. Nach einer Weile musste auch der Regisseur zugeben, dass es ein Fehler war, Staudte mitspielen zu lassen und bat daraufhin Herberger: „Ach Gott, nimm ihn raus."

Doch diesmal hatte Stemmle die Rechnung ohne den sturen Herberger gemacht. Dieser verzog keine Miene und antwortete prompt: „Das kommt nicht in Frage. Sie brauchen ihn ja, er spielt jetzt mit, und er kann erst ausscheiden, wenn die Pause gekommen ist." Herberger gönnte dem Schauspieler den Reinfall. Hätte Staudte auf den Trainer gehört, hätte es gar nicht so weit kommen müssen. Es wäre ja auch eine Schande gewesen, die Zuschauer um den Genuss der Einlage zu bringen.

So musste der Schauspieler noch eine ganze Weile unter dem Spott der Zuschauer ausharren, bis er von Herberger endlich die Erlaubnis bekam, vom Platz zu gehen. Stemmle meinte in diesem Augenblick ein hämisches Flackern in den Augen des Reichstrainers erkannt zu haben, obwohl dieser nach außen so tat, als könne er kein Wässerchen trüben.

Dann aber hatte der Trainer doch ein Einsehen mit dem Geknickten und munterte ihn gutmütig – mit Augenzwinkern – auf: „Kopf hoch, jeder Spieler hat mal einen schlechten Tag!"

Und kaum waren die Schwierigkeiten dieses Spieles überstanden, so tauchten während der weiteren Dreharbeiten neue Hindernisse auf, diesmal aber für Herberger.

Nicht nur dass Herberger sich mit Schauspielern herumschlagen musste, die sich als Fußballspieler fühlten, jetzt hatte er darüber hinaus noch Fußballspieler, die meinten, sie könnten auch ein Leben wie ein Schauspieler führen, denn kein Geringerer als der Vollblutschauspieler Gustav Knuth hatte es sich zur Aufgabe gemacht, die Spieler ins Berliner Nachtleben einzuweihen – allen voran Fritz Walter.

Das war dessen Verein, dem FC-Kaiserslautern, ein Dorn im Auge. Der Vorstand hatte sich schon schriftlich bei Herberger beklagt, sie könnten nicht länger zusehen, was hier vorgehe. Fritz Walter sei ein ganz anderer Mensch geworden und er verkehre in Gesellschaften, die ihn in jeder Hinsicht verwöhnen würden.

Die Beunruhigung seitens des Vereins rang jedoch Herberger, der Ausschweifungen selbst eher kritisch gegenüberstand, lediglich ein Schmunzeln ab. Fritz Walter wurde wohl erwachsen und er sah darin keine Gefahr.

In einem langen Brief bemühte er sich, die Skeptiker zufrieden zu stellen und die Kritik zu entkräften. Es hätte schon einer blühenden Fantasie bedurft, um ausgerechnet bei Fritz Walter zu vermuten, dass dieser Starallüren an den Tag legen und auf die schiefe Bahn geraten würde, wo er sich einfach nur ein wenig die jugendlichen Hörner abstieß.

Damit waren die Kritiker wohl erst einmal besänftigt und beschränkten sich darauf, ihren Nationalspieler weiterhin im Auge zu behalten und Fritz Walters Teilnahme an den Dreharbeiten, die Herberger klammheimlich gleichzeitig zu einem Lehrgang gemacht hatte, keine Steine in den Weg zu legen.

Der Film kam ein Jahr später in die Kinos und wurde ein Kassenschlager. Doch für Herberger war dieser Film mehr als nur ein Publikumserfolg. Die Aufnahmen waren ein Wink des Schicksals gewesen, eine Chance, die er sofort genutzt hatte, als sie sich ihm bot.

Er hatte damit das geschafft, was er sich fest vorgenommen hatte. 19 seiner Leute konnte er mit diesem Film von der Front weglotsen und war sogar in der Lage, während der drehfreien Zeit Schulungen abzuhalten. Mit dem Ergebnis war er einigermaßen zufrieden, soweit das in diesen Zeiten überhaupt möglich war.

Die nächsten Wochen verbrachte er einen Großteil seiner Zeit damit, seine Spieler im Auge zu behalten und so gut es eben ging zu schützen. Er wusste in jeder Minute, wo sich seine ausgerückten Männer befanden und wie es ihnen ging. Er kümmerte sich um ihre Verpflegung, ihre Gesundheit, führte Gespräche mit ihren Einsatzleitern, bemühte sich, sie in Einheiten ohne direkten Feindkontakt unterzubringen. Gleichzeitig motivierte er seine Männer in Briefen, hielt ständigen Kontakt und war immer für sie da. Oft blieb der Ton dabei väterlich streng, verbarg aber nie seine ernsthafte Sorge um jeden Einzelnen. Aber wie sehr er sich auch bemühte, sein Schutz konnte gar nicht so perfekt sein, wie er es sich gewünscht hatte. Und längst lag ein neuer Schatten über ihm und seinen Spielern: der Russlandfeldzug, der am 22. Juni 1941 begann und mit einem Schlag all seine Bemühungen zunichte zu machen drohte. Wieder einmal war er gezwungen, sich etwas einfallen zu lassen ...

Dezember 1941 – Fahrt nach Breslau

Der D-Zug setzte sich schwerfällig in Bewegung, um mit lautem Rattern immer mehr an Fahrt zu gewinnen.

Sepp Herberger verzehrte soeben den letzten Rest der liebevoll geschmierten Schnitten Brot, um sich im nächsten Moment zurückzulehnen und einen Augenblick auszuruhen. Ev hätte ihm seine eilige Mahlzeit, hastig heruntergeschluckt und wenig beachtet, nicht durchgehen lassen. Was Mahlzeiten betraf, war sie ein echter Feldwebel. Aber Ev war so gut wie nie dabei, wenn er zu seinen Spielen fuhr, also auch nicht bei diesem in Breslau und daher konnte sie ihn auch nicht daran hindern, so zu schlingen.

Schnell schluckte er den letzten großen Bissen herunter, dann lehnte er sich zurück und überließ sich den rhythmischen Bewegungen des Zuges. Und je schneller die Fahrt wurde, desto weniger bemerkte er, dass seine angespannten Muskeln langsam begannen, sich vom Druck der letzten Tage zu befreien. Allmählich setzte Entspannung ein. Sepp Herberger atmete auf. Die letzten Nächte hatte er kaum geschlafen. Die Ereignisse der vergangenen Tage schwirrten ihm immer wieder im Kopf herum, ließen nicht zu, dass er wenigstens ein paar Stunden in der Nacht zur Ruhe kam.

Die Nachricht über den beginnenden Russlandfeldzug hatte ihn ins Mark getroffen. Alle hatten bis dahin gehofft, der Krieg würde schnell zu Ende gehen. Dass Deutschland jetzt weiter Richtung Osten marschierte, konnte nur bedeuten, dass sich das Ende des Krieges auf unbestimmte Zeit verschob. Russland war zu groß, als dass es in ein paar Tagen besiegt werden konnte – hatten die da oben denn gar nicht daran gedacht? Und was würde geschehen, wenn das eintraf, woran keiner so richtig glauben konnte, dass Deutschland verlor? Würde er dann seine Spieler jemals wieder sehen?

Mit einer Handbewegung strich sich Sepp Herberger durchs Haar und versuchte sich damit innerlich zu disziplinieren, nicht mehr daran zu denken. Er würde es schon schaffen, seine Spieler zu retten, dessen war er sich sicher. Und er konnte ja auch allen Grund zur Hoffnung haben, denn wieder einmal war das Schicksal ihm hold gewesen.

Auf dem Weg zum Reichssportfeld war er zufällig dem SS-Obersturmbannführer Arthur Jensch begegnet. Das Treffen wäre ohne weitere Auswirkungen geblieben, hätte Jensch in seiner Eigenschaft als Angehöriger des Führungsstabs der Reichssportführung ihm nicht von den bevorstehenden Plänen des Oberkommandos der Wehrmacht erzählt, Europameisterschaften in den Wintersportarten auszutragen und dazu Wintersportler von der Front zurückzuholen.

Und genau in dem Moment, als Jensch dies aussprach, machte es „Klick" in Herbergers Kopf. „Zurückzuholen!" – dieses Wort hallte in seinen Ohren und löste nahezu eine Lawine an Emotionen aus, die er vorsorglich vor Jensch verbarg.

Hier war sie wieder, seine Chance. Sie war zum Hintereingang hereingeschlichen, hatte sich still vor ihn gesetzt, die Arme verschränkt und gewartet, was Herberger wohl mit ihr anstellen wollte – und er tat das einzig Richtige und nutzte sie.

Herberger begann, Jensch in den schillerndsten Farben zu berichten, wie sehr sportlicher Einsatz und Kampfbereitschaft seiner Spieler durch die Fronteinsätze beeinträchtigt würden. Er war in regelrechtes Jammern ausgebrochen, wie schwer es für ihn war, in diesen Kriegszeiten eine gut funktionierende Mannschaft zusammenzustellen, die den hohen Anforderungen der Länderspiele genügte. Länderspiele, die doch Deutschlands Stärke nach außen repräsentieren sollten und obendrein die Aufgabe der „Volksbetreuung" hatten.

Er malte ein tiefschwarzes Szenario und beschwor drohenden Spielermangel, obwohl alles, was Herberger schilderte, zwar nicht frei erfunden, aber doch so fantasievoll ausgeschmückt wurde, dass Jensch prompt darauf reagierte. Dieser hörte ihm verständig zu und signalisierte Unterstützung.

Jetzt, wo Herberger im Zug nach Breslau saß und ihm das noch vor wenigen Stunden geführte Gespräch in Erinnerung kam, setzte die Aufregung, die er dabei gespürt hatte, mit einem Schlag wieder ein. Sein Blut geriet in Wallung.

Schnell kramte er einen Zettel hervor und begann damit, alle Namen aufzulisten, die ihm einfielen. Aus den mitgenommenen Unterlagen suchte er fieberhaft zusammen, was er von dem Aufenthaltsort der jeweiligen Spieler wusste. Das konnte wichtig werden, vermutete er.

Schon hatte er die Hälfte der Liste in alphabetischer Reihenfolge aufgestellt, als er beim Buchstaben „S" hängen blieb.

„Streitle", murmelte er vor sich hin, während er ungeduldig in seinen Unterlagen blätterte.

„Wo bist du, Streitle … wo? – Ah, da."

„Wachtmeister – Nachrichter", trug er ein. Und weiter: „Feldpost Nr. 40360". Die Nummer wusste er durch seine Korrespondenz auswendig. Das Einzige, was ihm noch fehlte, war der Ersatztruppenteil.

Er stockte. Das konnte Probleme geben. An diese Information konnte er als Zivilist nicht so ohne weiteres gelangen, sie war aber für das schnelle Gelingen der Aktion absolut notwendig. Auch dazu würde er sich noch etwas einfallen lassen müssen. Gut, dass Ev jetzt nicht sein Gesicht sehen konnte. Sie würde sofort wittern, dass er vorhatte, sich diese Informationen zu beschaffen, egal wie – Zivilist hin oder her. „Schaletzki …" schrieb er eifrig weiter und vervollständigte so Stück für Stück seine Liste.

In Breslau angekommen, hatte er keine Minute geruht, fühlte sich aber dennoch blendend. Der Gedanke, seine Spieler schon bald von der Front wegholen zu können, versetzte ihn in Hochstimmung. Jensch würde seine Beziehungen spielen lassen, davon war er überzeugt, und sobald er wieder in Berlin war, wollte er sich mit ihm in Verbindung setzen. Mit einer kompletten Liste in der Tasche fühlte sich Herberger bestens vorbereitet.

Doch alles kam schneller als erwartet: Herberger hatte in Breslau kaum sein Hotel erreicht, als man ihn ans Telefon bat. Jensch war am Apparat und hielt sich nicht lange mit Höflichkeitsfloskeln auf.

„Benennen Sie zwanzig Leute, Herberger! Ich habe das Einverständnis vom Oberkommando der Wehrmacht." In diesem Moment fiel Sepp Herberger ein Stein vom Herzen. Jensch hatte tatsächlich Wort gehalten und musste alle Hebel in Bewegung gesetzt haben, um lange bürokratische Wege abzukürzen und ihn nun mit dieser wunderbaren Nachricht zu überraschen.

Dass er seine Liste bereits erstellt hatte, ließ ihn leise schmunzeln. Gut, dass er immer einen Schritt voraus dachte. Sein Gefühl hatte sich also einmal mehr bestätigt.

Erleichtert legte Herberger den Hörer auf und ging aufs Zimmer. Jetzt dachte er nur noch an den Augenblick, an dem er Jensch seine Liste übergeben konnte und an dem er endlich wieder ruhig schlafen würde.

Unruhig rutschte er auf seinem Stuhl hin und her.

Sepp Herberger saß in der Amtsstube von SS-Obersturmbannführer Jensch und wartete. Die Liste in seiner Hand begann allmählich feucht zu werden. Immer wieder hatte er sie in seinen zitternden Händen hin- und hergewalkt, aber jetzt war es zu spät, daran noch etwas zu verändern. Jetzt musste er zu dem stehen, was er getan hatte – so oder so.

Die schlaflosen Nächte waren schon zu einem festen Bestandteil in seinem Leben geworden und Ev hatte ihn wieder einmal bedrängt zu sagen, was mit ihm los wäre. Aber diesmal war er hart geblieben und hatte ihr nichts erzählt. Sie wäre sonst wahrscheinlich auf der Stelle tot umgefallen, wenn sie gewusst hätte, auf welches Wagnis er sich eingelassen hatte. Dabei hatte er nur das ausgeführt, was ihm Jensch nahe gelegt hatte.

Kurz nachdem Herberger aus Breslau zurück gekommen war, hatte er diesen aufgesucht und ihm freudestrahlend seine noch im Zug erstellte Liste übergeben. Doch Jensch hatte nur einen kurzen Blick darauf geworfen und sie ihm wieder in die Hand gedrückt.

„Das geht so niemals durch", hatte er gesagt, „nur Männer mit Fronterfahrung." Und als Herberger ihn verständnislos angesehen hatte, begann Jensch immer wieder von der „ordensgeschmückten Soldatenbrust" zu reden, so lange, bis auch bei Herberger der Groschen gefallen war.

Und dann tat er etwas, was er noch nie zuvor getan hatte. Am nächsten Morgen, als Ev wieder einmal versuchte ihre Essensmarken einzutauschen, um für sie mittags etwas Warmes auf den Tisch zu bekommen, hatte er sich an seine Schreibmaschine gesetzt. Er erfand für jeden seiner Spieler Orden, um die er seine Liste ergänzte, so, dass er gewiss sein konnte, dass alle Mann auch wirklich von der Front befreit wurden.

Natürlich war ihm dabei alles andere als wohl zumute und er hatte bei jedem erfundenen Orden gezittert. Ihm war klar, dass er sich strafbar machte und dass er damit indirekt seine Spieler zur Fahnenflucht aufrief, weil sie nicht wie die anderen Männer an der Front, sondern auf dem Fußballplatz kämpfen sollten.

Ausgerechnet er, der sich noch nie gegen Obrigkeiten aufgelehnt hatte. Aber was sollte er tun? Er sah nun mal keine andere Möglichkeit, seine Spieler zu schützen.

Wie gut, dass er schnell damit fertig gewesen war, noch bevor Ev zurück war, um das Essen vorzubereiten. Noch viel weniger hätte ihr aber gefallen, was er danach getan hatte, um die Ersatztruppenteile herauszubekommen.

Er hatte sich unter Berufung auf die Zusage des Oberkommandos des Heeres Eingang zu dessen Dienststellen erschlichen. Dort kannte er zwei fußballbegeisterte Unteroffiziere, die ihm die nötigen Informationen besorgten. Während sie noch voller Eifer bei der Arbeit gewesen waren, hatte sich die Zugangstür geöffnet. Schon einen Bruchteil einer Sekunde vorher hatte er geahnt, dass Gefahr im Anmarsch war.

Der Chef der Abteilung, eine hohe stattliche Gestalt mit lautem Organ, hatte sie auf frischer Tat ertappt und verlangte zu wissen, was er hier zu suchen hatte. Kalte Angst kroch in ihm hoch. Ende. Aus. Vorbei. Fehlte nur noch, dass der Chef ihn stante pede der Spionage verdächtigte.

Gewahrsam. Verhör. Entbindung von allen Ämtern. So schnell konnte es gehen.

Herbergers Schutzengel hatte eingegriffen und exakt in diesem Moment zwei hochrangige Bekannte vorbeigeschickt. Sie durchschauten die Situation sofort und reagierten blitzartig: Sie zeigten sich scheinbar erfreut darüber, dass Herberger sicher an ihrem Auftrag arbeite. Damit hatte er quasi ein Alibi. Er hatte das Gefühl, in diesem Moment um Jahre gealtert zu sein.

Jetzt saß er mit seiner manipulierten Liste und einem schlechten Gewissen auf dem harten Stuhl vor Jenschs Schreibtisch und wartete, bis dieser von seiner Besprechung im Nebenraum zurück war.

Herberger warf noch einen letzten Blick auf die Liste und versuchte zu ergründen, ob die Eisernen Kreuze, die er in ihren unterschiedlichsten Rängen für seine Spieler erfunden hatte, hervorstachen und dabei vielleicht unglaubwürdig wirkten. Er starrte auf die dazugehörigen Namen. Sein Unbehagen war nun nicht mehr zu bändigen. Es kam ihm so vor, als wären die Namen und alle Orden rot markiert, damit der nächst Beste hereinkam und schon von der Tür aus sehen konnte, dass damit etwas nicht stimmte.

Schnell sah er auf, als könnte er mit seinem Wegsehen verdrängen, was er da getan hatte.

Als er seinen Kopf hob, blickte er in die durchdringenden Augen des Führers, der ihn von einem überdimensional großen Porträt an der Wand hinter Jenschs Stuhl musterte.

Herberger wurde heiß und kalt. Schweißperlen bildeten sich auf seiner Stirn. Er versuchte dem Blick zu entgehen, doch egal wohin er sah, die manischen Augen des Führers schienen ihn buchstäblich zu verfolgen.

Er räusperte sich. Rastlos überlegte er, wie er Jensch seine gefälschte Liste übergeben sollte. Was, wenn dieser ihn verriet? Er konnte doch unmöglich gemeint haben, dass Herberger frei erfundene Orden mir nichts dir nichts auf die Liste setzen sollte. Herberger musste ihn einfach falsch verstanden haben.

Doch gerade als er sich immer weiter in seine wirren Gedanken hineinsteigerte und sich abwechselnd von des Führers durchbohrenden Blicken zur Ehrlichkeit ermahnt oder sich schon zu einer mehrjährigen Haftstrafe verurteilt fühlte, öffnete sich nebenan ruckartig die Tür und Jensch betrat schnellen Schrittes den Raum.

„Heil Hitler", rief dieser ihm bereits von der Tür aus entgegen und streckte seinen Arm wie einen Fahnenmast empor. Und noch bevor der Reichstrainer aufstehen und antworten konnte, setzte er noch ein „ah, Herberger, ich habe wenig Zeit" hinzu.

Im Stechschritt nahm er Kurs auf seinen Schreibtisch.

„Ich habe hier die Liste", begann Herberger und bemühte sich, undurchdringlich zu wirken.

„Geben Sie her", forderte Jensch ihn auf. Herberger reichte ihm schnell das Papier über den Schreibtisch und wartete gespannt auf Jenschs Reaktion. Jetzt war der Moment gekommen, an dem die Wahrheit über seinen Betrug offenbar werden würde, dachte er. Herberger schlug das Herz bis zum Hals. Innerlich begann er sich darauf vorzubereiten, in den nächsten Minuten von Jenschs Wachpersonal abgeführt zu werden. Doch nichts dergleichen geschah. Jensch war offenbar von der soeben geführten Besprechung viel zu abgelenkt, als dass er vorhatte, die Liste haarklein zu überprüfen. Er warf lediglich einen flüchtigen Blick darauf und legte sie anschließend beiseite.

„Dann ist ja alles klar", sagte er geschäftig. „Sobald ich etwas höre, melde ich mich bei Ihnen, ja? Tut mir Leid, dass ich sie so schnell abfertigen muss, aber im Moment ist viel zu tun – Sie wissen ja, die Europameisterschaften in Garmisch."

Verdutzt stand Herberger auf und reichte Jensch zum Abschied die Hand, die der ihm bereits entgegengestreckt hatte. Das war offenbar leichter, als er sich in seinen kühnsten Träumen erhofft hatte. Jensch MUSSTE aufgefallen sein, dass er die Orden eingefügt hatte. Offensichtlich hatte er ihn doch ganz richtig verstanden. Aber noch waren seine Spieler nicht zurück. Noch konnte etwas schief gehen.

Mit gemischten Gefühlen verließ er die Amtsstube und hoffte inständig, dass ihm das Schicksal weiter hold sein würde, so, wie es das bisher war.

Berlin im Frühjahr 1942

Aufgeregt öffnete Ev das Paket, das sie vor wenigen Minuten von ihren Eltern aus Weinheim erhalten hatte. Eilig schob sie das alte Zeitungspapier beiseite und brachte im nächsten Moment einige herrliche Konserven mit Pfälzer Blut- und Leberwurst zum Vorschein.

Ihre Augen leuchteten. Liebevoll nahm sie jedes Stück aus dem Karton und lächelte glücklich. Behutsam legte sie die Kostbarkeiten auf den Esstisch und stöberte weiter in dem Paket. Ihr Herz quoll über vor Freude, als sie all die Köstlichkeiten sah, die ihre Eltern für sie beide eingepackt hatten. Eine Flasche Schnaps, sechs Eier, zwei Stück Butter, eingelegtes Gemüse aus dem eigenen Garten und zu guter Letzt einen leckeren Sandkuchen, den ihre Mutter selbst gebacken hatte – all das zog sie nach und nach aus dem Päckchen und stellte es fein säuberlich nebeneinander auf den Tisch. Dann setzte sie sich und stützte überglücklich ihr Gesicht in die Hände. Ihre Augen wanderten an den köstlichen Nahrungsmitteln auf und ab. Da würde ihr Seppl aber Augen machen, dachte sie. Endlich mal wieder etwas Abwechslung im Speiseplan.

Zwar konnten sie sich nicht beschweren, denn sie hatte es bislang noch jeden Tag geschafft, etwas Warmes auf den Tisch zu bringen, auch wenn die meisten Gerichte aus ihrem Vorrat an Kartoffeln bestanden. Mit der Zeit wurden die Lebensmittel aber immer knapper. Sie hätte wetten können, dass auch ihr Seppl wegen diesem Päckchen einen Luftsprung machen würde.

Gerade wollte sie sich noch einmal die wenigen Zeilen zu Gemüte führen, die ihre Mutter dem Päckchen beigefügt hatte, als sie den Schlüsselbund am Eingang hörte.

Sepp öffnete die Tür und betrat mit mürrischem Gesichtsausdruck die Wohnung.

„Sepp, bist du's?", rief Ev ihm freudig entgegen, obwohl sie schon an der Art, wie ihr Mann die Haustür aufschloss, genau wusste, dass es nur ihr Seppl sein konnte.

„Mhm", brummte dieser und kam mit hängendem Kopf ins Wohnzimmer.

„Schau mal, was wir bekommen haben." Ev strahlte bis über beide Ohren, hatte sie doch fest damit gerechnet, dass Sepp beim Anblick der vielen guten Sachen ebenso aus dem Häuschen sein würde wie sie selbst. Doch anstatt sich zu freuen, setzte dieser sich nur wortlos zu ihr an den Esstisch und stützte sich niedergeschlagen auf die Tischplatte. Müde wanderten seine Augen an den köstlichen Speisen auf und ab.

„Jetzt wird's verdammt eng", begann er mit einem Mal. „Die oberste Führungsebene hat sich anscheinend wieder umentschieden. Die Jungs können wahrscheinlich nicht zurückgeholt werden."

Jetzt ließ auch Ev die Hände in den Schoß fallen. Sie wusste nur zu gut, wie sich ihr Mann schon seit Monaten ein Bein rausriss, damit seine Rückholaktionen von Erfolg gekrönt sein würden. Jetzt, nachdem in allen Zeitungen geschrieben stand, dass der Krieg schon bis zu 200 000 Tote und Schwerverletzte gefordert hatte und über eine halbe

Million Verwundete in den Lazaretten lagen, die Verluste immer mehr zunahmen, lagen bei ihrem Mann die Nerven blank.

„Aber ich dachte, dass dieser Jensch dir helfen wollte", versuchte sie nachzuhaken.

„Ja, schon. Und es sah auch so aus, als würde alles klappen. Aber ich war eben noch mal da und er meinte, dass die da oben wohl anders entschieden haben."

„Aber du weißt doch selbst, wie das ist. Meist weiß doch die eine Hand nicht, was die andere tut. Vielleicht ist ja auch schon alles geregelt und es ist nur noch eine Frage der Zeit, wann die nach Hause kommen."

„Ja, vielleicht hast du Recht", antwortete er gedrückt. Für eine Diskussion war er viel zu müde. Seitdem der Krieg ausgebrochen und er fast krank vor Sorge um seine Jungs war, hatte er weder richtig geschlafen, noch gab es einen Tag, an dem er inneren Frieden fand. Er hatte einfach keine Kraft mehr. Alles hatte er versucht, um mit seinen Spielern in Kontakt zu bleiben.

Nachdem er dann allerdings seit dem 6. Januar des Jahres keine Nachricht mehr von ihnen und von dem Fortgang seiner Mission erhalten hatte, zerrann allmählich jeder kleine Funke Hoffnung zwischen seinen Händen. Man hatte ihm mitgeteilt, die Spieler hätten sich in Bewegung gesetzt. Aber wenn das wirklich so gewesen wäre, hätte er längst etwas von ihnen hören müssen. Offenbar musste er sich damit abfinden, dass es keine Rettung gab. Aber es lag ihm nicht, sich mit Dingen abzufinden. Mühsam lenkte er seine Aufmerksamkeit in Richtung Paket. Es konnte ja nicht angehen, dass er auch noch Ev jede kleine Freude zerstörte.

„Was haben denn deine Eltern wieder Schönes geschickt?", versuchte er abzulenken und beugte sich ein Stück über den Tisch, um den Inhalt des Pakets zu begutachten.

Und gerade als er nach dem Schnaps griff, den Ev ihm herüberreichte, klingelte es plötzlich an der Haustür.

Beinahe hätte Ev die Flasche fallen lassen, so schnell zog Sepp Herberger seine Hand zurück und ging eiligen Schrittes zur Tür, so, als ob er bereits ahnte, wer da auf ihn wartete.

Als er die Eingangstür öffnete, erstarrte er förmlich zur Salzsäule: Vor ihm stand abgemagert und in schmutziger Uniform, aber mit glücklichem Gesichtsausdruck Reinhardt Schaletzki. Scherzhaft nahm dieser Haltung ein und salutierte: „Melde mich zur Stelle, Chef. Die anderen kommen auch noch …"

Lieber Fritz!

Heute am 8.10. erhalte ich endlich wieder einmal Post von Ihnen. Ich war in Sorge um Sie, nachdem ich von Ihrem Kommodore gehört habe, dass Sie unter Malariaanfällen leiden. Immer wenn ich dann las, dass Sie an den Spielen der „Roten Jägermannschaft" nicht teilgenommen haben, wusste ich, dass Sie nun wieder diese böse Krankheit am Wickel hat. Ich schrieb Ihnen häufig, aber scheinbar sind meine Briefe an Sie verloren gegangen oder sie irren noch irgendwo umher.

[...]

Ich würde Sie sofort nach Weinheim nehmen und tue es auch, wenn es mir nicht gelingt, was ich mit Ihnen vorhabe. Nach Weinheim will ich deshalb nicht so recht, weil hier die Alarme ja auch nicht abreißen. Und Sie sollen einmal wieder Ruhe haben. Ich habe nun noch an einen Wirt in einer ganz abgelegenen Stelle im Schwabenland geschrieben. Das wäre etwas nach meinem Geschmack und ganz geeignet für Sie. Ich war selbst vor kurzem einen Tag dort und wenn es klappt, dann werden Sie ganz mit mir zufrieden sein.

Jetzt kommt es nur noch darauf an, dass Sie auch Urlaub bekommen.

[...]

Mit den besten Wünschen für eine baldige Gesundung – warte mal Fritz, wie wir daran gehen Sie wieder gesund zu machen, wenn ich Sie erst wieder in den Händen habe – und mit den besten Grüßen an Sie und an die Kameraden.

Stets Ihr

Sepp Herberger

V.

Zum Sterben zu jung

Mármaros Sziget – sowjetisches Auffanglager im Sommer 1945

Es war drückend heiß. Die Sonne stand wie ein glühender
Ball am strahlend blauen Himmel und drohte, die kahlge-
schorenen Köpfe der Gefangenen nach und nach zu ver-
brennen.

Fritz Walter war einer davon. Ausgemergelt und kraftlos
saß er gemeinsam mit ein paar anderen Gefangenen in
einer Ecke des Hofes und versuchte seinen Kopf so gut es
ging mit seinen Händen vor der umbarmherzigen Sonne
zu schützen.

Erst vor kurzem waren sie hier in Rumänien angekommen und warteten nun auf den Weitertransport nach Russland. Und so verging Stunde um Stunde in der heißen
Sonne, ohne dass irgendetwas geschah. Zeit zum Nachdenken – viel Zeit.

Bunte Bilder blitzten vor seinen Augen auf, aber er hatte
Mühe, sie zu Geschichten zusammenzusetzen. Wahrscheinlich hatte er Fieber, hohes Fieber. Die Malaria, die er sich
vor knapp zwei Jahren auf Sardinien zugezogen hatte, war
ein gnadenloser Begleiter und machte die ganzen Umstän-
de nur noch unerträglicher.

So klammerte er sich an die Bilder in seinem Kopf. Natürlich ging es dabei um Fußball, denn Fußball war seit
dem Ausbruch des Krieges das Einzige, was das Leben
überhaupt lebenswert gemacht hatte. Dezember 1940 war
er Infanterierekrut geworden. Dadurch hatte sich alles in
seinem Leben verändert. Was er in der Zwischenzeit an der
Front gesehen und erlebt hatte, war tief vergraben und
weggeschlossen. Aber er hatte auch als Soldat immer Fußball spielen dürfen. Darauf hatte sich sein ganzes Denken

konzentriert. Nur dadurch hatte sein Leben irgendeinen Sinn gehabt.

Erst hatte es noch Länderspiele gegeben, bis 1943 der Spielbetrieb eingestellt worden war. Selbst da hatte Herberger noch seine schützende Hand über ihn und einen Großteil der Mannschaft halten können und seine Versetzung zu den „Roten Jägern", einer Soldatenmannschaft bei der Luftwaffe, bewirkt. Dort konnte er weiterhin regelmäßig spielen und an Lehrgängen teilnehmen.

Doch unübertroffen waren die letzten Länderspiele im Jahr 1942 – eine Reihe wunderbarer Spiele, für ihn unvergesslich. Er musste sich nicht bemühen, diese Erinnerungen gut zu verwahren. Er bewachte sie sorgsam. Andere Länderspiele würde es für ihn nicht mehr geben, so viel war ihm klar.

Er machte sich daran, die geliebten Erinnerungen abzurufen, den inneren Film abzuspielen.

… Für die Länderspiele waren sie vom Fronteinsatz beurlaubt worden. Um jeden Einzelnen von ihnen hatte Herberger gekämpft und ihnen noch dazu zwei Wochen Training vor jedem Länderspiel verschafft, oft in Ludwigsburg, in einem Gasthof mit angeschlossener Metzgerei.

Sie waren von allen Seiten angereist, bereit zu vergessen und ihr Bestes zu geben. Mit weniger wären sie beim Chef auch nicht durchgekommen. Längst war dieser für sie alle so etwas wie eine Vaterfigur geworden, die einzige Konstante in ihrem Leben. Wenn die ganze Gruppe vereint war, war es wie bei einem Familientreffen. Sie frotzelten und lachten miteinander und lebten auf.

Da war das Spiel im Mai 1942 gegen Ungarn in Budapest. Gott, wie hatten die Ungarn diesem Spiel entgegengefiebert! Nur zu verständlich, denn diese hatten vorher in Köln eine böse 0:7 Niederlage kassieren müssen.

Auch die eigene Mannschaft war voller Erwartungen gewesen. Würde es ihnen gelingen, was 33 Jahre lang keine deutsche Mannschaft geschafft hatte, die Ungarn auf ihrem eigenen Boden zu besiegen? Sie waren voller Zuversicht und skandierten übermütig „auf los geht's los!". Vielleicht hätten sie das besser nicht tun sollen.

Die ersten Spielminuten verliefen fatal. Die Ungarn waren ihnen haushoch überlegen. Sie waren unglaublich schnell, ließen keinen Angriff zu. Er selber hatte in der ersten Viertelstunde kein einziges Mal die eigene Spielhälfte verlassen. Die Schüsse prasselten nur so auf das Tor, das Jahn, der Torwart, bravourös und wie zugenagelt hielt.

Endlich war es Walter gelungen, Ungarns Torhüter Toth einen unhaltbaren Ball zu servieren. Das ganze Stadion war entsetzt. Doch das 1:0 hielt nicht lange. Bald hatten die Ungarn mit 1:1 aufgeschlossen. Ihre Überlegenheit war erdrückend. Mit 3:1 in der ersten Halbzeit ließen sich die ungarischen Spieler jubelnd in die Kabine tragen. Für sie war das Spiel schon gelaufen. Für die deutsche Mannschaft auch.

Mit hängenden Köpfen saßen sie schweigend in der Kabine. In die Stille hinein sagte Herberger: „Männer, ich bitt euch um alles in der Welt, lasst es nicht zur Katastrophe kommen! Versucht wenigstens, die Niederlage im einigermaßen vertretbaren Rahmen zu halten!"

Von nebenan hörte man lautes Gelächter, Menschen die schon ihren Sieg feierten. Ihre einzige Frage war wahrscheinlich, wie hoch die Deutschen verlieren würden. Auch Walter zweifelte nicht daran. Aber ein Spiel dauert eben 90 Minuten und nicht nur 45 – eine schon fast geflügelte Herberger-Weisheit.

Erst hatte Herberger ein fröhliches Lied gepfiffen, wie um den ausgelassenen Lärm von nebenan zu neutralisieren. Dann klopfte er jedem Spieler aufmunternd auf die Schultern und erinnerte an andere Spiele, bei denen sich das Blatt noch gewendet hatte. Die Ungarn könnten das

Tempo nicht durchhalten, erklärte er seiner Mannschaft und entließ sie mit: „Männer, wir gewinnen diesen Kampf noch."

Natürlich hatte ihm keiner geglaubt. Zu tief saß die vermeintliche Niederlage schon in den Knochen. Vielleicht hätten sie mehr Vertrauen haben sollen! Nach zehn Minuten, in denen die Ungarn ungebrochen kraftvoll spielten, wurde Conen gefoult. Der Schiedsrichter gab darauf einen Freistoß für die deutsche Mannschaft.

Die Ungarn bildeten eine massive Mauer. Doch Janes blieb seelenruhig und entdeckte eine winzige Lücke. Sein unglaublicher Treffer landete in der äußersten linken Ecke des Tors! Ein gigantischer Schuss, der gleichzeitig auch noch das 500. Tor in der Länderspielgeschichte Deutschlands besiegelte. Dann gab es kein Halten mehr. „Jetzt oder nie!", rief sich die deutsche Mannschaft zu. Und je mehr sie an Fahrt gewannen, desto stärker bröckelte die Überlegenheit der Ungarn, bis diese nicht mehr vorhanden war. Herbergers Mannschaft siegte letztendlich mit 5:3.

Auf der Rückfahrt zu seiner Einheit, noch ganz im Freudentaumel, hatte er einen fußballbegeisterten Pater getroffen, der ihm versprochen hatte, ihn in seine Gebete einzuschließen. Damals hatte er nicht ahnen können, wie nötig er dessen Gebete einmal haben würde.

Heute konnte er jeden Zuspruch gebrauchen, den es gab. Die Sonne war mittlerweile gewandert und die Hitze hatte ein wenig nachgelassen, was es nur wenig erträglicher machte. Ein Platz im Schatten war noch immer nicht auszumachen. Keiner der ausgezehrten Männer bewegte sich mehr als nötig. Fritz Walter schloss die Augen und ließ seine Gedanken zu dem schönsten Spiel wandern.

Das Länderspiel gegen die Schweiz am 18.10.1942 in Bern war etwas ganz Besonderes gewesen. Am Abend vorher hatten sie noch das Spielcasino besucht und hatten dabei die von Herberger zugesteckten Franken restlos verspielt. Alle, bis auf Hahnreiter, dem „Pepperl", der seinen Gewinn unter den neidischen Blicken seiner Kameraden in Schokolade und Kaffee umsetzen konnte.

Am nächsten Tag lieferten sie ein schnelles, aufregendes Spiel. Bis zur ersten Halbzeit war die Schweizer Mannschaft der deutschen immer dicht auf den Fersen. Einem deutschen Tor folgte wie zwangsweise das schweizerische Ausgleichstor.

Kurz vor der Pause lieferte Willimowski, der Spaßvogel ihrer Mannschaft, das 3:2 für Deutschland. Auf seine Art war er mit seinem Humor das Herz der Mannschaft. Alle drei Tore waren von ihm geschossen worden und die Spieler begaben sich gut gelaunt in die Kabine. Was für eine Stimmung!

Und nach der Halbzeit hatte Willimowski immer noch nicht genug und erspielte locker das 4:2! Das konnten die Schweizer nicht auf sich sitzen lassen und erreichten unter den tosenden Anfeuerungen des Publikums das 4:3.

Der deutschen Mannschaft wurde es nun doch mulmig. Sie legte noch mal nach. Fritz Walter gelang es kurz vor Schluss, sich an den Schweizern vorbeizuschlängeln und das erhoffte 5:3 zu schießen.

Nach diesem grandiosen Sieg schickte Herberger sie nicht, wie sonst immer, sofort nach dem Bankett ins Bett, sondern drückte ausnahmsweise gleich beide Augen zu. Vielleicht hatten alle gewusst, dass vor ihnen ein großer Abschied lag.

Als Herberger morgens um sechs zum Wecken herunterkam, hörte er aus der Bar Singen und Musik. Drei Mann saßen noch fröhlich zusammen, sangen, lachten und scherzten. Doch als der Chef um die Ecke gebogen kam, waren alle plötzlich leichenblass geworden. Erwischt! Allan Urban, einer der drei Kumpane, rutschte unruhig auf seinem Barhocker hin und her und stammelte, dass er lediglich so früh aufgestanden und vom Lärm aus der Bar angezogen worden sei. Glaubte er wirklich, dass Herberger ihm das abnahm?

Normalerweise hätte das Mordsärger gegeben, aber Herberger hatte nur gelacht. Vielleicht hatte er einfach schon geahnt, dass viele seiner Männer so etwas so schnell nicht wieder erleben würden – einige von ihnen nie wieder.

Allan Urban fiel wenige Monate später.

August Klingler, der beim letzten Spiel der Nationalmannschaft am 22.11.1942 in Pressburg für Furore gesorgt hatte und zu den größten Nachwuchshoffnungen zählte, galt kurz darauf als vermisst und war wahrscheinlich tot …

In dem Moment brachen die Bilder ab.

Fritz Walter wusste im Innern, dass er ein weiterer Spieler auf dieser Liste sein würde. Er selbst hatte in Pressburg sein 24. Länderspiel absolviert. Ein 25. würde es für ihn nicht geben, auch wenn Herberger ihm mit ernstem Gesicht versichert hatte, dass er es noch erleben würde. Aber dazu hätte Herberger überirdische Kräfte haben müssen. Und die hatte er nicht. Hier konnte ihn niemand mehr schützen.

Fritz Walter war körperlich absolut am Ende. Alle Hoffnungen, doch noch den Amerikanern in die Hände zu fallen, waren kläglich gescheitert. Das sibirische Arbeitslager, das auf ihn und seine Mitgefangenen wartete, würde er nicht überstehen.

Mit den Stunden, die er in diesem Auffanglager festsaß und auf sein weiteres Schicksal wartete, waren alle Hoffnungen, die er jemals gehabt hatte, verschwunden. Er würde sterben, das war ihm jetzt völlig klar.

Doch gerade als er seinem bevorstehenden Tod ins Auge sah und sich sukzessive damit abfand, dass er nicht mehr lange zu leben hatte, geschah etwas, das er niemals wieder vergessen sollte.

Fünf Lagerpolizisten tauchten unvermittelt vor seinen Augen auf. Einer von ihnen trug einen echten Fußball unter seinem Arm. Ein anderer steckte mit Tonnen ein provisorisches Tor ab und ein dritter warf eine Münze. Die fünf Lagerpolizisten begannen doch tatsächlich unmittelbar vor Fritz Walters Füßen Fußball zu spielen.

Fritz traute seinen Augen kaum, dachte, alles wäre nur eine Ausgeburt seiner Fantasie, eine Erscheinung, die er seinen Malariaanfällen zu verdanken hatte – ein Traum.

Er starrte auf den Ball.

Wie hypnotisiert stand er auf und näherte sich, magisch von dem Leder angezogen, den fünf Spielern. Er war noch schwach auf den Beinen, doch er MUSSTE zu dem Ball, musste ihn wenigstens einmal berühren.

Und als hätte der Ball ihn erhört, rollte das Leder im nächsten Moment vor seine Füße. Fritz begann automatisch und ohne Zögern damit zu spielen. Vergessen waren all die schrecklichen Erinnerungen, die der Krieg in sein Gedächtnis gebrannt hatte. Vergessen war seine schlechte körperliche Verfassung. Was zählte, war nur dieser wundervolle Augenblick mit dem Ball.

Fritz dirigierte den Ball trotz der schweren Kommisstiefel spielend leicht auf sein Knie, kickte ihn mehrere Male gekonnt von einem Knie auf das andere, hoch zum Kopf, wieder hinunter zum Knie, auf seinen Fuß und … Schuss! Der Ball landete, dem Geschoss einer Feldhaubitze gleich, für einen der Lagerpolizisten unhaltbar im Tor.

Stille. Die anderen Gefangenen, die noch immer in der Ecke saßen und das Ganze wie gebannt verfolgt hatten, warteten regungslos darauf, was nun geschehen würde. Das musste Konsequenzen haben und je nachdem, wie die Lagerpolizisten gelaunt waren, konnten sie ihn nun verprügeln oder gar Schlimmeres mit ihm anstellen.

Doch die fünf Mann, die das Spiel eröffnet hatten, standen nicht etwa still, weil sie überlegten, wie Walter zu bestrafen war. Nein, in ihren Gesichtern stand ein Ausdruck der Bewunderung.

Sekunden später kickten sie weiter und einer von ihnen gab den Ball ganz bewusst an ihren neuen Mitspieler ab.

Diesmal lief Fritz mit dem Ball im Zick Zack durch die Männer, täuschte an, schlug erneut einen Haken und wieder: Schuss und Tor!

Jetzt kamen immer mehr Männer näher. Gefangene wie Lagerpolizisten standen im Halbkreis um die „Spieler" und sahen dabei zu, wie der abgemagerte Fritz Walter, dem man schon nach wenigen Minuten ansehen konnte, wie sehr ihn die paar Schritte laufen mitnahmen, immer mehr Kunststückchen mit dem Ball vorführte, um im nächsten Moment das Leder zwischen den zwei aufgestellten Tonnen zu versenken.

„Du – Fußballspieler?", näherte sich einer der Lagerpolizisten in gebrochenem Deutsch.

Fritz Walter nickte. Gerade wurde ihm bewusst, dass ihm als Gefangener gar nicht zustand, mit den Aufsehern zu spielen. Langsam machte er sich auf den Weg, um sich wieder zu seinen Kameraden zu gesellen.

„Dann spiel mit!", rief ihm der Aufseher hinterher.

„Ja, spiel mit!", meldete sich ein anderer.

Da musste Walter nicht lange überlegen. Schnell ging er zu der Ecke, in der er seinen Feldsack deponiert hatte und kramte fieberhaft nach seinen Fußballschuhen, die er seit seiner Zeit bei den Roten Jägern immer mit sich trug.

Den Unkenrufen seiner Kameraden zum Trotz, die ihn angesichts seiner schlechten körperlichen Verfassung davon abhalten wollten weiterzuspielen, stellte sich Fritz sofort wieder aufs „Feld".

Ihm war es egal, ob er dieses Spiel überleben würde oder nicht. Wenn er schon sterben musste, dann wollte er wenigstens zuvor noch einmal Fußball gespielt haben.

Und so spielte er, trotz seines Fiebers und trotz der Schwäche, die er in den Beinen spürte, so leidenschaftlich, als wäre er gerade auf einem bedeutenden Länderspiel mit seiner alten Mannschaft und nicht auf einem Kasernenhof in Rumänien, wo er eigentlich auf seinen Abtransport nach Russland wartete.

Der Hof des Lagers füllte sich. Nach und nach kamen immer mehr Männer, Gefangene wie Lagerpersonal, näher, um dem Fußballspiel zuzusehen. Alle wollten den Mann sehen, der gekonnt wie kein anderer mit dem Ball umging, als hätte er sein ganzes Leben nichts anderes getan. Dass dem wirklich so war, ahnte keiner von ihnen.

Ein Pfiff ertönte. Einer der Aufseher hatte auf die Uhr gesehen und durch seine Finger zur Halbzeit abgepfiffen.

Auf einmal brach Jubel aus. Ein seltsames Gemenge aus Lagerpolizei und Gefangenen hatte sich durch dieses Spiel vereint und stürmte nun auf Fritz Walter ein. Dieses eine Spiel hatte etwas geschafft, was noch wenige Minuten zuvor undenkbar gewesen wäre. Für kurze Zeit hatte es aus Feinden Freunde gemacht.

So standen alle dicht gedrängt um Fritz Walter und waren einigermaßen fassungslos, als sie hörten, dass ausgerechnet in diesem Lager mitten unter ihnen einer der gefürchtetsten Nationalspieler der deutschen Mannschaft stand.

Das Spiel wurde fortgesetzt. Erleichtert über die Reaktionen der Männer zeigte Walter sein Können. Von seiner anfänglichen Schwäche war nun nichts mehr zu sehen. Beflügelt von den Anfeuerungen der Außenstehenden lief er zur Hochform auf.

Wie sehr hatte ihm das gefehlt! Wie lange hatte er auf Fußball verzichten müssen!

„Du nicht weg mit Transport!", rief ihm einer der Lagerpolizisten nach dem Spiel zu.

„Wir reden mit Hauptmann Schukow", meinte ein anderer. Und ehe Walter es sich versah, wurde er von einer Meute begeisterter Aufseher, die ihm obendrein auch noch sein Gepäck schulterten, weggezogen.

Da stand er nun und konnte es nicht fassen. Eben noch vor dem Spiel erschien ihm alles so trist und ausweglos. Nun stand er in der dunklen Schreibstube von Hauptmann Schukow und wartete ab, was geschehen würde. Zwar konnte er sich kaum vorstellen, dass der grimmig dreinblickende Hauptmann, der stoisch hinter seinem Schreibtisch saß und ihn wortlos musterte, seinem Schicksal eine positive Wendung geben könnte und ihn von der Liste des Abtransports, auf der er als Nummer eins ganz oben stand, nehmen würde.

Doch die fünf Lagerpolizisten, die allesamt um den Kommandanten herumstanden, redeten so inbrünstig und wild gestikulierend auf ihn ein, dass dieser auf einmal aufstand, um Walter von der Nähe zu betrachten.

„Du – Fußballspieler? Deutsche Mannschaft?", setzte Schukow an und sah Walter prüfend in die Augen. Dieser nickte.

„Gut Spieler?"

Noch bevor Walter darauf irgendwie hätte antworten können, setzten die Aufseher wieder von neuem ein und begannen ihren Schützling anzupreisen, als handele es sich um ein liegen gebliebenes, vergammeltes Stück Fleisch, von dessen Verkauf ihr Leben abhinge.

Schukow wurde es zu bunt. Mit einer Handbewegung gab er den Männern unmissverständlich zu verstehen, dass es nun reichte.

„Wenn du gut, dann du kannst bleiben", wandte er sich wieder an den Gefangenen.

Unter dem Jubel der Aufseher setzte sich Schukow wieder zurück an den Schreibtisch. Eine weitere Handbewegung beförderte die aufgeregten Männer, die lachten und Walter aufmunternd auf die Schulter klopften, nach draußen.

Als es in seiner Stube wieder still wurde, legte der Hauptmann die Füße auf den Tisch und verschränkte zufrieden die Arme. Früher hatte er selbst gerne Fußball gespielt und heute war er noch immer ein begeisterter Anhänger. Schon seit einiger Zeit schwebte ihm vor, eine eigene Mannschaft auf die Beine zu stellen, da kam ihm der Neue gerade recht. Die deutsche Nationalmannschaft war auch ihm ein Begriff. Walter könnte seinen Männern vielleicht beibringen, wie richtig Fußball gespielt wird.

In Gedanken malte er sich aus, wie seine Männer gegen rumänische Vereine antraten und sie besiegten. Er würde ihnen sogar Trainingskleidung und richtige Fußballschuhe besorgen. Wer weiß, vielleicht könnten sich daraus noch ganz andere Dinge ergeben …

Versonnen kraulte er sich am Bart. Schukow hatte noch viel vor.

Fritz Walter hatte eingelöst, was die Aufseher Hauptmann Schukow versprochen hatten. Unter seiner Leitung wurde im Lager eine Fußballmannschaft aufgestellt, die er allabendlich trainierte und die wenig später auch tatsächlich gegen rumänische Vereine antrat. Kein einziges Spiel ging dabei verloren und der fußballbegeisterte Hauptmann rieb sich vergnügt die Hände.

Es hatte sich gelohnt, diesen Deutschen von der Liste zu nehmen und dem Wachpersonal zuzuteilen. Nicht nur, weil damit seine Leidenschaft zu diesem Spiel befriedigt wurde. Auch die Fußballwetten, die er mit einigen Männern außerhalb des Lagers abschloss, waren äußerst lukrativ für ihn.

Er wusste zwar, dass seine Glückssträhne nicht von Dauer sein würde, da sein Lager schon bald aufgelöst werden sollte. Doch so lange es noch ging, wollte er von dem Umstand, einen echten Nationalspieler als Trainer für seine Mannschaft zu haben, profitieren.

Schukow blickte zum Fenster hinaus auf das rege Treiben im Innern des Hofes. Wieder einmal war ein Transport mit

Neuankömmlingen eingetroffen, die von seinem Personal zum Scheren der Haare in Gruppen eingeteilt wurden.

Zwischen all den Männern entdeckte er den „Trainer" seiner „Mannschaft" Fritz Walter, der langsam durch die Reihen schlenderte und immer wieder Ausschau nach Freunden und Bekannten hielt. Ein fast aussichtsloses Unterfangen, denn mittlerweile waren es zwischen dreißig- und vierzigtausend Gefangene, die da unten im Hof auf ihr weiteres Schicksal warteten. Schon seit Tagen stockte der Weitertransport nach Russland.

Schukow schüttelte mitleidig den Kopf. Er räumte Walter nicht eine winzige Chance ein.

Doch gerade als sich der Hauptmann vom Fenster abwand, um sich wieder der lästigen Schreibarbeit zu widmen, geriet die Menge unten im Hof in Bewegung.

Zwischen all den Uniformen und Marschgepäcken meinte Walter in der Ferne plötzlich ein bekanntes Gesicht entdeckt zu haben. Doch so sehr er sich auch anstrengte, sich auf Zehenspitzen stellte, um zu sehen, ob der Mann unter all den anderen Gefangenen tatsächlich der war, für den er ihn hielt, er konnte ihn nicht weiter identifizieren: Der Mann drehte sich immer wieder weg.

Sah dieses abgemagerte Gesicht nur seinem Bruder Ludwig so verblüffend ähnlich, oder war er es wirklich?

Auf einmal drehte sich der Mann um und eröffnete Fritz einen längeren Blick auf sein schattiges fahles Antlitz. Kein Zweifel, das war Ludwig.

Fritz' Herz raste.

„Lud!", rief er enthusiastisch und riss beide Arme in die Höhe, damit sein Bruder ihn sofort sehen konnte. Doch der schien keine Notiz von ihm zu nehmen.

„LUD!", schrie Walter noch einmal so laut er konnte quer über den Hof. Jetzt hatte der andere ihn endlich entdeckt.

„Fritz!", schrie dieser auf. Ludwig machte einen Freudensprung. Seit mehr als einem halben Jahr hatte er seinen

Bruder aus den Augen verloren. Beinahe hatte er die Hoffnung aufgegeben, ihn noch einmal lebend zu sehen.

Aufgeregt bahnten sich beide einen Weg durch die Menge, bis sie sich freudig in den Armen lagen.

Das gibt's doch nicht, dachte Fritz. Ein Wink des Schicksals, das ihm seit seiner Ankunft in diesem Lager hold gewesen war. Und er würde alles daran setzen, damit auch sein Bruder, ebenso wie er, vor dem Abtransport bewahrt werden würde.

Es hatte nicht lange gedauert, bis Walter die Aufseher und Hauptmann Schukow davon überzeugt hatte, dass auch sein Bruder von der Liste genommen werden musste. Und tatsächlich war das Erste, was die enthusiastischen Fußballbegeisterten wissen wollten, ob auch Ludwig Fußball spielen konnte.

Nachdem sich alle davon überzeugt hatten, dass auch der Bruder des „Lagertrainers" ein guter Spieler war, zögerte der Hauptmann nicht und nahm ihn ebenfalls von der Liste. Die Aufseher päppelten ihn auf und setzten ihn in ihrer Mannschaft ein. So kam es, dass die beiden Brüder Seite an Seite gegen immer mehr Mannschaften spielten.

Im Lager gab es nichts zu tun. Da waren die Spiele eine willkommene Abwechslung. Alle warteten darauf, dass etwas geschah, aber aus irgendeinem Grund tat sich nichts. Der Transport stockte noch immer.

Doch eines Tages verbreitete sich die Nachricht, das Lager würde aufgelöst werden, wie ein Lauffeuer. Alle, Österreicher, Saarländer, Franzosen und Luxemburger, sollten in die Freiheit entlassen werden. Alle, bis auf die Deutschen, die nun allesamt in die unendlichen Weiten Russlands abtransportiert werden sollten.

„Ich hab's dir doch gleich gesagt", meinte Ludwig eines Abends zu seinem Bruder, „das konnte nicht gut gehen, zumindest nicht für lange."

Fritz hockte auf seiner Pritsche im Wachhaus und dachte nach. Es war dunkel. Nur das fahle Licht einiger Scheinwerfer, die schwach den Kasernenhof beleuchteten, fiel ins Zimmer und erhellte kalt den Raum.

Als er seinen Bruder ansah, der mit verschränkten Armen auf seinem Feldbett an die Wand gelehnt saß und fatalistisch geradeaus starrte, erschien er ihm plötzlich genauso geisterhaft, wie an dem Tag, an dem er im Lager eingetroffen war. Fritz hatte Mühe, in diesem blutleeren Gesicht seinen Bruder zu erkennen.

Was musste der Krieg aus ihm gemacht haben. Zwar war Ludwig noch nie besonders optimistisch gewesen, sah eher das halbleere als das halbvolle Glas. Doch so, wie er nun redete, wie er buchstäblich in sich zusammengesunken und ohne Hoffnung dasaß, erkannte Fritz ihn kaum wieder.

„Aber bislang ist doch alles gut gegangen", versuchte Fritz ihn aufzumuntern. „Denk nur daran, wie wir uns gefunden haben. Ich sag's immer wieder: das war Fügung."

„Oder Zufall."

„Nenn's wie du willst, aber das war nun schon das zweite Mal. Ohne Schukow wäre ich schon längst in Sibirien. Vielleicht ist uns das Glück noch einmal hold. Aller guten Dinge sind drei."

Unruhig stand Fritz auf und lief gedankenversunken im Zimmer umher.

„Mach dich doch nicht verrückt. Je eher wir uns damit abfinden, dass wir nach Russland müssen, desto besser für uns." Ludwig rutschte die Matratze hinunter. Jetzt lag er, noch immer mit verschränkten Armen, da und schloss langsam die Augen.

Fritz drehte sich um und erschrak. Sein Bruder wirkte, als hätte er sich in seinen eigenen Sarg gelegt. Sein Körper sah vollkommen steif aus, die Haut erschien im weißen Licht der Scheinwerfer leichenblass. Sogar seine flache Atmung erweckte den Anschein, als läge vor ihm ein Toter.

„Du darfst die Hoffnung nicht aufgeben", sagte Fritz leise, „morgen rede ich mit Lokoida. Vielleicht kann der bei Schukow was ausrichten."

Ludwig antwortete nicht. Regungslos lag er da und sollte bis zum nächsten Morgen kein einziges Mal seine Haltung verändern. Fritz hingegen blieb in dieser Nacht noch lange auf. Grübelnd stand er am Fenster und blickte auf den leeren Hof. Es musste doch irgendeine Möglichkeit geben, das Blatt zu wenden, irgendeine Chance, in die Freiheit zu gelangen.

In dieser Nacht traf Fritz eine ganz bewusste Entscheidung: Er wollte leben.

Am nächsten Morgen herrschte hektisches Treiben auf dem Hof. Wieder einmal wurden die Gefangenen in Gruppen eingeteilt und mussten sich einer eingehenden medizinischen Untersuchung unterziehen.

Die Stimmung war größtenteils heiter und ausgelassen. Alle freuten sich auf die bevorstehende Freiheit. Nur in einer Ecke überwog blanke Hoffnungslosigkeit.

Die Deutschen standen niedergeschlagen in ihrer Gruppe und blickten sich mutlos um. Kaum einer hatte die Hoffnung, doch noch gerettet zu werden. Alle wussten nur zu gut, was sie in Russland erwartete. In ihren Gesichtern stand gleichermaßen Schrecken und Verzweiflung.

Fritz und Ludwig mussten sich ebenfalls dazustellen. Doch während Ludwig sich mit seinem Schicksal bereits abgefunden hatte, blickte sich Fritz nervös nach einem der Wachmänner um. Endlich entdeckte er Lokoida, die rechte Hand des Hauptmanns. Aufgeregt winkte er diesen zu sich.

„Ist es wirklich wahr? Wir werden heute noch nach Russland verfrachtet? Kann man denn gar nichts mehr tun?", redete Fritz ungeduldig auf den Wachmann ein.

„Kaiserslautern, von wem besetzt?", wollte Lokoida wissen.

„Von Franzosen", antwortete Fritz schnell.

„Dann ihr Franzosen." Lokoida blickte ihn findig an.

„Nix Franzosen. Wir sprechen doch kein Wort Französisch", wehrte Fritz ab. Ihm schwante schon, dass das Schwierigkeiten geben konnte.

„Machen wir schon", setzte Lokoida lachend hinzu und ging weiter.

Fritz und Ludwig blickten sich unbehaglich an. Wenn das mal gut ginge. Aber sie wussten beide, dass das ihre einzige Chance war, in die Freiheit entlassen zu werden. Selbst wenn der Schwindel auffliegen würde, so hätten sie wenigstens alles versucht.

Wenig später standen die beiden Brüder in der Gruppe der Franzosen. Hauptmann Schukow hatte mitgespielt und die beiden, von denen er wusste, dass sie Deutsche waren, mit einem Augenzwinkern auf der französischen Liste, die ihm zur Durchsicht vorgelegt wurde, belassen. Ihm sollte es recht sein.

Unter der Leitung eines russischen Leutnants setzte sich der Franzosenzug in Bewegung. Die beiden Brüder taten alles, um nicht aufzufallen, unterhielten sich nur des Nachts und mieden den Kontakt mit anderen. Bereits acht Tage später traf der Zug in Bukarest ein. Doch als sich die beiden schon fast auf der sicheren Seite befanden, geschah etwas, was sie beinahe verraten hätte. Fritz wurde krank.

Erst dachte er, das anfängliche Fieber wäre wieder eine Folge der Malaria. Aber die schweren Bauchkrämpfe, gefolgt von häufigem Erbrechen, verrieten ihm, dass das alles andere als Malaria war. Als er dann auch noch blutigen Durchfall bekam, war ihm klar, dass dies die typischen Zeichen der Ruhr waren.

Die beiden Brüder waren der Verzweiflung nahe. Wenn rauskam, dass Fritz an Ruhr erkrankt war, würde er sofort in ein Lazarett verfrachtet werden und dann würde alles auffliegen. Man würde sofort erkennen, dass sie Deutsche waren, die versuchten, sich den Weg in die Freiheit zu erschleichen.

Um dies zu vermeiden, besorgte Ludwig kleine Stückchen Holz, die sie anzündeten und verkohlen ließen. Es half nichts – wenn sie nicht wollten, dass ihre Tarnung aufflog, musste Fritz die selbstgemachte Holzkohle schlucken. Und er tat es. In regelmäßigen Abständen aß er Holzkohle, so lange, bis zumindest sein Durchfall einigermaßen gebannt war.

Als die beiden Brüder gerade wieder Hoffnung schöpften, wurden all ihre Aussichten auf baldige Heimkehr erneut in den Wind geschlagen.

„Männer, unser Zug wurde fehlgeleitet", eröffnete der Leutnant eines Abends. „Zurück ins Lager!", setzte er noch hinzu und löste mit dieser Botschaft allgemeine Verzweiflung aus.

Fritz und Ludwig sahen sich niedergeschlagen an. In diesem Augenblick wurde ihnen beiden bewusst, dass sie ihrer eigentlichen Bestimmung nicht entgehen konnten. Wozu sollten sie sonst die Rückreise antreten?

Acht lange Tage dauerte die Fahrt zurück ins Lager, und acht weitere qualvolle Tage der Ungewissheit mussten sie in dem bereits vollständig aufgelösten Lager zubringen, ehe ihr weiteres Schicksal besiegelt wurde. Und eines Tages war es dann so weit.

„Alle Mann aufstellen!", tönte der Leutnant lautstark und gab sechs seiner Soldaten den Befehl, die Gruppe in ordentliche Reihen zu schieben.

„Jetzt wissen wir gleich, wohin die Reise geht", flüsterte Ludwig seinem Bruder ins Ohr.

„Hoffen wir das Beste", gab Fritz leise zurück. Er war schon lange nicht mehr so optimistisch wie damals, als er mit Lukoida gesprochen hatte.

Insgeheim dachte er, dass sein Bruder wohl der Weisere von ihnen beiden war und es schon immer vorausgesehen hatte. Damals in der Nacht, als er versucht hatte, ihn zu mehr Mut zu bewegen, war er wohl blind und blauäugig gewesen. Er wollte es nicht offen zugeben, aber sich selbst gegenüber musste er jetzt eingestehen, dass er nun ebenfalls kaum mehr Hoffnung hatte befreit zu werden, und was er nun sah, bestätigte all seine Befürchtungen.

Die Gruppe setzte sich, angeführt vom russischen Leutnant und begleitet von mehreren mit Maschinengewehren bewaffneten Soldaten, in Bewegung.

Fritz blickte sich um. Am Ende des Lagers, kurz vor dem Tor, teilte sich die Spur. Links ging's zum Zug in die Freiheit, so, wie sie schon einmal Kurs darauf genommen hatten. Rechts hingegen wurde die Spur breiter und führte auf dem direkten Weg nach Russland.

Im Gleichschritt lief die Gruppe unter des Leutnants Leitung immer weiter geradeaus. Ein schales Gefühl breitete sich in Walters Magengrube aus. Er ahnte nichts Gutes. Und als hätte er es voraussehen können, schlug der Leutnant den Weg tatsächlich nach rechts ein.

„Jetzt ist es passiert", platzte Fritz heraus, „Russland!"

Für einen Moment stockte sein Atem. Seine Knie begannen unaufhörlich zu zittern, so, als hätte man ihm mitgeteilt, er solle sich augenblicklich standrechtlich erschießen lassen. Dann hörte er plötzlich lautstarkes Gelächter, das in tosendes Geschrei überging.

Die Wächter und Soldaten hielten sich die Bäuche vor Lachen, als sie in die entsetzten Gesichter der Männer sahen, die brav und ahnungslos dem Leutnant gefolgt waren.

Die beiden Brüder sahen sich verständnislos an. Dann begriffen auch sie.

„Links schwenkt, marsch!", rief der spaßige Leutnant noch immer außer sich vor Lachen und führte die Gruppe in die entgegengesetzte Richtung.

Freiheit!

Liebe Ev!

In Norwegen erfuhr ich auf telegrafischem Weg von unserem Unglück; ich bin nun seit Sonntag Mittag in Berlin, bin auf dem Reichssportfeld untergebracht, wo ich schlafe und esse. Es geht mir also den Verhältnissen entsprechend gut und du brauchst dir meinetwegen gar keine Sorgen zu machen.

Ich habe auch den Brief gelesen, den du an Frl. Hormann geschrieben hast und ich muss dir sagen, dass es mir jetzt – wo ich lese, wie du dich durcheinander machst – erst schwer ums Herz geworden ist. Mit der Wohnung ist ein Unglück, aber alles ist zu überstehen, wenn nur wir beide gesund bleiben, stark sind und tapfer zusammenstehen. Wenn nur du mir bleibst, dann wird ja alles wieder gut werden. Es ist ja viel mehr Kummer und Elend in unserer nächsten Umgebung wo durch schwere Minentreffer die Häuser bis in die Keller zerstört und viele Menschenleben ausgelöscht wurden. Ich bin froh, dass wir nicht dabei waren.

Im Keller ist noch alles heil. Von unserer Wohnung haben wir noch mein Herrenzimmer. Es hat zwar durch Wasser gelitten, aber es ist doch noch zu verwenden. Der Gasherd ist auch noch da, die Bettdecken und Kissen sind im Keller, dann noch Grammophon, Stühle, Teewagen, Teppiche (die Walter gerettet hat), Stehlampe, und noch andere Sachen. Also Kopf hoch, liebe Alte, wir zwei werden es schon packen.

Ich habe mir nun alles so gedacht: Wir ziehen zuerst einmal nach Weinheim. Jetzt gilt es zuerst, diesen Transport zu bekommen. Die Papiere habe ich schon. Unser Konto werde ich auch ummelden lassen. Du bleibst auf jeden Fall vorerst in Weinheim.

Wenn ich dich brauche, telegrafiere ich dir. Sei stark, liebe Ev! Bitte!! Du hast ja mich. Telefonieren kann man nicht, sonst hätte ich schon angerufen.

Schatz, es kommen auch wieder bessere Zeiten, sie kommen umso schneller, je stärker wir sind.

Das wäre doch gelacht, Ev, wir zwei! Einen lieben Kuss!

Dein Seppl

VI.

Am Ende des Tunnels

Weinheim im September 1945

Im Haus von Evs Eltern war es seltsam still. Nur aus der Küche drang das gewohnte Klappern von Geschirr – leise, kaum merklich. Draußen fielen sanft die ersten bunten Blätter von den Bäumen herab und gaukelten unwirklich eine Zeit des Friedens vor. Es stimmte – der Krieg war endlich vorüber, aber Frieden war deswegen noch lange nicht eingekehrt.

Sepp Herberger saß am Tisch in der kleinen Stube, die seine Frau und er nun schon seit über einem Jahr bewohnten, und grübelte. Innere Unruhe machte sich wieder einmal breit. Unruhe, die er besonders in den letzten Kriegsmonaten nur allzu gut kannte und die sein ständiger Begleiter geworden war.

Gerade war er damit beschäftigt, eine Liste anzufertigen, die Gegenstände eines notdürftigen Hausstands enthielt, und das, obwohl er genau wusste, dass in diesen Zeiten einfach nichts zu machen war. Dabei wollte er so gern wieder mit Ev auf eigenen Füßen stehen. Vor allem für sie hätte er es sich so sehr gewünscht. Ev ging es psychisch und physisch schlecht. Seitdem Berlin bombardiert worden war, hatte sie mehrere Nervenzusammenbrüche erlitten, sodass er sie zu ihren Eltern nach Weinheim verfrachtet hatte.

Weinheim, das kleine Städtchen an der Bergstraße, blieb weitgehend von Angriffen verschont. Dort fühlte sie sich wenigstens ein bisschen sicherer. Doch seit sie Anfang 1944 erfahren hatte, dass ihre Wohnung in Berlin vollständig ausgebombt war, hatte sie wieder einige Rückfälle einstecken müssen. Jetzt war auch noch Anfang des Jahres ihr Vater gestorben …

Herberger selbst ging es auch nicht viel besser als ihr. Gesundheitlich war er angeschlagen, hatte Herz- und Kreislaufprobleme, die ihn dazu zwangen, sich in ärztliche Behandlung zu begeben. Solange er noch mit den Spielern arbeiten konnte, hatte er sich immer lebendig gefühlt – und jung. Jetzt merkte er zum ersten Mal, dass er auf die 50 zuging. Er fühlte sich alt und nutzlos. Dass er ohne Arbeit war, machte ihm wirklich zu schaffen, als hätte man ihn damit auch seiner Lebensenergie beraubt. Zwar hatte er noch im Jahr 1943 einige Lehrgänge und Spiele ausrichten können, doch da Ende des Jahres der Spielbetrieb völlig zum Erliegen kam, war er seitdem als Trainer arbeitslos geworden.

Jetzt saß er in Weinheim fest und brütete über die Zukunft, die in diesem Augenblick nichts Positives für ihn bereitzuhalten schien. Und dann die ewige Sorge um seine Spieler. Von einigen hatte er zwar gehört, dass sie heil wieder in ihrer Heimat angekommen waren, aber von anderen gab es keine Spur.

August Klingler galt als vermisst, zu Hans Rohde war jede Verbindung abgerissen, Erwin Deyhle war wahrscheinlich gefallen und auch von Paul Janes fehlte jede Spur. Was war mit Hahnreiter, Moog, Eppenhoff, Klages, Bammes und wie sie alle hießen? Ganz zu schweigen von Fritz Walter, von dem er nur wusste, dass er in russische Kriegsgefangenschaft gekommen war, von dem er aber seit Beginn des Jahres nichts mehr gehört hatte.

Sepp Herberger griff sich an die Brust. Die Gedanken, seine Männer, für die er all die Jahre so viel versucht hatte, könnten es nicht überlebt haben, verursachte augenblicklich einen stechenden Schmerz, ließ sein Herz zu einem steinharten Klumpen zusammenziehen.

Er versuchte sich zu entspannen. Wenn er jetzt schlapp machte, konnte das keinem helfen. Schließlich gab es noch Hoffnung. Von Anderl Kupfer wusste er ja auch, dass er im

Osten gewesen war und dass dieser längst wieder zu Hause in Schweinfurt lebte.

Um sich von seinen düsteren Gedanken abzulenken, warf Herberger einen Blick auf seine Liste. Ihnen fehlte für einen eigenen Hausstand so gut wie alles. Aber ganz oben auf der Liste standen zwei Matratzen und Schlafdecken, die er noch immer nicht auftreiben konnte. Bereits zu Beginn des Jahres hatte er sich darum bemüht, aber da war einfach nichts zu machen. Es gab andere, die diese Gegenstände dringender brauchten als sie, die wenigstens noch im Haus von Evs Eltern untergekommen waren und dort eine eigene Stube bewohnten.

Herberger hatte gerade wieder den Stift in die Hand genommen, um seine Liste um Beleuchtungskörper und diverse Küchengeräte zu erweitern, als er hörte, wie jemand leise die Tür öffnete.

„Das Essen ist fertig, kommst du?", sagte eine dünne Stimme, die sich sogleich wieder entfernen wollte. Ev stand einen kurzen Moment im Rahmen und warf einen flüchtigen Blick ins Zimmer.

„Ev?", hielt er sie einen Moment zurück. Fragend drehte sie sich noch einmal zu ihm um, langsam, bedächtig und viel zu schwerfällig für ihre Verhältnisse. Aber seit ihrem ersten Nervenzusammenbruch bei einem besonders schweren Luftangriff auf Berlin, waren all ihre Bewegungen etwas langsamer geworden, so, als hätte sie das fürchterliche Grauen gelähmt.

Sepp blickte sie prüfend und zugleich sorgenvoll an. Ihre Haare, die zu einem Knoten zusammengebunden waren, hatten sich leicht gelöst. Einzelne, bereits graue Haarsträhnen umspielten ihr blasses Gesicht. Ihre einst so strahlenden Augen schienen ausdruckslos und in sich gekehrt.

Er machte sich Sorgen.

„Was ist?", fragte sie leise.

„Nichts. Ich komme gleich", antwortete er und sah ihr

nach, wie sie sich langsam wieder umdrehte und verschwand.

So konnte es nicht weitergehen, dachte er auf einmal wütend. Diese Situation war unerträglich, für beide. SIE hatte der Krieg nervenschwach und depressiv gemacht und IHN machte diese ganze Rumsitzerei nervös und unausgeglichen. Es musste bald wieder bergauf gehen. Sie brauchten beide etwas, an dem sie sich festhalten konnten, das ihnen Mut gab weiterzumachen. Etwas, in dem sie aufgehen konnten und für das es sich zu leben lohnte. Wenn er doch nur bald wieder arbeiten könnte, dann könnten sie sich auch eine eigene Wohnung oder wer weiß, vielleicht sogar ein eigenes Haus leisten. Ein Haus mit Garten, so, wie sie es sich schon immer gewünscht hatten.

Mit reiner Willenskraft schickte er seine Gedanken in eine andere Richtung. Jetzt galt es, nicht das zu bejammern, was er nicht ändern konnte, sondern nach vorne zu schauen. In Gedanken begann er Pläne zu schmieden, wie er den Fußballbetrieb wieder aufbauen könnte. Aber als Erstes musste er seine Männer finden. Erst wenn er Gewissheit über das Schicksal jedes Einzelnen hatte, konnte es weitergehen. Gleich nach dem Essen wollte er sich erneut auf die Suche machen und einige Briefe verfassen. Irgendwer musste doch über seine Spieler Bescheid wissen! Und so stand er schnell auf und verließ seine Stube. Das erste Mal seit langer Zeit hatte er wieder so etwas wie Mut.

Kaiserslautern, 28. Oktober 1945

Da stand er, abgemagert bis auf die Knochen und kahl geschoren, ein Schatten seiner selbst, aber glücklich, am Leben zu sein und endlich wieder auf heimatlichem Boden.

Sein Zug war gerade am Bahnhof eingetroffen und nun stand er regungslos da und ließ das hektische Treiben um sich herum auf sich wirken. Früher hatte für ihn der Bahnhof immer etwas Fremdes gehabt, etwas, das er nicht unbedingt mochte. Doch heute war alles anders.

Fritz Walter war dankbar, unendlich dankbar. Er hatte es geschafft, trotz Krankheit und herber Rückschläge, die ihn während des Krieges immer wieder ereilten, nach Hause zu kommen.

Auch wenn es sich für ihn immer wieder komisch anhörte, aber dass er und sein Bruder der russischen Kriegsgefangenschaft entkommen waren, verdankten sie nur einem Umstand: der Tatsache, dass sie beide Fußball spielen konnten. Und auch jetzt, wo er gerade erst in Kaiserslautern eingetroffen war, konnte er an nichts anderes denken.

Fußball war immer sein Leben gewesen und hatte es ihm letztendlich auch gerettet. Fußball würde auch diesmal wieder sein Anker sein. Vorfreude begann sich breit zu machen. Die Zukunft hatte begonnen.

Ein glückliches Lächeln legte sich auf Walters Gesicht, seine Augen begannen zu glänzen. Er konnte es kaum abwarten, seine Familie wieder zu sehen, Mutter, Vater, Schwestern und den jüngeren Bruder Ottmar wieder in die Arme zu schließen. Und sofort dachte er auch an den 1. FCK, seinen Verein, ebenfalls eine Art von Heimat. Wie freute er sich wieder auf die Arbeit. Hoffentlich gab es den 1. FCK noch! Und wenn nicht, würde er ihn wieder mit aufbauen, nichts konnte ihn mehr davon abhalten.

Müde und schwach, aber mit Schmetterlingen im Bauch, begann Fritz sein Marschgepäck zu schultern und machte sich auf den Weg nach Hause.

Berlin, Frühjahr 1946

„Ich sage Ihnen, Sie müssen einfach das machen, was Sie früher getan haben, dann werden Sie auch wieder ganz gesund", beendete Dr. Matthes die Untersuchung und setzte sich zurück an seinen Schreibtisch.

„Sie sind gut, das will ich ja auch. Aber so einfach ist das eben nicht." Herberger knöpfte sich sein Hemd zu, richtete mit einer schnellen Bewegung sein Haar zurecht und nahm anschließend gegenüber Platz.

„Lieber Herberger, ich kenne Sie jetzt schon so lange …"

Der Arzt legte seinen Stift beiseite und lehnte sich zurück. „Sie schaffen das schon, glauben Sie mir. Gibt es denn gar keine Möglichkeit, dass Sie wieder als Trainer arbeiten können?"

„Schon", runzelte Herberger die Stirn. „Ich habe auch schon einige Angebote, auch wenn ich mich jetzt noch nicht festlegen will. Aber erst muss ich rehabilitiert sein. Sie wissen schon, die Spruchkammer."

Dr. Matthes blickte den ehemaligen Reichstrainer einen Moment lang ernst an. Seine Gesichtszüge verspannten sich. Er hatte diese furchtbaren Zeiten nicht vergessen. Zeiten, in denen er selbst wegen seiner jüdischen Frau verfolgt und geächtet wurde. In denen sich so genannte Freunde von ihnen abgewandt hatten und seine Praxis von allen boykottiert und gemieden wurde. Zeiten, in denen beide ihres Lebens nicht sicher waren.

Für einen kurzen Moment blitzten diese schrecklichen Bilder in ihm auf. Er beeilte sich, sie so schnell wie möglich wieder aus seinem Gedächtnis zu streichen.

„Wenn es danach geht, bekommen Sie von mir in jeder Hinsicht Unterstützung", setzte Dr. Matthes wieder an. Er versuchte durch ein freundliches Lächeln Herberger das Gefühl von Vertrauen zu vermitteln, doch dieser blickte verlegen zu Boden.

„Sie waren der Einzige gewesen, der immer zu mir … uns … gestanden hat. Was Sie für uns getan haben, vergesse ich Ihnen nicht so schnell."

„Ach was", winkte Herberger ab. Diese Lobeshymne auf seine Courage wollte er nicht zulassen. Was er getan hatte, hatte er aus menschlichem Anstand getan. Außerdem nagte es in stillen Momenten an ihm, ob er nicht noch mehr Widerstand hätte zeigen sollen. Allein, jetzt war es zu spät. Er würde sich für seine Vergangenheit als Reichstrainer vor der Spruchkammer verantworten. Mehr konnte er nicht mehr tun.

Einen Moment lang schwiegen sie. Die Erinnerung an eine Zeit, die sie beide irgendwie verband und die sie am liebsten ungeschehen gemacht hätten, war schmerzhaft.

„Also, Kopf hoch", munterte Dr. Matthes seinen Patienten auf und durchbrach damit das ungemütliche Schweigen. „Seien Sie vorsichtig mit Ihrem Herzen. Aufregung etc. vermeiden, dann wird alles wieder gut." Dr. Matthes stand auf und reichte Herberger über den Tisch hinweg die Hand.

„Ja, alles wird wieder gut", wiederholte Herberger in Gedanken, auch wenn er daran noch nicht so recht glauben konnte. Und doch: Ein wenig erleichtert erwiderte er den festen Händedruck des Arztes und ging anschließend zur Tür.

„Ehrlich, ich vergesse Ihnen das nie", rief Dr. Matthes ihm hinterher, als Herberger schon auf dem Flur angekommen war. Doch als dieser sich ein letztes Mal umdrehen wollte, sah er nur noch, wie die Praxistür leise ins Schloss fiel.

Kaiserslautern, etwa um dieselbe Zeit

Zum hundertsten Mal guckte Fritz Walter auf die Uhr und lugte verstohlen um die Ecke. Langsam musste sie wirklich kommen. Sie kam immer um diese Zeit und immer pünktlich. Nur heute nicht. Ausgerechnet heute, wo er beschlossen hatte, sie endlich anzusprechen!

Sie war ihm gleich ins Auge gefallen, eine unglaublich schöne Frau, so auffallend wie ihre Lieblingsfarbe Rot. Jeder Wintertag wurde mit ihr schöner. Ihre italienische Sonne erhellte die gesamte Düsternis der zerbombten

Stadt. Seit er sie das erste Mal gesehen hatte, wusste er, dass er sie kennen lernen wollte.

Sie waren sich zufällig begegnet. Er hatte gerade einen Besuch bei seiner Metzgerfamilie Speyer beendet. Wieder einmal hatte sie es sich zur Aufgabe gemacht, ihn aufzupäppeln, wie damals, als er siebzehn war.

Nun war er eilig auf die Straße getreten. Auf gar keinen Fall wollte er zum Training zu spät kommen. Noch dazu, wo er nicht nur Spieler war, sondern obendrein auch noch Trainer. Und als solcher kam er nicht nur pünktlich, sondern immer vor der Zeit.

Vielleicht hatte er deshalb übersehen, dass sich die Tür des Nachbarhauses geöffnet hatte, und eine junge Frau das Haus ebenso eilig wie er verlassen hatte. Mit Mühe konnten sie beide ihren Schwung bremsen und so eine Kollision vermeiden.

Er entschuldigte sich pflichtbewusst und höflich, ließ ihr den Vortritt und sah ihr dabei nur kurz in die dunklen, lachenden Augen.

Dabei war es um ihn geschehen. Er wusste, dass es keine anderen Augen für ihn geben konnte. Wie betäubt war er zum Training gelaufen, nicht wissend, wohin mit seinen Gefühlen. Mittlerweile wusste er alles über sie: Italia hieß sie, was für ein wohlklingender Name. Sie wohnte im Haus nebenan und arbeitete als Dolmetscherin für die Franzosen. Sie war Italienerin und trug mit Vorliebe hohe rote Stiefelchen zu den weiten schwingenden Röcken und ihre Lippen waren ebenfalls immer leuchtend rot geschminkt.

Es war ein Wunder, wie er sie jemals hatte übersehen können, denn mit ihren blitzenden Augen und den langen schwarzen Haaren war sie nun wirklich nicht zu übersehen.

Seit diesem ersten Treffen hatte er es diverse Male arrangieren können, sie wie zufällig auf der Straße zu treffen. Sie hatten sich immer herzlicher gegrüßt und ihre Augen hatten etwas Einladendes gehabt.

Er hoffte, er hatte sich diesbezüglich nicht geirrt. Sonst würde er sich ganz schön zum Narren machen. Aber dazu musste sie jetzt erst einmal kommen. Doch weit und breit war keine Italia in Sicht. Das war so untypisch für sie, dass sich sein Magen in böser Vorahnung zusammenkrampfte.

Was konnte das schon bedeuten? Jemand anderer musste schneller gewesen sein und musste die Chance ergriffen haben, sie einzuladen. Jemand anderer war ganz sicher schneller gewesen, dachte er sich. Und glücklicher.

„Ei Fritz, so kenn ich Sie ja gar nicht. Sie sind ja gar nicht bei der Sach!" Unverhohlen kritisch musterte ihn Sepp Herberger, um dann wenig später mit einem schelmischen Funkeln die Augen wissend zusammenzukneifen.

Wie hatte er ihn nur so schnell durchschauen können, fragte sich Walter, der sich bemüht hatte, sich rein gar nichts anmerken zu lassen.

„Jaja, früher oder später erwischt es jeden", konnte sich Herberger nicht verkneifen anzumerken, um dann wieder sachlich zu werden und Fritz auf den wiederholten Fehler einer seiner Spieler hinzuweisen.

Herberger war überglücklich gewesen, als sich herausstellte, dass Fritz Walter wohlbehalten nach Kaiserslautern zurückgekehrt war.

Das Wiedersehen hatte sich völlig überraschend und gänzlich unvorbereitet ergeben: Kaum eine Woche nachdem Fritz angekommen war, hatte er sich entschlossen zu einem Spiel auf dem Waldhofplatz in Mannheim zu fahren, um zuzuschauen und Kupfer und Kitzinger dabei zu treffen. Nach dem Spiel ging er in deren Kabine.

Die beiden Spieler befanden sich gerade in regem Gespräch mit einem Mann im Anzug und Hut, mit dem vertrauten zerklüfteten Gesicht, wie Fritz es kannte.

Ganz still hatte Fritz Walter im Eingang gestanden und gewartet. Es war wie ein zweites Nachhausekommen. Kur-

135

ze Zeit verging, bis der Chef ihn endlich wahrnahm. Dann entglitten ihm die sonst so sorgsam gehüteten Gesichtszüge. „Fritz, sind Sie es wirklich?", hatte er in lauter Wiedersehensfreude gerufen. „Wo kommen Sie denn her? Und wie sehen Sie aus?!"

Es hatte lange gedauert, ihm alles zu erzählen. Seitdem ließ es Herberger sich nicht nehmen, Fritz Walter bei seinen ersten Gehversuchen als Trainer ein wenig unter die Arme zu greifen und ihn in die Trainergeheimnisse einzuweihen.

Und Fritz hatte sich viel vorgenommen – gegen alle Widrigkeiten wollte er den 1. FCK wieder systematisch aufbauen, war Trainer, Spieler, Organisator zugleich.

Er hatte seine Mannschaft nicht sofort zu Spielen antreten lassen, sondern erst abgewartet, bis das Training sich bemerkbar machte, hatte Kombinationszüge, Stellungswechsel und Querpässe üben lassen, bis die Mannschaft harmonierte. Dann erst hatte er sie gegen einen Pfälzer Verein spielen lassen und nicht weniger als 16 Tore erzielt. Seine Spieler liebten diese so genannten „Kalorienspiele", deren „Lohn" hinterher gleich verköstigt werden konnte.

Es traf Fritz Walter aber schwer, dass der Betzenberg, der Platz des 1. FCK, von den Franzosen beschlagnahmt worden war und sie somit zum Training auf den Platz ihres Konkurrenten, den Erbsenberg, ausweichen mussten. Trotzdem ließ es sich Walter nicht nehmen, auch dem Konkurrenzverein wieder auf die Beine zu helfen und ihn zu trainieren, egal was die anderen dazu sagten.

Dieses Ausmaß an sportlicher Fairness imponierte Herberger. Er befürchtete aber, Fritz könne seine Energien verzetteln. Natürlich war er auch als Trainer begabt. Seine Hingabe und Disziplin färbte auf die Spieler ab und die Fortschritte waren enorm.

Doch Herberger sah seinen ehemaligen Ausnahmespieler nicht vornehmlich als Trainer. Für ihn war er immer noch Spieler. Ein Spieler, von dem viel abhängen konnte, wenn er es noch einmal schaffen würde, dem Schicksal ein Schnippchen zu schlagen.

Längst hatte er wieder Kontakt zu allen Spielern aufgenommen, besuchte, unterstütze und beriet ihre Vereine, ohne sich selbst dabei fest zu binden.

Seitdem ging es ihm gesundheitlich besser. Er spürte, er wurde gebraucht. Wenn es irgendwann wieder eine Nationalelf geben würde, wäre er bereit. Vorausgesetzt, er durfte bis dahin wieder als Trainer arbeiten.

Er schluckte trocken. Sein Verfahren vor der Spruchkammer – der schlimmste Alptraum, den er je hatte – in wenigen Monaten würde er es wissen.

Plötzlich schien sich das Interesse der Spieler auf dem Feld seltsam zu verlagern. Irritiert versuchte Herberger, den Grund dafür zu finden. Seine Augen folgten den Blicken der abgelenkten Spieler. Dann war alles klar.

Eine auffällige junge Frau hatte auf einer der Zuschauerbänke Platz genommen. Missbilligend runzelte Herberger die Stirn. Die Lippen zu rot, das Gesicht zu selbstbewusst, die Kleidung zu auffällig, die Haare zu wild – eine Lady, mehr Filmstar als Frau, gewohnt, wahrgenommen zu werden. Damit stand sein Urteil fest: keine geeignete Spielerfrau. Zu wem mochte die wohl gehören?

Er schaute sich vorsichtig um, bis sein Blick am strahlenden Fritz Walter hängen blieb. Das erklärte alles. Herberger setzte ein ausdrucksloses Gesicht auf und rang nach Beherrschung. Fritz lächelte ihn scheu und gleichzeitig stolz an: „Chef, ich möchte Ihnen später jemanden vorstellen …"

Das ganze Glück der Erde strahlte aus Fritz' Augen. So sehr Herberger es sich anders wünschte, das sah ernst aus. Er konnte nur darauf setzen, dass Frauen, die so aussahen, sich normalerweise nicht als Fußballer-Ehefrauen berufen fühlten. Aber da irrte er sich.

Und für Fritz Walter hing der Himmel voller Geigen. Noch immer konnte er sein Glück kaum fassen. Er hatte gewartet an jenem Nachmittag, als er schon fast die Hoffnung aufgegeben hatte. Doch irgendetwas in seinem Inneren sagte ihm, dass er bleiben solle. Und tatsächlich: Sie kam doch noch nach Hause.

Es war schon früher Abend, aber sie kam allein und sie hatte keine Ausgehkleidung an. Das machte ihm Mut. Auf gar keinen Fall wollte er noch riskieren, dass seine Befürchtungen wahr werden würden und ihm jemand zuvorkam.

Er fühlte sich ungeschickt wie ein Schuljunge, als er mit dem mittlerweile verwelkten Blumenstrauß auf sie zugetreten war. Sie hätte sich erschrecken können, tat es aber nicht.

Er stellte sich vor und sie lächelte wissend. Seinen Namen kannte sie also schon. Nun, er war ja auch sehr bekannt hier – quasi wie ein bunter Hund – das musste also nichts bedeuten. Doch sie lächelte so freundlich, dass er deshalb gleich darauf eine Einladung für das Wochenende anschloss.

„Schön!", hatte sie darauf mit lebendiger Stimme geantwortet und auch „schön!" gemeint. Sein Herz hatte wie wild geklopft. Was für ein Glück! Sie waren ausgegangen und er hatte sie immer mehr ins Herz geschlossen: ihre Ehrlichkeit, ihren Humor, ihr Temperament …

Trotzdem stand sie mit beiden Beinen auf der Erde. Alles, was sie in ihre zupackenden Hände nahm, schien zu gelingen.

So hatte sie alles in die Wege geleitet, um eine Einigung mit der französischen Besatzungsmacht zu treffen: Er sollte die französische Soldatenmannschaft zweimal die Woche trainieren, dafür würden sie den Betzenberg freigeben! Kaum vorstellbar, dass sie vielleicht schon bald wieder dort trainieren würden.

Und dass Italia heute gekommen war, konnte bedeuten, dass sie gute Neuigkeiten hatte. Vielleicht würde das auch den Chef etwas gnädiger stimmen, denn dass dieser, wie viele andere auch, nicht gerade im Überschwang auf Italia reagierte, war Fritz Walter nicht entgangen.

Wie oft war er in letzter Zeit wohlmeinend zur Seite genommen worden. Warum er sich denn kein Pfälzer Mädchen hatte aussuchen können. Warum es denn unbedingt so eine „schwarz' Hex" aus Paris sein müsse, die sicherlich obendrein auch nicht kochen und nähen könne.

Weder hatten sie Recht – Italia kochte wunderbar und hatte zusätzlich auch eine Schneiderlehre absolviert – noch ließ er sich von ihnen beirren.

Obwohl er Italia noch nicht so lange kannte – er wusste einfach, dass sie zu ihm gehörte, dass durch sie erst sein Leben vollständig wurde. Und er betete inständig, dass das erste Treffen zwischen dem von ihm hochverehrten Trainer Herberger und seiner zukünftigen Ehefrau ein Erfolg würde. Zwar wollten sie nicht gleich morgen heiraten, aber dass sie es tun würden, war sicher. Und wenn es so weit war, konnte er sich keinen besseren Trauzeugen vorstellen als Herberger, seinen Trainer, Ziehvater und Freund.

Köln im Winter 1947

Es war mitten in der Nacht, oder besser gesagt bereits am frühen Morgen, als sich drei Gestalten auf dem Gelände der Kölner Sporthochschule hinter dem Gebüsch versteckten und nun schon seit einer halben Stunde versuchten, unbemerkt ins Gebäude zu gelangen.

Aus der Ferne sahen sie, wie ein Licht anging und jemand zum Fenster lief, um es zu schließen, aber nicht ohne zuvor noch einmal einen prüfenden Blick in die Dunkelheit zu werfen.

„Das gibt's doch nicht. Der hat 'nen Riecher dafür, ich schwör's", flüsterte Franz Pliska, einer der drei Lehrgangsteilnehmer, die von einer durchzechten Nacht heimgekommen waren und verbotenerweise den Zapfenstreich auf halb fünf Uhr morgens ausgeweitet hatten.

„Jetzt hilft es nichts, wir müssen mindestens noch eine

halbe Stunde warten, sonst hört er uns." Paul Janes, der wie so oft mit von der Partie war, setzte sich ins kalte feuchte Gras und beobachtete, wie der Mann oben am Fenster wieder das Licht löschte.

„Wetten, dass der da noch steht und wartet?", flüsterte Herbert Widmayer, der Dritte im Bunde.

Und tatsächlich stand Sepp Herberger, der mittlerweile seit einem halben Jahr Fußballdozent der Kölner Sporthochschule war, noch zwei Minuten am Fenster und spähte mit strenger Miene nach draußen, ob nicht doch einer seiner Schützlinge sich seinen Anordnungen widersetzt hatte und jetzt erst nach Hause kam. Wenn das der Fall war, gab's Ärger – richtig Ärger und das wussten sie alle.

Herberger nahm seine Aufgabe sehr ernst. Am 16. April hatte er durch ein Telegramm von Carl Diem, dem Rektor der neu gegründeten Sporthochschule, von seiner Berufung als Dozent erfahren. Nun wollte er seine Arbeit nicht nur gut, sondern perfekt machen, denn diese Berufung beinhaltete so viel mehr für ihn.

Bei seinem Verfahren vor der Spruchkammer in Weinheim im September des vergangenen Jahres hatten frühere Spieler, Freunde und Kollegen aus tiefster Überzeugung für ihn ausgesagt. Sie hatten ohne Ausnahme bestätigt, dass er eher Gegner als Befürworter gewesen sei. So war er zwar als Mitläufer eingestuft worden und hatte eine Strafe zu zahlen, aber er durfte weiter als Trainer arbeiten.

Er war unglaublich dankbar, dass er noch einmal eine Chance bekommen hatte, seinen Beruf auszuüben, auch wenn das bedeutete, dass er fast von vorne anfangen musste. Aber diese Berufung zum Fußballdozenten und die Durchführung von Lehrgängen waren wirklich ein guter Anfang und Ev und er zogen kurzerhand nach Köln.

Natürlich war sein erklärtes Ziel, eine hervorragende Nationalmannschaft aufzubauen und selbst als Bundestrainer zu arbeiten, aber noch musste er sich mit seiner bloßen Lehrtätigkeit als Dozent zufrieden geben. Wohin sich der Fußball entwickelte, wusste in den noch jungen Nachkriegsjahren, in denen die Studenten sogar noch in eingefärbten Reichswehrhosen und abgewetzten Panzerjacken trainieren mussten, keiner so genau.

„Mann, Mann, das geht mir vielleicht auf den Wecker", rutschte es Widmayer eine Spur zu laut heraus, „der kann uns doch nicht alles vorschreiben. Ich finde wirklich, dass das zu weit geht." Ärgerlich ließ er sich neben Paul Janes ins feuchte Gras nieder, steckte sich wie zum Trotz eine Zigarette an und inhalierte tief den Rauch.

„Stimmt", pflichtete ihm Pliska bei und setzte sich ebenfalls ins klamme Nass. „Vor allem wenn ich daran denke, dass wir uns jedes Mal dabei fast in die Hosen machen. Das gibt's doch gar nicht." Auch er steckte sich eine Zigarette an.

Ungläubig schüttelte er den Kopf, während er in leisem Ton weitersprach: „Ich sag euch was: Ich hab im Krieg sieben russische Panzer mit 'ner Panzerfaust hochgehen lassen. SIEBEN STÜCK! Stand im Graben zirka hundert Meter von den Dingern entfernt und hab gezielt. Wenn auch nur ein Schuss daneben gegangen wäre, wär ich fällig gewesen, so viel stand fest. Aber ich hab nicht ansatzweise so viel Schiss gehabt, wie jetzt vor dem Alten. Das gibt's doch gar nicht. Der hat so 'ne Art, einem Angst einzujagen …" Erneut schüttelte er fassungslos den Kopf.

Janes, der noch immer wie die Katze vor einem Mauseloch das Fenster observierte, nickte nur beipflichtend.

„Aber so geht's nicht weiter, das sag ich euch. Morgen geh ich zum Alten und rede mit ihm", warf Widmayer wütend ein.

„Ehrlich?" Janes ließ nun zum ersten Mal das Fenster aus den Augen und blickte Widmayer ungläubig an. „Aber pass auf, was du sagst und vor allem WIE du es sagst. Du weißt, dass der Chef da keinen Spaß versteht. Der ist imstande und wirft dich raus."

„Keine Sorge, ich werd's dem so erklären, dass er's versteht", entgegnete Widmayer energisch und um seine Entschlossenheit, es Herberger zu zeigen, zu untermauern, stand er mit einem Mal auf und ging furchtlos über den Rasen in Richtung Haus.

„Der muss wahnsinnig geworden sein", flüsterte Pliska mit weit aufgerissenen Augen.

Unsicher sahen sich die beiden Zurückgebliebenen an, dann beschlossen sie, sich Widmayer anzuschließen. Doch um bloß nicht entdeckt zu werden, huschten und hüpften sie leise, einem Zwergenpaar gleich, über den Rasen und versteckten sich hinter dem nächstbesten Pfeiler, während Widmayer scheinbar furchtlos an ihnen vorbeilief.

Verständnislos schüttelte er über diese jämmerlichen Angsthasen den Kopf. Dann öffnete er unerschrocken, aber trotzdem leise die Tür und verschwand im Innern des Gebäudes. Pliska und Janes folgten ihm unauffällig.

„Was gibt's denn so Dringendes, Widmayer?" Herberger, der für solche Gespräche eine Antenne hatte, stand aufrecht und undurchdringlich vor seinem viel zu blassen Studenten und musterte diesen kühl.

„Ja, also ...", begann der noch wenige Stunden zuvor so mutige Widmayer. Doch bevor dieser auch nur eine Silbe weiterreden konnte, fiel ihm Herberger streng ins Wort: „Sie haben wieder geraucht, stimmt's?"

„Genau darüber wollte ich mit Ihnen reden", entgegnete Widmayer nun etwas forscher. „Sehen Sie, Herr Herberger, ich bin jetzt doch schon dreißig Jahre alt, kein Jungspund mehr, also. Ich war ein halbes Duzend Jahre in Gefangenschaft, habe als Kommandant ein Lager mit 4000 Insassen geleitet und bin im Krieg mehrmals bei Luftkämpfen abgeschossen worden ..."

Während er seine wohlüberlegten Worte vorbrachte, fühlte er sich gleichzeitig in etwa so überzeugend und erwachsen wie ein Pennäler, der seinem strengen Vater ein sehr schlechtes Schulzeugnis beichten musste, inklusive zitternden Knien und allem was dazugehörte. Kein Wunder, wenn man bedachte, dass sie tatsächlich fast wie eine Familie lebten: Ev, einer Mutter gleich, sammelte die Lebensmittelkarten der Studenten ein, kochte für die Schützlinge ihres Mannes, wachte über deren leibliches Wohlbefinden und ließ es sich nicht nehmen, auch mal ein besonders ramponiertes Kleidungsstück zu flicken oder Knöpfe anzunähen.

Vater Herberger wachte gleichzeitig mit Argusaugen und schier übersinnlichem Gespür über ihre Leistungen als Sportler. Und dieses Sportlerdasein erfasste für ihren geschätzten strengen Dozenten nun einmal ALLE Bereiche des menschlichen Daseins.

Herberger zeigte sich auch jetzt keineswegs beeindruckt von den Worten seines Studenten. „Kommen Sie zum Punkt", unterbrach er kühl dessen Ausführungen.

„… Was ich sagen will, Chef: Das alles habe ich überlebt. Meinen Sie nicht, dass ich selbst verantworten kann, ob ich eine Zigarette rauchen kann, oder nicht?" Widmayers Tonfall war weich geworden. Jetzt, wo er Herberger von Angesicht zu Angesicht gegenüberstand, war ihm klar, dass er doch nicht so vehement auftreten konnte, wie er es ursprünglich vorgehabt hatte.

Tief drinnen verehrte er Herberger, weil dieser genau das vorlebte, was er ihnen allen predigte. Stellte er Regeln auf, so war er der Erste, der sie befolgte. Ein echtes Vorbild. Und er erweckte in ihnen allen gleichzeitig ein Bild, wohin er sie führen konnte. Man wusste immer, woran man bei ihm war, im Guten wie im Schlechten.

Und trotzdem hatte er manchmal eine Überraschung in petto. Denn genau in dem Moment, wo sich Widmayer in seinem Tonfall nachgiebiger zeigte als zu Beginn, als er so resolut auf ihn zugekommen war und ihn um ein Gespräch in seinem Arbeitszimmer gebeten hatte, wurde auch Herberger nachgiebiger. Kaum merklich lockerte dieser seine Haltung. Nach einer kurzen Pause Nachdenkens antwortete er: „Meinetwegen, aber machen Se's nicht so auffällig."

Erleichtert gab ihm Widmayer die Hand und bedankte sich. Er wusste zwar, dass er damit noch nicht die nächtliche Sperrstunde sowie die abendlichen Bierchen, auf die einige von ihnen inklusive er selbst nicht verzichten wollten, angesprochen hatte, doch in dieser Hinsicht gönnte er sich erst einmal eine Pause. Rom war schließlich auch nicht an einem Tag erbaut worden.

„So, und jetzt an die Arbeit!", beförderte Herberger den Studenten gewohnt autoritär nach draußen. Leichtfüßig, zumindest einen Teil seiner „Forderungen" durchgesetzt zu haben, schloss Widmayer hinter sich die Tür.

Wieder allein im Zimmer, lehnte sich Herberger an seinen Schreibtisch, verschränkte die Arme vor dem Bauch und schmunzelte.

Herbst 1948, Standesamt Kaiserslautern, Trausaal

Ein junges, überglückliches Paar stand stolz vor dem beleibten Standesbeamten in Kaiserslautern. Soeben hatten beide mit fester Stimme erklärt, den anderen zum Ehepartner nehmen zu wollen. Um dem Ganzen noch ein wenig mehr den Eindruck von Feierlichkeit zu geben, fixierte der Beamte das außerordentlich sympathische Paar kurz mit ernstem Blick, um dann in breites Lächeln auszubrechen. „Dann erkläre ich Sie hiermit zu Mann und Frau", bestimmte er fröhlich.

So verliebt, wie sich die beiden in die Augen schauten, da ging ihm das Herz über. Noch keines seiner Paare hatte sich wieder getrennt – er hatte einen Riecher für glückliche Paare, so wie dieses, und er sollte sich damit nicht irren.

Fritz und Italia Walter würden sogar noch die goldene Hochzeit miteinander erleben und immer noch miteinander turteln. „Schnuggelino", nannten sie sich gegenseitig zärtlich.

„Schnuggelino," fragte jetzt Italia leise, „bist du glücklich?" – „Und wie", antwortete ein freudestrahlender Fritz Walter, der in seinem Anzug eine gute Figur machte und so stolz neben seiner attraktiven Frau aussah.

Dann trat der Trauzeuge zu ihnen, um zu gratulieren. Auf Herbergers Gesicht war nichts zu lesen, was auf irgendeinen Misston schließen ließ. Herzlich gratulierte er beiden zur Eheschließung. Hätte man ihm die Wahl gelassen, er hätte seinem Schützling eine ganz andere Frau ausgesucht. Aber Italia tat ihrem Fritz eindeutig gut. Und was Fritz gut tat, war wiederum auch gut für den Trainer, zumindest indirekt.

Alle Zeichen standen gut für die Neugründung der Nationalmannschaft, eine Nationalmannschaft unter seiner Leitung. Dass diese Mannschaft jemand anderes trainieren könnte als er selbst, kam ihm dabei erst gar nicht in den Sinn. Und wenn es so weit war, brauchte er einen Fritz Walter in bester Form. Einen Fritz Walter, so selbstbewusst, glücklich und vital wie jetzt, wo er seine hübsche Frau die Treppe hinunter führte. Da würde Herberger sich doch sogar mit Italia anfreunden. Schließlich hatte sie ab heute eine wichtige Aufgabe – sie war nun Spielerfrau.

Versammlung des neu gegründeten Deutschen Fußballausschusses 1949

Eine junge Frau näherte sich dem Versammlungsraum, aus dem schon von weitem laute, wutentbrannte Stimmen zu hören waren. Bevor sie anklopfte, zögerte sie noch einen

Moment. Da drinnen ging es hoch her und sie wollte einen geeigneten Zeitpunkt abwarten, doch als sie feststellte, dass sich die Männer so richtig in Rage geredet hatten, entschloss sie sich, einfach ohne zu klopfen einzutreten. Vorsichtig öffnete sie die Tür.

„Ich sage Ihnen, dass ich so etwas noch nicht erlebt habe! Die ganze Zeit als Trainer ist mir so eine Unverschämtheit noch nicht passiert und das wird Konsequenzen haben!" Wütend fuchtelte Sepp Herberger mit seinem Zeigefinger umher. Seine zerzausten Haare ließen darauf schließen, dass diese Debatte schon seit Stunden im Gange war.

Die aufgebrachten Männer, die alle um den runden Tisch saßen und sich wütend vorbeugten, um Herberger ordentlich Kontra zu geben, schienen allesamt keine Notiz von der Frau zu nehmen, die noch immer im Türrahmen stand und darauf wartete, dass die Herren für einen Augenblick ihre Streitigkeiten einstellten.

„Entschuldigung", unterbrach sie kurzerhand das Durcheinander. Jetzt erst blickten die Männer zur Tür.

„Ich soll hier Protokoll aufnehmen", erklärte sie höflich den verdutzten Gesichtern.

„Was für Protokoll? Das brauchen wir hier nicht", entgegnete Herberger ungehalten.

„Doch, eben schon", fiel ihm Hans Deckert, einer der Mitglieder des Ausschusses, ins Wort. „Ich habe die Dame gebeten hier alles zu notieren. Kommen Sie rein, Fräulein und setzen Sie sich."

„Was soll das denn? Wenn die hier mitschreiben soll, ist sie reichlich spät dran. Gehen Sie mal besser wieder, Fräulein!", fuhr Herberger die Frau an, die sich bereits unsicher an den Tisch gesetzt hatte. Doch gerade als sie wieder aufstehen wollte, packte sie Deckert zu ihrer Rechten am Arm und zog sie hinab, sodass sie gezwungen war, sich unsanft wieder auf ihren Stuhl zu setzen.

„Eines sage ich Ihnen, Herberger", begann Deckert wütend, „ich habe noch nie einen solch überheblichen Menschen wie Sie gesehen. Und ich finde, dass diese Dame genau im richtigen Moment hereinkam. Nämlich genau dann, als offenbar wurde, dass Sie sich den Anordnungen des Ausschusses widersetzen wollten und es nicht für nötig hielten, Ihre Pläne zur Durchführung eines Ausbildungsprogramms schriftlich darzulegen, so, wie es die anderen auch alle machen."

Wieder pflichteten die anderen Herren am Tisch Deckerts Ausführungen lautstark bei. Die Protokollführerin blickte sich unsicher um, doch die anschließenden Beschimpfungen, die auf Herberger niederprasselten, konnte sie unmöglich zu Protokoll nehmen.

„Stimmt. Gut, dass Sie da sind", wandte sich Herberger auf einmal an die Frau, die ihn jetzt fassungslos anblickte, „nehmen Sie zu Protokoll, dass ich bereits seit Kriegsende an einer fähigen Nationalmannschaft und am Wiederaufbau des Fußballs in Deutschland arbeite und dass ich mir einbilde, mehr vom Fußball zu verstehen als irgendjemand anderes auf Gottes Erdboden. Und deswegen ist es absolut lächerlich, dass ich mich schriftlich um den Posten als Nationaltrainer bewerben muss, so, wie es die Herren hier von mir verlangen. Noch dazu, wo meine Mitbewerber rein gar nichts von der Sache verstehen. Los, schreiben Sie!"

Zögernd nahm die Frau ihren Block und begann zu schreiben.

„Herberger, das haben wir doch schon durch, oder?", warf Peco Bauwens, der designierte Vorsitzende des künftigen DFBs, beschwichtigend ein. Mit einer Geste versuchte er die anderen zu besänftigen. Tatsächlich wurde es ein wenig ruhiger im Raum. Die Protokollantin atmete erleichtert auf und setzte ihre Arbeit fort.

„Niemand hier zweifelt an Ihren Fähigkeiten als Trainer", fuhr Bauwens in väterlichem Tonfall fort. „Aber es stehen nun mal auch diese Vorwürfe im Raum."

„Genau! Und das mit den Zeitungsartikeln war auch nicht gerade die feine englische Art", mischte sich Artur Weber, der Vorsitzende des Ausschusses, ein. „Das war ein grober Fehler, dass Sie sich eher an die Presse gewandt hatten, als mit uns zu reden. Wie stehen wir denn jetzt da?"

„Was die Presse anbelangt …", warf Herberger von oben herab ein, „… dazu kann ich nur sagen, dass dieser Journalist Krämer den Artikel völlig allein verfasst hat. Er hatte mich lediglich gefragt, ob ich es in Ordnung fände, dass der Posten des Nationaltrainers öffentlich ausgeschrieben wurde. Und Sie glauben doch wohl nicht im Ernst, dass ich dann mit gutem Gewissen hätte sagen können, dass ich voll und ganz dahinter stehe. Zumal ich ja schon einmal, wie Sie alle wissen, Reichstrainer war und …"

„Darum geht es ja auch in der Hauptsache, begreifen Sie das denn nicht?!", fuhr ihn Weber energisch an und sorgte mit seinem Einwurf für plötzliche Stille.

Jetzt war es also heraus. Es ging gar nicht so sehr um seine fachlichen Kompetenzen als Trainer, sondern vielmehr um seine Vergangenheit als Reichstrainer. Deshalb wollte keiner mehr etwas mit ihm zu tun haben, egal, wie er sich damals verhalten hatte, ganz gleich, was er für die Spieler und für den Fußball als solchen die ganze Zeit über getan hatte. Seine Vergangenheit hatte ihn wieder einmal eingeholt und saß hämisch grinsend vor ihm auf dem Tisch.

Für eine Sekunde war Herberger sprachlos. Dann entschloss er sich, Nägel mit Köpfen zu machen und die Sache ein für alle Mal aus dem Weg zu räumen.

„Meine Herren", begann Herberger nun sichtlich gefasst, „dass ich einmal Reichstrainer war, kann ich nicht ungeschehen machen, auch wenn ich es mir manchmal wünsche, glauben Sie mir. Dass ich mich nicht weiter politisch engagiert habe, kann ich nur immer wieder betonen und wer meinen Werdegang verfolgt hat, wird erkennen, dass Politik noch nie zu meinen Interessen gehört hat, auch wenn das im Nachhinein betrachtet einer meiner größten Fehler war. Aber ich habe immer versucht, zumindest im Rahmen meiner Möglichkeiten, alles für meine Spieler zu tun …"

„Ja, ja, das haben wir gesehen. Und was ist mit Machate?", giftete ihn Deckert an. „Fritz Machate war einer Ihrer Spieler, die Sie eigenhändig von einem Lehrgang an die Front zurückgeschickt haben. Ich habe es schwarz auf weiß!" Hans Deckert kramte aus seiner Brusttasche einen halb zerfledderten Brief hervor und legte diesen vor sich auf den Tisch.

„Was sagen Sie nun Herberger? In dem Brief steht, dass Sie Ihre Stellung ausgenutzt hatten und als Verbindungsmann zum OKW fungierten."

Jetzt rang Herberger empört nach Luft: „Das ist eine Unverschämtheit!!!", schrie er so laut, dass sich die Protokollantin ordentlich erschreckte. „Das ist ja, ist ja …" Er ereiferte sich so sehr, dass ihm förmlich die Luft ausging und ihm erschreckend klar wurde, dass sein Herz sich böse zusammenkrampfte. Er tat einen tiefen Luftzug und atmete durch. „Das ist Verleumdung! Wer schreibt denn so was?!"

Herberger versuchte sich zu beruhigen und griff nach dem Brief. „Ich kenne den Herren gar nicht! Offensichtlich eine gemeine Denunziation …" Er stützte sich auf dem Tisch auf und fixierte die versammelte Gruppe. In seiner kalten Wut war er extrem einschüchternd – und überzeugend.

„Haben Sie die Anschuldigungen denn überhaupt überprüft? Denn wenn Sie das hätten, wüssten Sie, dass das GEGENTEIL der Fall war. Aber von vorne: Ich war niemals Verbindungsmann zum OKW! Und ich habe immer alles versucht, die Spieler von der Front fernzuhalten! Auch wenn das eine schwierige Sache war. Und an Fritz Machate kann ich mich noch genau erinnern. Ich habe ihn mühsam von der Front loseisen können, nur damit er diesen Lehrgang mitmachen konnte, und der hatte nichts Besseres zu tun, als sich mit der Presse einzulassen und damit öffentliche Aufmerksamkeit zu erregen. Und das, obwohl ich immer zu allen gesagt habe, dass unser oberstes Ziel sein soll, keine Aufmerksamkeit auf die Rückholaktionen zu lenken. Was meinen Sie, was die Leute gedacht hätten: Man muss nur Fußballer sein und schon hat man einen Persilschein? Wir hätten damit ALLE in Teufels Küche kommen können! Dem Schreiberling von der Presse wollte ich natürlich nicht in meine Karten sehen lassen, das ist doch klar. Ich weiß gar nicht mehr, was ich dem erzählt habe, um ihn abzulenken. Aber auf jeden Fall nicht die Wahrheit. Das muss ja dann die Quelle dieses Briefes gewesen sein." Er legte den Brief ab, als sei er schmutzig. „Fritz Machate hat an dem Lehrgang damals teilgenommen, genau wie alle anderen. Und wenn Sie mir nicht glauben, dann rufen wir ihn jetzt an."

Die Männer blickten sich ungläubig an. Entschlossen stand Herberger auf und ging zu einem Tisch, der in der Ecke stand und auf dem sich ein Telefon sowie ein altes Telefonbuch befand. Nach einigem Blättern fand er die Nummer und rief zum Erstaunen der Männer, die sich noch immer ratlos anblickten, seinen früheren Spieler an.

„Herberger, hier. Spreche ich mit Fritz Machate?", meldete sich Herberger betont laut, sodass ihn alle gut hören konnten.

„Fritz, die Herren vom Deutschen Fußballausschuss meinen, dass ich Sie und andere Männer während des Krieges absichtlich auf eine Liste gesetzt habe, auf der Spieler zum Fronteinsatz abgestellt wurden. Können Sie das bestätigen? ... NEIN?! ... Sie sagen also, dass bekannt war, dass ich alles dafür getan habe, dass Spieler NICHT zur

Front kamen? ... Würden Sie das jedem einzelnen dieser Herren hier auch ins Ohr sagen? ... JA?! ..." Herberger kostete seinen Triumph aus und streckte die Hand mit dem Hörer weit in die Richtung der Versammlung. Durch ein Kopfnicken forderte er die verunsicherten Männer auf, herzukommen und sich selbst von Machates Aussage zu überzeugen. Doch diese winkten schicksalsergeben ab.

„Fritz, die Herren wollen nicht mit Ihnen sprechen. Sie scheinen mir diesmal auch so zu glauben. Also, vielen Dank und machen Sie's gut", posaunte Herberger laut und genüsslich heraus. Dann legte er zufrieden den Hörer auf die Gabel.

„Tja, ich glaube, jetzt ist alles gesagt, meine Herren. Ich bin mir sicher, dass Machate seine Aussage auch schriftlich geben würde."

„Ich denke, das ist nun nicht mehr nötig", lenkte Bauwens ein und sah sich in der Runde um. Der Widerstand war geschmolzen und hatte endlich dem Platz gemacht, was die meisten von ihnen doch tief drinnen gewusst hatten: Sie konnten als Bundestrainer niemand Geeigneteren finden als Herberger.

„Meinetwegen, Herberger, wir verzichten auf Ihre schriftliche Bewerbung", gab auch Artur Weber in einvernehmlichem Tonfall klein bei.

Und um dem Ganzen ein Ende zu bereiten und der soeben gewonnenen Schlacht die Krone aufzusetzen, sagte Herberger mit ernster Miene: „Dann kann ich davon ausgehen, dass ich Ihre Zusage habe?"

Von den Männern am Tisch erhielt er nur ein betretenes Kopfnicken. Siegreich stand Herberger auf und gab damit auch den anderen zu verstehen, dass sie die Versammlung nun als aufgelöst betrachten konnten.

Er war erleichtert. Ein großer Felsbrocken fiel ihm vom Herzen, auch wenn er sich das beim Hinausgehen nicht anmerken ließ.

Kurz vor der Tür stieß er fast mit der jungen Frau zusammen, die froh war, endlich aus der Höhle der Löwen entkommen zu sein.

Kameradschaftlich und mit einem spitzbübischen Augenzwinkern stieß Herberger sie von der Seite an: „Ich hoffe, Sie haben alles notiert."

Aus den Aufzeichnungen Sepp Herbergers:

Die Wiedergeburt unserer Nationalmannschaft

In wenigen Wochen jährt sich der Tag, an dem unsere junge Nationalmannschaft in Stuttgart gegen die Schweiz ihr erstes Länderspiel austrug. Sie hatte einen guten Start. [...] Unsere junge Nationalmannschaft hat ein klares und festes Ziel: sie will es der alten Nationalmannschaft gleich tun. Diese war ein Meister schönen und guten Spiels und ein Vorbild ritterlich-fairer Kampfweise; in ihr lebte ein guter Mannschaftsgeist und eine prächtige Kameradschaft; sie war bescheiden im Sieg und wusste mit Anstand zu verlieren. Überall auf den Fußballfeldern Europas war sie ein gern gesehener Gast.

Mit diesem Ziel vor Augen wird die junge Nationalmannschaft ihre Aufgabe leben. Der deutsche Fußball wird in ihr einen würdigen Vertreter haben ...

VII.

Zweifel als ständiger Begleiter

Zürich, am 15. August 1951 – Länderspiel gegen die Schweiz

Eine äußerst nervöse deutsche Mannschaft wartete in der Kabine des Züricher Hardturmstadions. Die letzten unerträglichen Minuten vor dem Anpfiff waren angebrochen.

Jetzt hüpften sie sich warm, dehnten ihre Bänder, redeten dabei aufgeregt durcheinander, versuchten sich irgendwie zu beruhigen. Sie alle wussten, dass es heute darauf ankam. Es war nach dem Krieg ihr erstes Spiel auf fremdem Boden und wenn sie heute als Verlierer vom Platz gingen, war ihr Ruf für alle Zeiten ruiniert. Keiner würde mehr einen Pfennig auf den deutschen Fußball setzen.

„Na Toni, bereitest du dich gerade auf den berühmten Schweizer Riegel vor?", lachte Streitle und steckte damit die anderen an, die nun zu ihrem Torhüter Toni Turek hinüberblickten und ebenfalls schallend zu lachen begannen. Dieser saß stoisch und vollkommen in sich versunken da und klopfte permanent seine linke Faust in die rechte Handfläche, so, als ginge er systematisch im Geiste die kommenden Angriffe auf sein Tor durch. Dabei hatte er sonst Nerven wie Drahtseile und machte sich selten Sorgen. Nicht so heute.

„Ja, ja, der Schweizer Präzisionsapparat. Aber unser Toni braucht sich darüber keine Gedanken zu machen. Der muss ja nicht sehen, wie er durchkommt", setzte Burdenski laut hinzu und versuchte somit, den Torwart aus seiner Trance zu reißen.

Jetzt blickte Turek auf und bemerkte zum ersten Mal, dass sich die lachende Meute gerade über ihn lustig machte.

Es stimmte, er dachte tatsächlich soeben über den so genannten Schweizer Riegel nach, eine hervorragende Abwehrstrategie der gegnerischen Mannschaft, die Herberger mit ihnen die letzten Wochen vor dem Turnier immer und immer wieder auf der Tafel durchgegangen war.

„Wenn der Riegel erst mal zu ist, kommt kaum noch einer durch", hatte der Trainer ihnen einzubläuen versucht. Toni fragte sich gerade, ob seine eigene Mannschaft ebenfalls zu solch einem genialen Schachzug fähig wäre.

„Ich hoffe, ihr wisst dann noch, was ihr zu tun habt", mahnte Herberger nun streng zur Ruhe. „Wo ist eigentlich unser Kapitän?"

Der Trainer blickte sich in der Kabine um, doch von seinem frisch gebackenen Mannschaftskapitän Fritz Walter war keine Spur zu sehen. Jetzt kam Ottmar hinüber, gab Herberger ein flüchtiges Zeichen, dass er sich um den Verbleib seines Bruders kümmern würde, und verschwand aus der Kabine.

„Mensch Fritz, du machst vielleicht Sachen", empfing Ottmar seinen Bruder, als der aus einer Toilettenkabine kam und sich mit Klopapier den Mund abwischte. Fritz war kreidebleich. Unter seinen Augen zeichneten sich dunkle Schatten ab. Mit zittriger Hand hielt er sich den Bauch, der sich schon wieder gefährlich zusammenkrampfte.

„Geht schon wieder", versuchte Fritz zu versichern.

„Sieht mir aber nicht so aus", entgegnete Ottmar. „Mensch, wir müssen gleich raus. Der Chef hat dich auch schon gesucht. Was ist bloß los mit dir?"

Ottmar war aus anderem Holz als sein Bruder geschnitzt. Der Jüngere von beiden hatte die stärkeren Nerven und nahm sich die Dinge nicht ganz so sehr zu Herzen, doch zusammen waren sie unschlagbar. Fritz war der Vorbereiter der Spielzüge, „Ottes" der kaltblütige Torjäger.

„Ich weiß auch nicht. Ich dachte, das hätte ich hinter mir …", entgegnete Fritz mit angespannter Stimme, bemüht, den Rest seines Mageninhalts bei sich zu behalten.

Er würde es niemals hinter sich haben, aber das konnte er zu diesem Zeitpunkt noch nicht wissen. Diese Sensibilität vor dem Spiel war Preis seiner Genialität während des Spieles.

Fritz lehnte mit dem Rücken an der Toilettenwand. Die Kälte des Mauerwerks tat ihm gut. Langsam rutschte er an der Wand entlang nach unten und atmete durch.

Eine kurze Pause, selbst wenn dabei seine bereits erwärmten Muskeln wieder kalt werden würden. Wenn er vor die Mannschaft trat, wollte er sich wieder im Griff haben.

„Wird schon wieder", versuchte Ottmar ihn zu beruhigen. „Vor meinem ersten Länderspiel im letzten Jahr in Stuttgart war selbst mir mulmig. Mir haben vielleicht die Knie geschlottert, das kann ich dir sagen. Ich meine, die haben überall geschrieben, dass ich eine glatte Fehlbesetzung wäre. Aber da muss man einfach durch, da hilft sonst nix."

„Dafür hast du's denen aber so richtig gezeigt", Fritz' Stimme gewann an Stärke. Noch immer glich seine Gesichtsfarbe dem weißen Kalk der Wand. Lediglich seine Augen verrieten, dass es ihm tatsächlich schon wieder besser ging.

„Stimmt," antwortete Ottmar stolz, „und das, obwohl du nicht dabei warst. Ich denke, heute wird das was anderes sein. Aber du hast doch schon so viele Länderspiele auf dem Buckel. Kein Grund also, nervös zu sein." Aufmunternd sah er zu Fritz hinunter, dessen Stimmung immer noch auf der Kippe stand.

Sie waren beide unter Zeitdruck. Gleich begann das Spiel und wenn Fritz bis zum Anpfiff nicht seine Selbstsicherheit zurückbekam, waren sie einer Niederlage näher, als ihnen lieb war. Fritz war ihr Spielführer und Spielmacher – mit nur halber Leistung auf dem Platz verloren sie alle an Selbstbewusstsein. Das war der Nachteil einer durch und durch auf Teamgeist und Kameradschaft aufgebauten Mannschaft, wie Herberger es ihnen immer wieder einzubläuen versucht hatte.

Alle kannten ihren Fritz und dessen übermenschliche Fähigkeiten auf dem Platz, aber sie wussten auch um seine Anfälligkeit.

Einer seiner Mannschaftskameraden hatte dazu einmal gesagt, dass man nur auf die Stellung seines Kopfes zu achten brauchte. Hing dieser tiefer als gewöhnlich, so musste man ihn aufbauen und ein paar aufmunternde Worte an ihn richten. Manchmal kam es dann vor, dass ein Ruck durch ihn hindurch ging und er wieder ganz der Alte war. Manchmal, aber nicht immer.

„Ottmar, heute ist mein fünfundzwanzigstes Länderspiel …", setzte Fritz wieder mit monotoner Stimme ein.

„Ich weiß", unterbrach ihn Ottmar jetzt ungeduldig. Er musste dieses Gespräch irgendwie beenden und möglichst so, dass sich sein Bruder nicht weiter in diese negative Grundstimmung, an der man momentan eh nichts ändern konnte, hineinmanövrierte. Beunruhigt blickte er auf die Wanduhr, die beide Spieler stumm zum Aufbruch ermahnte.

„Meinst du, es ist ein schlechtes Omen? Ich meine, als ich in Kriegsgefangenschaft war, hatte ich geglaubt, dass ich mein fünfundzwanzigstes nicht mehr erleben würde."

„Wenn, dann ist es doch eher ein gutes Omen", versuchte ihn Ottmar aufzurichten.

„Mhm?"

„Klar. Heute spielst du ein Spiel, von dem du geglaubt hast, dass du es nicht erleben würdest. Wenn das mal kein gutes Omen ist … Und außerdem, wenn wir schon dabei sind: Du bist heute zum ersten Mal Mannschaftskapitän und ich spiele heute zum ersten Mal neben dir in einem Länderspiel. Lauter Premieren sozusagen."

Ottmar hatte sich nun neben Fritz auf dem kalten Boden niedergelassen. So sehr die Zeit auch drängte, er konnte seinen Bruder nicht einfach im Stich lassen und zur Tages-ordnung übergehen. Er stieß ihn aufmunternd von der Seite an. Endlich hatte er Fritz ein Lächeln abgewonnen.

„Ja, aber ich weiß nicht, ob ich das hinkriege. Immerhin ist es heute auch mein erstes Länderspiel nach neun Jahren", wandte Fritz zögernd ein.

„Na siehst du! Schon wieder 'ne Premiere", lachte Ottmar. Schwungvoll stand er auf und zog Fritz am Arm hoch. „Dann kann ja nix mehr schief gehen. Und wir gehen jetzt, bevor die ohne uns anfangen."

Ottmar begann seine Knochen auszuschütteln und sich wieder warm zu hüpfen. Fritz tat es ihm gleich. Dann liefen die beiden nach draußen auf den Flur, wo sich die komplette Mannschaft zum Einlauf bereits versammelt hatte.

„Fritz, du weißt ja, dass die ohne uns hoffnungslos verloren sind", warf Ottmar seinem Bruder noch scherzhaft hinterher, dann reihten sie sich in ihr Team ein und warteten auf die letzten Anweisungen ihres Trainers. „Meine lieben Freunde," wandte Herberger sich noch einmal feierlich an die Spieler, bevor sie die Kabine verließen, „gegen euch stehen heute gute, sehr bekannte Männer auf dem Feld. Nehmt sie euch vor, aber so, dass es ihnen vorkommt, als würden sie zwei Spiele absolvieren: ihr erstes und ihr letztes. Alles andere bleibt im Rahmen der gegebenen Marschroute euch überlassen."

Fritz Walter schluckte trocken, dann zog er den Kopf hoch und trat hölzern aus der Tür.

Das Spiel begann unter strahlend blauem Himmel. Gleich nach dem Anpfiff war Fritz wie ausgewechselt. Als hätte jemand einen Schalter umgelegt, war seine Nervosität, die ihn noch wenige Minuten zuvor zur Toilette zwang, verflogen. Ottmar warf einen kurzen Blick in Fritz' Richtung und versicherte sich so, dass sich sein Bruder wieder ganz im Griff hatte. Ein kurzes, zufriedenes Lächeln legte sich auf Ottmars Gesicht. Das war geschafft.

Fritz schien sich wieder ganz gefangen zu haben und nahm sogleich seine Arbeit als Mannschaftskapitän auf. Er wusste in jedem Augenblick, was zu tun war, lief zur besten Form auf. Doch selbst, wenn er und sein Bruder sich auf dem Platz blind verstanden und auch der Rest der Mannschaft ihr Bestes gab, so half es nichts. Das erste und wichtigste Tor erzielten die Schweizer, und das ausgerechnet kurz nach Spielbeginn. Psychologisch gesehen kein guter Anfang. Herbergers Elf geriet tatsächlich ins Schwimmen. Immer wieder mussten sie ihren Strafraum abdichten und konnten selbst nur wenige Angriffe auf das gegnerische Tor unternehmen.

Die Schweizer Zuschauer waren außer Rand und Band. In Sprechchören feierten sie ihre Stars Eggimann, Bickel und Antenen.

Die deutschen Schlachtenbummler, die wiederum versuchten, ihre eigenen Männer anzufeuern, gingen im allgemeinen Jubel völlig unter, bis zu dem Moment, an dem selbst die Schweizer den Atem anhielten.

Kurz vor Halbzeit starteten die Deutschen noch einmal einen aggressiven Angriff in die gegnerische Hälfte. Jetzt kam es auf jeden Mann an. Fritz war am Ball und wenn alles gut ging, konnten sie mit dem für sie so wertvollen Ausgleich in die Kabinen gehen.

Doch das ließen sich die Schweizer nicht einfach so gefallen. Gleich drei Mann kamen auf Fritz zugelaufen und versuchten ihm in einem wilden Laufduell den Ball zu entreißen. Das Leder rutschte ins Aus. Eckball.

Fritz legte sich den Ball zurecht und suchte mit Blicken nach einem geeigneten Spieler, der seine Flanke in ein Tor verwandeln würde. Im allgemeinen Getümmel entdeckte er seinen Bruder Ottmar, der ihm mit Blicken zu verstehen gab, dass er bereit war, und Fritz hatte verstanden.

Langsam trat er einige Schritte zurück, taxierte dabei immer wieder die Entfernung vom Ball zum Tor. Dann nahm er Anlauf und hob das Leder weich über die Köpfe der Spieler hinweg. Ottmar wartete den passenden Zeitpunkt ab, bis er aufstieg so hoch er konnte und das Rund unhaltbar für Torwart Stuber in eine Ecke des Kastens köpfte. Tor! Ausgleich und Halbzeit. Das war geschafft.

Als die jubelnde und zugleich erleichterte Mannschaft in ihre Kabine kam, wartete schon ein ungeduldiger Herberger auf sie. Dass es sich der Trainer in der Halbzeit niemals nehmen ließ, als Erster in der Kabine aufzutauchen, um so quasi seine Mannschaft willkommen zu heißen, war keinem der Spieler je bewusst. Sie hatten es hingenommen wie so vieles und heute war es auch nicht anders.

„Gut gemacht, Ottmar", empfing der Trainer Ottmar und blickte zugleich auch Fritz anerkennend an, der die Vorlage für den Ausgleichstreffer geliefert hatte.

„Jetzt heißt es, nicht aufgeben, Männer", beschwor Herberger sein Team. „Nur Mut, dann können wir es schaffen. Und keine Kapriolen, verstanden?" Mit finsterer Miene blickte er zu Turek hinüber, der den Hinweis des Trainers verstanden hatte. Dem Ball weit ins Spielfeld hinein entgegenzulaufen, so, als könnte Turek jederzeit jeden Ball halten, war an der entscheidenden Stelle einfach ungeschickt gewesen und konnte ihm leicht als Selbstverliebtheit ausgelegt werden. Dabei tat er das so gerne. Er hatte einfach einen Hang zu „Kunststückchen".

Die Quittung dafür hatten sie alle kurz nach Anpfiff erhalten. Aber für unsichere Alleingänge war dieses Spiel einfach zu wichtig und so würde sich der Torwart in der zweiten Halbzeit strikt an die Anweisungen des Chefs halten.

„Kopf hoch", sagte Ottmar nochmals aufmunternd zu Fritz, der neben ihm seine Schuhe band und ihm bestätigend zunickte. Fritz' Aufregung war zwar noch nicht ganz verflogen, doch er bemühte sich redlich, sich nichts anmerken zu lassen. Zu tief saß das Gefühl, dass es stimmte, was die Journalisten immer wieder schrieben, dass die Mannschaft zu alt war. Und wenn er sich in der Kabine so umsah, wurde sein Gefühl nur noch verstärkt.

Die Mannschaft hatte ein Durchschnittsalter von 28 Jahren. Sogar der Nachwuchs des deutschen Fußballs hatte teilweise das dritte Jahrzehnt überschritten. Schuld daran war in erster Linie der Krieg. Viele der Jüngeren waren gefallen oder so verwundet, dass sie nicht wieder spielen konnten. Und diejenigen, die aus der alten Riege übrig geblieben waren, hatten ihre Form noch nicht wieder erlangt.

Herberger hatte immer gesagt, dass man im Kriege schneller altern würde als in Friedenszeiten, und er hatte Recht. So sparten die Journalisten nicht mit Hohn und schrieben in Tagesblättern wie in Fußballzeitungen, dass die Mannschaft wohl eher der Seniorenriege gleichen würde.

Die Pressestimmen der vergangenen Wochen waren nicht spurlos an Fritz vorbeigegangen. Es war sogar so weit gekommen, dass Herberger, der um seinen sensiblen Spieler besorgt war, Walters Ehefrau Italia zu Rate zog.

Herberger hatte sie zwar noch immer nicht wirklich in sein Herz geschlossen und konnte sich mit ihrer auffälligen Art einfach nicht anfreunden, doch in dieser Zeit war ihm sein Misstrauen egal. Wenn er sein Ziel weiterhin verfolgen und an der bevorstehenden Weltmeisterschaft teilnehmen wollte, musste er über seinen Schatten springen.

Er schrieb ihr einfach einen Brief, in dem er sie höflich und in verständigem Ton bat, alle negativen Meldungen der Presse von Fritz fernzuhalten und sich so um ihn zu kümmern, dass sein Selbstvertrauen gestärkt werden würde.

Dass Italias Mithilfe ihre Wirkung tat, konnten die deutschen Schlachtenbummler, die nichts von Walters Unsicherheit vor dem Spiel und in den Pausen wussten, am heutigen Spieltag auf dem Rasen sehen.

In der zweiten Halbzeit riss sich Fritz erneut zusammen und lieferte schon wenige Sekunden nach dem Anpfiff eine traumhafte Vorlage, die der Stürmer Gerritzen – einer Kanonenkugel gleich – aus fast neun Metern ins Schweizer Netz feuerte.

Jetzt war das Eis gebrochen. Das Selbstbewusstsein, das sie so dringend gebraucht hatten, war mit diesem Führungstreffer wiederhergestellt und sorgte dafür, dass die Deutschen nun immer weiter in den gegnerischen Strafraum vordringen und damit die Schweizer in die Mangel nehmen konnten.

Das unausgesprochene Ziel stand für alle Spieler fest: Der Schweizer Riegel musste geknackt werden und das war in der Tat nicht leicht. Immer wieder versuchten die Deutschen durchzukommen, die Verteidigung auseinander zu reißen und ein Schlupfloch im undurchdringlichen Riegel zu finden.

Das Unterfangen schien aussichtslos zu sein. Die Schweizer Abwehr funktionierte, ebenso wie ihr bekanntes Uhrwerk, perfekt.

Doch dann, in der 54. Minute, geschah etwas, das selbst die Schweizer an ihrer sonst so gepriesenen Präzisionsarbeit zweifeln ließ: Aus dem allgemeinen Getümmel heraus schoss jemand eine hohe Flanke mitten in den Schweizer Strafraum hinein. Der Ball wurde wieder herausgeköpft und landete weit in der Mitte des Spielfelds. Jetzt war Fritz zur Stelle, preschte blitzschnell nach vorne und ehe die Schweizer reagieren konnten, feuerte er das Leder in den gegnerischen Kasten.

3:1! Der Jubel war unaussprechlich. Alle rannten zu Fritz hinüber und fielen dem Torschützen vor Begeisterung um den Hals. Die Schweizer standen noch immer fassungslos da. Dieser Treffer versetzte sie nahezu in einen Schockzustand, aus dem sie nicht wieder heil hervorgehen sollten. Da half auch die Tatsache nichts, dass sie schon eine Minute später durch den englischen Schiedsrichter Ellis einen Elfmeter zugesprochen bekamen.

Bocquet, einer der Schweizer Verteidiger, legte sich den Ball zurecht und behielt die Nerven. Für Turek unhaltbar, versenkte er eiskalt und berechnend das Leder im Tor und gab mit diesem Treffer der Schweizer Mannschaft neuen Mut.

Herberger stand am Rand und verfolgte die Szenerie mit geballten Fäusten. Er war so angespannt, dass er nicht merkte, wie sich seine Fingernägel ins Fleisch bohrten.

Hektisch blickte er auf die Uhr. Noch fünfundzwanzig Minuten. Jetzt bloß keinen Fehler machen, hämmerte es unablässig in seinem Kopf, als könnte er selbst irgendwie ins Geschehen eingreifen.

Seine Elf hatte nun alle Hände voll zu tun, den gegnerischen Angriff abzuwehren. Sie wussten, dass es jetzt darauf ankam, auf Sicherheit zu spielen, auch wenn der eine oder andere Spieler nur zu gerne zum 4:2 aufgestockt hätte. Aber daran war nun nicht mehr zu denken. Die Schweizer taten alles, um ihrerseits zum 3:3 aufzuholen und das Blatt zu ihren Gunsten zu wenden. Sie verstärkten den Druck an allen Enden und spielten aggressiv wie noch nie zuvor.

Toni Turek wurde auf eine harte Probe gestellt, aber er behielt die Nerven. Solch einen groben Fehler, wie zu Beginn des Spiels, wollte er sich nicht mehr leisten.

„Hopp Schwiez! Hopp Schwiez!", feuerten die Zuschauer ihre Mannschaft an. Das Stadion kochte. Die Sprechchöre wurden durch rhythmisches Klatschen und Stampfen begleitet. Die Stimmung war grandios und übertrug sich auf die Spieler unten auf dem Rasen.

Das deutsche Tor wurde nun unter Beschuss genommen, als ginge es nicht um ein Fußballspiel, sondern um die Eroberung einer unbezwingbaren Festung.

Und Toni Turek hielt. Einen Angriff um den anderen wehrte er ab, warf sich dem Ball entgegen und schien sein Tor mit seinem Leben zu verteidigen.

Dann, endlich der erlösende Abpfiff des Schiedsrichters. Damit stand das Ergebnis fest. Das deutsche Team hatte mit 3:2 gewonnen und ging überglücklich vom Platz.

„Na, siehst du", legte Ottmar seinem Bruder einen Arm über die Schulter, „war das nun ein gutes Omen?"

„Ein gutes Omen", pflichtete ihm Fritz erleichtert bei. Glücklich und zufrieden gingen sie ihren Kameraden hinterher, wo sie in ihrer Kabine von einem sichtbar erleichterten Herberger empfangen wurden.

„Heute dürft ihr euch bei Toni bedanken", klopfte dieser seinem Torwart anerkennend auf die Schultern. Seine weiteren Worte gingen im allgemeinen Jubel unter.

„Chef, war gut, wie wir den Schweizer Riegel geknackt haben, was?!", rief ihm Baumann zu.

„Schweizer Riegel? Was ist das?!", rief Herberger zurück und löste damit einen Lacher aus, der bis in die gegnerische Kabine zu hören war.

Weinheim im Sommer 1952

Aufgekratzt setzte sich Ev auf eine Bank vor ihrem neuen Haus an der Bergstraße in Hohensachsen, inmitten von Grün. Ihr erstes eigenes Heim!

Nun, sie waren beide keine jungen Hüpfer mehr, aber als sie sich kennen lernten – sie, ein mittelloses Dienstmädchen, er, ein mittelloser Fußballspieler – hätten sie beide nicht zu träumen gewagt, so etwas einmal ihr Eigen nennen zu dürfen.

Für einen Moment schloss sie die Augen und ließ sich von der warmen Abendsonne verwöhnen. Sie lächelte. Was gäbe sie darum, mit Seppl jetzt ihr erstes Glas Pfälzer Wein im eigenen Heim zu trinken.

Trotz der Strapazen der vergangenen Monate verspürte sie eine tiefe Zufriedenheit. Ein Gefühl, das sie schon so lange nicht mehr kannte. Erleichtert lehnte sie sich zurück und streckte ihre Beine aus. Langsam setzte Entspannung ein.

Der Umzug in ihr neues Zuhause hatte sie Kraft und Anstrengung gekostet. Noch vor einem Jahr war hier an diesem Ort eine Baustelle gewesen, von der sie sich kaum vorstellen konnte, dass dort irgendwann einmal Menschen wohnen würden.

In Gedanken hatte sie die Hände über dem Kopf zusammengeschlagen, dann aber doch die Ärmel hochgekrempelt. Ein Haus mit angrenzendem Garten, so, wie sie es sich schon immer gewünscht hatte. Und jetzt war es tatsächlich Wirklichkeit geworden.

Sie hatten ganze 18 000 Mark zur Verfügung gehabt. Nicht gerade viel, um ein Haus mitsamt Inventar zu finanzieren. Aber es war in Ordnung so, denn sie waren geblieben, was sie immer waren: kleine Leute, die wirtschaften konnten.

So waren sie gezwungen, nahezu alles selbst zu machen, oder besser gesagt: Ev hatte nahezu alles selbst gemacht. Natürlich mit der tatkräftigen Unterstützung von zahlreichen Freunden und Sportkameraden ihres Mannes, aber ohne ihn. Seppl hatte wie immer mit seinem Beruf alle Hände voll zu tun gehabt und war ihr in dieser Zeit keine große Stütze gewesen. Den Umzug hatte sie vor wenigen Tagen ganz allein bewerkstelligt, während ihr Mann bei den Olympischen Spielen in Helsinki war.

Jetzt hatte sie nur noch ein paar Kisten auszuräumen und das Haus bis zu seiner Rückkehr auf Vordermann zu bringen. Sie hoffte inständig, dass er bald zurück sein würde.

Bei allem Verständnis für seinen Beruf – manchmal hätte sie sich schon ein wenig mehr Unterstützung von ihm erhofft. Ganz zu schweigen von der Tatsache, dass er ihr einfach fehlte. Doch da sie eh nichts daran ändern konnte, dass ihr Mann quasi mit zwei Frauen verheiratet war und sie ihn mit seinem geliebten Fußball teilen musste, blieb ihr gar nichts übrig, als sich damit abzufinden. Dafür hatte sie freie Hand in der Einrichtung und Gestaltung des Hauses und das Kommando würde sie auch sicherlich nicht mehr so ohne weiteres aus der Hand geben.

„Der soll bloß mal was sagen", dachte sie scherzhaft und hob in Gedanken drohend ihre Hand. Doch sie wusste nur zu gut, dass ihr Seppl niemals eine Entscheidung von ihr anzweifeln würde. Dazu schätzte er sie viel zu sehr.

Ev öffnete die Augen und blinzelte in das Sonnenlicht. Die kurze Ruhepause hatte ihr gut getan. Den ganzen Tag hatte sie Kartons ausgepackt und Schlafzimmer und Küche vollständig eingerichtet. Jetzt wollte sie sich noch an die restlichen Kisten wagen, die im Flur auf sie warteten. Deshalb stand sie schwungvoll auf und ging ins Haus zurück.

Als sie im Flur vor den Kisten stand, beugte sie sich hinab, um auf den von ihr angebrachten Zetteln zu lesen, welcher Inhalt sich darin wohl verbarg.

Ev war jederzeit gut organisiert und dank der Zettel konnten die Männer, die ihr halfen, die schweren Kisten zu schleppen, diese auch immer sofort in die dafür vorgesehenen Räume verfrachten.

Lediglich mit diesen Kartons, die nun vor ihr standen und ebenfalls ausgeräumt werden wollten, war es anders. Die angebrachten Zettel waren leer und ihre Helfer hatten offenbar – ebenso wenig wie sie gerade selbst – nicht gewusst wohin damit.

Ratlos kniete sie sich hin und öffnete eine der Kisten. Jetzt war ihr sofort klar, warum sie auf den Zetteln nichts eingetragen hatte: Gleich obenauf lagen etliche Presseberichte aus den vergangenen Jahren über ihren Mann und seine Mannschaft. Darunter einige Briefe eher zweifelhaften Inhalts, worin ihr Seppl beschimpft oder bedrängt wurde.

Was sie von ihrem Mann fernhalten konnte, hielt sie fern. Schließlich war er auch nur ein Mensch und hatte ein Herz, das man schonen musste.

Sie hatte die Zeitungen und Briefe gesammelt und nach einem passenden Ort gesucht. Hätte sie diese weggeworfen, wäre ihm das sicherlich aufgefallen. Also hatte sie alles, was ins Haus flatterte und obendrein bösartig aussah, gesammelt und unter ihrem Bett versteckt. Irgendwann später, wenn sich die allgemeine Lage beruhigt hatte, wollte sie ihm die Unterlagen auch zu lesen geben. Nun ja, vielleicht.

Aber solange er noch unter Beschuss stand und alle Welt auf ihm herumhackte, wollte sie ihn lieber davor bewahren. Zwar wusste sie, dass es nicht wirklich nützte, weil er als Bundestrainer schließlich im Lichte der Öffentlichkeit stand und deshalb auch stets mit dieser in Kontakt kam. Aber ihre persönliche Freude war es, wenn sie erfuhr, dass er einige der fiesesten Berichte über sich nicht gelesen hatte.

Ev klappte die Flügel der Kiste auf und legte den Inhalt frei. Sie nahm einen Packen Zeitungen in die Arme und ging in die angrenzende Bauernstube.

Dort legte sie alles sorgfältig auf den Esszimmertisch, setzte sich auf ihre Eckbank und begann, eine Zeitung nach der anderen zu überfliegen:

„Herberger dürfte der einzige Trainer Deutschlands sein, der so von der Theorie lebt, dass er nicht einmal mehr weiß, wie die Praxis aussieht", schrieb eine Münchner Sportzeitung. Und weiter: „Seine Aufstellung war ein Schildbürgerstreich schlimmster Sorte. Mit ihr hat er die Plattform verlassen, auf der Fachleute und Kenner diskutieren können. Er hat seine Residenz in Wolkenkuckucksheim aufgeschlagen, wo er als verkanntes Genie Hof hält. Es ist schade um jeden Pfennig, der ihm für persönliche Bezüge, Lehrgangskosten, Inspektionsreisen und Kleinspesen aller Art zur

Verfügung gestellt wird. Diese Gelder sind, sprechen wir es offen aus, zum Fenster hinausgeworfen."

Ev schüttelte fassungslos den Kopf. Was da über ihren Sepp geschrieben wurde, ärgerte sie maßlos. Sie schienen allesamt vergessen zu haben, was er während seiner Laufbahn für den deutschen Fußball getan hatte.

Sogar ihr, die sich nie mit Fußball beschäftigt hatte, leuchtete ein, dass so kurz nach dem Krieg die Leistungen der Nationalmannschaft nicht auf demselben Niveau sein konnten wie einst, zu Zeiten der berüchtigten „Breslau-Elf".

Ev fuhr mit dem Finger nach unten, um den lausigen Schreiberling auszumachen. Der Artikel war von dem Journalist Ernest Vrancken als Antwort auf die 1:2 Niederlage im vergangenen Jahr gegen die Türkei verfasst worden. Angeblich sollte laut dem Bericht auch einer der Nationalspieler gegenüber dem Journalisten geäußert haben, dass Herberger der gesamten Mannschaft mit seinem Konditionstraining „den letzten Nerv tötete".

Ev konnte sich nun wirklich nicht vorstellen, dass einer der Spieler so etwas gesagt haben sollte. Angewidert legte sie die Zeitung beiseite.

Um sich nicht weiter zu ärgern, beschloss sie kurzerhand, die übrigen Zeitungen wieder im Karton verschwinden zu lassen. Energisch stand sie auf, sammelte alles wieder ein und verdrängte dabei Worte wie „Überheblichkeit Herbergers" und „Abberufung des alten Mannes des deutschen Fußballs", die sie flüchtig und aus den Augenwinkeln heraus wahrnahm.

Wieder einmal schien ihrem Seppl der Wind ganz schön kräftig entgegenzustürmen. Für ihn war das sicherlich nichts Neues. Gerade jetzt, wo er sich mit aller Kraft darauf vorbereitete, mit seiner Nationalmannschaft eine Fahrkarte zur WM zu ergattern, konnte er nichts dergleichen gebrauchen.

So legte sie die Zeitungen wieder in den Karton, klappte die Deckel der Kiste zu und ging damit ins Schlafzimmer, um dort unter ihrem Bett alles sicher vor den Augen ihres Mannes zu verstauen. Es schien ihr wie früher ein sicheres Versteck zu sein, denn schließlich hatte er auch vor dem Umzug nicht einen einzigen Blick unters Bett geworfen.

„Verdammt und zugenäht!", schimpfte Herberger, als er zum hundertsten Mal die Plastikverschalung der Telefonbuchse neben seinem Bett in ihre Verankerung drücken wollte. Er war erst vor kurzem wieder aus Helsinki zurück und in sein neues und bereits vollständig eingerichtetes Heim eingezogen.

Wie hatte er sich mit Ev gefreut, dass alles so gut geklappt hatte. Sogar sein Büro unter dem Dach des Hauses war schon eingerichtet. Nur um die vier Telefonanschlüsse, die er sich im ganzen Haus verteilt legen lassen wollte, musste er sich selbst kümmern.

Er hatte gleich nach seiner Ankunft dafür gesorgt, dass diese einwandfrei funktionierten, und kaum waren die Anschlüsse freigeschaltet, klingelten die Telefone in Wohn- und Schlafzimmer, Büro und Bauernstube ohne Unterlass. Ev wurde fast wahnsinnig dabei.

Auch als Sepp ihr erklärte, dass sie diese Zeit nur noch durchhalten müsse, weil er sich gerade auf ein wichtiges Spiel gegen Frankreich vorbereitete und er daher jederzeit erreichbar sein müsse, konnte sie dieses ständige Klingeln nur schwer ertragen. Zumindest im Schlafzimmer wollte sie ihre Ruhe haben, doch da blieb er stur. Lediglich in dem Punkt, dass er den Klingelton leiser einstellte, konnte sie sich durchsetzen.

Das bevorstehende Spiel gegen Frankreich war nicht irgendein Spiel. Nach dem Krieg gab es nur wenige Nationen, die den Spielbetrieb mit Deutschland wieder aufnahmen.

Die neutrale Schweiz war das erste Land, das 1950 gegen die deutsche Mannschaft in Stuttgart wieder antrat. Frankreich und einige andere Länder hatten sich strikt geweigert.

Herberger war deshalb sichtlich nervös. Nicht nur, dass die Franzosen momentan als eine der stärksten Mannschaften im Fußball gehandelt wurden. Herberger war das Debakel der Weltmeisterschaft 1938 noch gut in Erinnerung, wo seinen Spielern vom erbosten französischen Publikum Eier, Flaschen und Tomaten um die Ohren flogen.

Wieder einmal stand er unter dem Druck zu gewinnen. Doch diesmal machte er sich vorrangig selbst den Druck. Er wollte beweisen, dass er mit seiner Taktik und Strategie im Recht war, dass seine Entscheidung, vornehmlich seine „alten Hasen" spielen zu lassen, richtig war. Ein für alle Mal wollte er der Presse, die ihn lieber gestern als heute abgesetzt hätte, eins auswischen.

„Ev! Komm doch mal und bring mir 'nen Schraubenzieher!", rief Herberger ungeduldig, während er neben seinem Bett kniete und fiebrig an der Buchse herumfummelte. Das sture Ding wollte sich einfach nicht in die Wand zurückdrücken lassen.

Er beschloss zu warten, bis Ev mit dem Werkzeug zurück war. Um seinen Rücken zu schonen, legte er sich seitlich auf den Boden und versuchte sich zu entspannen. Von unten hörte er, wie Ev in seinem Werkzeugkasten kramte und sich anschließend auf den Weg nach oben machte.

Plötzlich entdeckte er unter dem Bett auf Evs Seite einige Kisten. Interessiert betrachtete er diese aus der Ferne. Er rätselte, was sich darin wohl verbarg. Sollte seine Frau irgendwelche Geheimnisse vor ihm haben?

Gerade als er aufstehen und sich die Kisten aus der Nähe betrachten wollte, kam Ev ins Zimmer. Sofort erfasste sie die Situation.

„Was machst du denn da?", fragte sie leicht ungehalten und versuchte ihren Blick auf den Telefonanschluss zu lenken, damit ihr Sepp bloß nicht auf dumme Gedanken kam.

Für einen Moment ließ er sich auch tatsächlich ablenken: „Ach, die Buchse da …", antwortete er und zeigte ungeduldig auf das Loch in der Wand, aus der schlaff das Metallstück mit den Drähten hing.

Ev reichte ihm den Schraubenzieher. Als er sich wieder neben sein Bett kniete und erneut an der Dose herumzufummeln begann, war sie schon wieder fast beruhigt.

„Was sind das denn für Kisten?", tönte es von unten auf einmal hoch und als keine Antwort kam: „Da, unter deinem Bett?"

„Ach das …", versuchte Ev belanglos zu klingen, „… das sind alte Schulhefte von mir."

„Soso, Schulhefte." Herberger blickte kurz auf und sah ihr prüfend in die Augen. Ev lächelte nett. In diesem Augenblick wusste er, dass sie ihn anschwindelte.

Jetzt schoss ihm durch den Kopf, was seine Frau dort möglicherweise versteckt hielt. Könnten es wohl alte Zeitungen sein? Zeitungen mit Presseberichten, die ihn beschimpften und verunglimpften? Er hatte sich schon immer gewundert, warum ihn Freunde und Kollegen des Öfteren auf irgendwelche Meldungen der Presse ansprachen, die er nicht gelesen hatte. Und das, obwohl sie schon jahrelang alle möglichen Zeitungen direkt ins Haus geliefert bekamen und er sie selbst sorgfältig archivierte.

Wenn dies stimmte und seine Frau schon seit Jahren unter dem Bett die Zeitungen sammelte, die er ihrer Meinung nach nicht lesen sollte, konnte er ihr nicht böse sein. Vermutlich wollte Ev einfach nur sein Herz schonen.

Als hätte sie seine Gedanken eben gelesen, wurde Evs Lächeln ein wenig breiter. „Bin wieder unten", flötete sie unschuldig und machte sich auf den Weg in die Küche. Sie wusste, dass ihr Sepp nicht einfach ungefragt an ihre Kisten gehen würde.

171

Kurz nachdem sie aus der Tür war, schaffte es Herberger endlich, das störrische Teil wieder in seine Verankerung zu drücken. Als er mit seiner Arbeit fertig war, stand er auf und rückte seinen Nachttisch wieder in die richtige Position. Dann ging er zur Tür, warf noch einen kurzen Blick auf Evs Bettseite, schüttelte schmunzelnd den Kopf und ging zu ihr hinunter.

15. September 1952 – Vorbereitungslehrgang in Köln

Der Sportjournalist Willy Wange stieg aus seinem Wagen und ging eiligen Schrittes auf das kleine Haus inmitten der stattlichen Eichen des Kölner Stadtwaldes zu.

Es war acht Uhr morgens und er hoffte inständig, Sepp Herberger noch in seinem angemieteten Zuhause anzutreffen. Er musste einfach ein Interview mit dem Bundestrainer bekommen, wo doch schon seit Wochen alle Zeitungen über das bevorstehende Spiel in Paris berichteten.

Das ganze Land war in Aufruhr. Jeder wollte wissen, wie Herberger seine Nationalmannschaft auf dieses sagenumwobene Spiel vorbereitete. Aber die brennendste Frage, auf die noch kein Journalist zuvor eine Antwort erhalten hatte, war, welche Spieler beim Kampf gegen die Franzosen aufgestellt werden würden. Sepp Herberger ließ einfach nichts raus.

Wange wusste, dass auch er beim Trainer auf Granit beißen würde, aber er war Journalist genug, sich eine winzige Chance der Überlistung auszurechnen.

Notizblock und Stift bereits gezückt, stand er vor der Tür und drückte die Klingel, doch zu seiner Überraschung war kein Ton zu hören. Er drückte erneut, diesmal fester. Noch immer gab die Glocke keinen Mucks von sich. Dann ging Wange ein Licht auf: Herberger hatte die Klingel ganz abgestellt, um bloß nicht belästigt zu werden.

„Auweia", dachte Wange. Das konnte nur bedeuten, dass

er heute Morgen nicht der Einzige war, der ein Interview vom Bundestrainer ergattern wollte. Wenn seine Kollegen Glück hatten, standen deren Schlagzeilen von morgen bereits fest.

Wange spähte durchs Fenster. Als sich im Hause jedoch nichts regte, klopfte er energisch an die Tür. Auf einmal vernahm er ein Geräusch. Sollte er Glück gehabt haben und Herberger war doch noch zu Hause?

Die Tür öffnete sich und vor ihm stand Eva Herberger, die von Zeit zu Zeit ihren Mann auf seinen Reisen begleitete, je nachdem, ob sein Quartier groß genug für beide war. Und diesmal bot das kleine Häuschen in der Nähe des Stadions genügend Raum für das Ehepaar.

Fragend blickte sie den jungen Reporter an.

„Wange, mein Name", gab sich der Journalist in aufgewecktem Tonfall zu erkennen. „Frau Herberger, nehme ich an?" Höflich reichte er ihr die Hand.

„Ah, Sie sind bestimmt von der Presse", lächelte sie wissend und schüttelte seine Hand. „Mein Mann ist schon aus dem Haus. Ist mit den Lehrgangsteilnehmern drüben beim neuen Sportheim."

„Verstehe", entgegnete Wange nachdenklich. So genau kannte er sich auf dem Gelände des Müngersdorfer Stadions nicht aus. Dass dort einige Gebäude neu errichtet wurden, war auch ihm nicht entgangen, doch das Sportheim kannte er noch nicht.

„Vorhin haben sie die große Tafel mitgenommen und machen in Theorie", fügte Eva noch entgegenkommend hinzu.

Der Journalist nickte verstehend, verabschiedete sich schnell und eilte zu seinem Wagen. Er beschloss, zunächst in Richtung Fußballplatz zu fahren und sich gegebenenfalls dort nach dem Sportheim zu erkundigen.

Als er in der Nähe des Spielfelds parkte, sah er zu seiner Erleichterung von weitem schon geschäftiges Treiben auf dem Platz. Herberger hatte offensichtlich seine Theoriestunde bereits beendet und ging mit seinen Lehrgangsteilnehmern nun die Praxis durch.

Wange stieg aus und näherte sich langsam der Gruppe. Er hielt sich ein wenig abseits, um das Geschehen zu beobachten und sich gleichzeitig einige Notizen zu machen.

„Dreiundzwanzig Spieler", notierte er sich und begann, sie namentlich aufzuschreiben. „Turek, Bögelein, Adam", hielt er zunächst fest und setzte hinter die Namen eine Klammer. Dahinter schrieb er „Tor".

Er unterstrich Turek, weil er Herberger später dazu noch befragen wollte. Wie alle Journalisten und insbesondere diejenigen, die mit dem Sportteil der Tagesblätter beauftragt waren, so hatte auch Wange eine unumstößliche Meinung über die beste Mannschaftsaufstellung. Einige seiner Kollegen sahen sich sogar berufen, den Bundestrainer in seiner Wahl nicht nur zu beeinflussen, sondern ihn dahingehend regelrecht unter Druck zu setzen. Wange wollte zwar nicht so weit gehen, trotzdem konnte er der Versuchung nicht widerstehen, Herberger in die, seiner Meinung nach, richtige Richtung zu führen und Turek erschien ihm als der geeignetste Torhüter der deutschen Mannschaft – den anderen Anwärtern auf diesen Posten zumindest an Erfahrung überlegen.

Er führte seine Aufzeichnungen fort: „Verteidigung: Retter, Kohlmeyer, Bauer, Jenatschek, Müller. Läufer: Posipal, Wewers, Schanko, Liebrich, Harpers, Wientjes. Stürmer: Schäfer, Rahn, Klodt, Termath, Fritz und Ottmar Walter, Preißler, Baitinger, Stollenwerk."

Als Wange alle Spieler notiert hatte, klemmte er seinen Stift hinters Ohr und wandte den Blick erneut aufs Spielfeld. Zufrieden stellte er fest, dass Herberger auch jüngere Spieler zu diesem Lehrgang eingeladen hatte.

Wange dachte, ebenso wie einige seiner Schreiberkollegen, dass es der Nationalmannschaft nur zugute kommen konnte, wenn beim Spiel gegen Frankreich der Nachwuchs zum Zuge kommen würde.

Er beobachtete die Spieler sorgfältig. Alle schienen ihm in guter Kondition zu sein. Besonders die Jüngeren versuchten dem Trainer durch ihr Können ins Auge zu stechen.

Jetzt winkte Herberger zu einer kurzen Pause ab. Wange notierte sich noch schnell einige Fragen, die er gleich dem Trainer stellen wollte, dann ging er freudig zu ihm hinüber und stellte sich vor.

„Viel Zeit haben wir nicht", versuchte Herberger gleich zu Beginn den forschen Journalisten zu zügeln, dessen erste Frage sofort in Richtung Mannschaftsaufstellung für Paris ging. „Über die kann ich Ihnen im Moment auch noch nichts sagen", setzte Herberger freundlich, aber bestimmt hinzu.

„Können Sie mir dann wenigstens sagen, was mit Streitle und Morlock ist?" Wange war aufgefallen, dass die beiden Spieler, die sonst immer auf Vorbereitungslehrgängen für wichtige Spiele zu sehen waren, heute nicht zu den Anwesenden zählten.

„Nun, Streitle scheidet wegen Verletzung aus und Morlock ist, wie Sie sicher wissen, noch immer gesperrt." Damit gab Herberger dem ungestümen Journalisten mehr als deutlich zu verstehen, dass dieser sich besser nicht zu weit aus dem Fenster lehnen sollte. Schließlich war jedem nur halbwegs versierten Sportreporter klar, dass Morlock noch vor wenigen Wochen wegen eines Fouls zunächst für weitere Spiele gesperrt war. Das war äußerst bedauerlich, denn Morlock war ein zuverlässiger Torschütze und äußerst nervenstark.

Wange, der den Hinweis des Trainers verstanden hatte, konterte: „Dann sind aber im Moment viele Ihrer Spieler krank oder fallen sonst irgendwie aus. Wollen sie tatsächlich nur mit halber Kraft in Paris an den Start gehen?"

„Ich weiß nicht genau, worauf Sie anspielen", entgegnete Herberger betont gelassen.

„Na, Ottmar Walter hat doch noch immer mit seiner Knieverletzung zu kämpfen. Wientjes und Posipal scheinen ebenfalls verletzt zu sein und über Fritz Walter munkelt man auch, dass der mit seiner Form zu kämpfen hat, wenn ich richtig informiert bin."

Der Punkt ging an Wange. Es war ja nicht so, als würde sich Herberger keine Gedanken machen. Dass Ottmar schon länger sowohl mit seinem Knie als auch mit den Bandscheiben zu kämpfen hatte, war allgemein bekannt. Und wegen Posipal und Wientjes konnte er sich nicht herausreden. Die hatten sich kurz vor der Pause wieder ihre Trainingsanzüge angezogen und wurden nun abwechselnd massiert.

Am meisten Sorgen machte sich Herberger aber um Fritz Walter, der ebenfalls mit Bandscheibenproblemen kämpfte und auch seelisch leicht angeschlagen war. Dabei hätte sich Fritz gar nicht solche Gedanken machen müssen. Direkt nach seinem Einstand im letzten Jahr waren ihm für einen Wechsel zu Atletico Madrid 225 000 DM in jeder gewünschten Währung geboten worden, eine unglaublich hohe Summe. Das hätte Fritz eigentlich zeigen müssen, wie hoch sein sportliches Können gehandelt wurde! Auch Ottmar Walter wurde für einen Wechsel in die Schweiz ein Handgeld von 180 000 Schweizer Franken angeboten. Beide Brüder hatten aber abgelehnt und waren beim 1. FCK geblieben. Sie fühlten sich ihrem alten Verein viel zu verbunden, als dass sie gewechselt hätten.

Gerade auf diese beiden Spitzenfußballer konnte Herberger sich in dem Spiel aber nun nicht ganz verlassen, denn Ottmar würde bis Paris nicht vollständig auskuriert sein, und Fritz war ausgebrannt und fühlte sich zu alt.

Es stimmte, was der Journalist ihm hier zu verstehen gab. Seine Mannschaft war nicht in Topform. Er selbst begann sogar jetzt, an seiner eigenen Taktik zu zweifeln, ältere Spieler bei diesem Spiel den jüngeren vorzuziehen. Sollte er sich zum ersten Mal nicht auf seinen Bauch, sondern auf die Meinungen von Presse und Kollegen verlassen?

„Wissen Sie", begann Herberger betont gelassen, „um Ottmar mache ich mir keine Sorgen. Der kommt schon wieder auf die Beine. Posipal und Wientjes sind beide nur leicht angeschlagen, kein Grund zur Beunruhigung also …"

„… aber Kohlmeyer scheint da schon eher Grund zu liefern, oder?", unterbrach ihn Wange gewitzt. „Wie ich aus sicheren Quellen weiß, ist er schon seit Wochen nicht ganz auf dem Damm und hat sich Ihren Anweisungen widersetzt, zum Spezialisten nach Kreuznach zu gehen."

Wieder ein Punkt für Wange. Herberger hatte gehofft, dass die Sache mit seinem wertvollen spurtschnellen Verteidiger Kohlmeyer geheim bleiben würde, aber selbst wenn dieser Journalist auch nur halb informiert war, so konnte er jetzt doch Eins und Eins zusammenzählen.

Kohlmeyer war soeben kurz nach Posipal und Wientjes vom Feld gegangen und hatte sich ebenfalls seinen Trainingsanzug angezogen. Damit musste auch dem Schreiberling aufgegangen sein, dass „Kohli", wie er von seinen Kameraden genannt wurde, für den Rest des Tages und somit möglicherweise auch für das Spiel gegen Frankreich ausfiel.

Tatsächlich hatte sich Herberger maßlos über seinen Verteidiger geärgert. Er hatte sogar Fritz Walter, der sich immer mehr zu seiner rechten Hand, nicht nur auf dem Spielfeld, sondern vor allem in Bezug auf die ebenso wichtige Mannschaftsbetreuung mauserte, damit beauftragt, mit Kohlmeyer Kontakt aufzunehmen.

Walter sollte ihm ins Gewissen reden, sofort einen Spezialisten aufzusuchen, dessen Anweisungen strikt zu befolgen und sich nach seiner Genesung sofort wieder um seine Kondition zu kümmern. In Frankreich konnte er schließlich nur gesunde und konditionell starke Spieler gebrauchen.

Wange lag also absolut richtig, doch das durfte Herberger ihm nicht zu verstehen geben. Jetzt wäre es dem Trainer ein Leichtes gewesen, das Gespräch einfach abzubrechen und zu seinen Männern hinüberzugehen. Doch Herberger war viel zu klug, als dass er dies getan hätte. Negative Presse gab es in diesen Zeiten genug, da musste er diese nicht auch noch provozieren.

Er selbst hätte das vielleicht noch weggesteckt, obwohl es ihm mit der Zeit immer schwerer fiel. Aber seine Spieler durften nicht unnötig belastet werden. Er brauchte sie schließlich noch für höhere Ziele.

Also versuchte Herberger ein freundliches Gesicht zu machen, schlug die Unkenrufe des Journalisten in den Wind und begann damit, ihn systematisch abzulenken. Es war schließlich nicht die Aufgabe des Trainers, seine Mannschaft schon vor dem Spiel zum Verlierer zu erklären. Und ganz sicher würde er auch nicht zulassen, dass das irgendein Sportjournalist tat, gerade wo die Presse besonders gerne katastrophale Neuigkeiten zu verbreiten schien. Doch Herberger gab kein Spiel vorschnell auf. Wenn ER nicht an seine Spieler glaubte, wer dann? Also erzählte Herberger im Plauderton davon, wie sehr sich auch die jüngeren Spieler mit den älteren verstanden und dass sie allesamt am Abend einen Kinobesuch geplant hatten. Wange ging dankbar darauf ein, denn schließlich plauderte der Bundestrainer nicht oft über die Freizeitgestaltung der Spieler. Er witterte schon fast eine Exklusivstory, an die so leicht kein anderer rankam.

Herberger, der sich schon nahezu in Sicherheit wog, beendete freundlich das Gespräch. Gerade wollte er sich umdrehen und erleichtert zu seiner Gruppe zurückgehen, da hakte der Journalist noch einmal nach: „Herr Herberger, wenn Sie mir schon nicht verraten wollen, wen Sie aufstellen, so können Sie mir doch wenigstens sagen, welche Elf Sie sich für Paris WÜNSCHEN?"

„Sie Fuchs", gab Herberger lachend zurück, „fast wäre ich darauf hereingefallen."

Paris, 5. Oktober 1952 – Frankreich gegen Deutschland

60 000 Franzosen und 10 000 deutsche Schlachtenbummler saßen an diesem denkwürdigen Sonntag im Oktober im Pariser Stade de Colombe. Sie alle waren gekommen, um ihre Mannschaften nach Kräften anzufeuern und möglicherweise das Spiel des Jahres zu sehen.

Als feststand, mit welcher Aufstellung Herberger an den Start ging, wogen sich die Franzosen schon in Sicherheit. Wichtige, versierte und kampfstarke Spieler waren kurz zuvor ausgefallen.

Kohlmeyer konnte, wie Herberger schon lange befürchtet hatte, tatsächlich nicht antreten, ebenso wenig der nervenstarke Morlock. Zusätzlich waren auch Streitle und Mebus außer Gefecht. Stattdessen spielte eine nervenschwache, unsichere und vielfach auch gesundheitlich angeschlagene Mannschaft: Ottmar Walter war zwar dabei, aber nicht zu hundert Prozent belastbar und Fritz war schon seit heute Morgen kalkweiß im Gesicht. Alles in allem keine guten Neuigkeiten. Selbst Turek, der auch in schwierigen Spielen stets die Ruhe in Person war, ließ sich von seinen Mannschaftskameraden anstecken und ging leicht verkrampft auf den Platz.

Und dann trat genau das ein, was Herberger schon die ganze Zeit geahnt und wovor er seine Spieler immer und immer wieder gewarnt hatte: Die Franzosen nahmen gleich nach dem Anpfiff das Zepter in die Hand und fegten nur so über den Platz.

Jugendlich-schwungvoll, konditionsstark und äußerst lauffreudig belagerten sie wenige Minuten nach Spielbeginn den deutschen Strafraum und hielten diesen während der nächsten fünfundvierzig Minuten unter Beschuss. Ein Durchkommen war kaum möglich. Der Ball wanderte so schnell von Mann zu Mann, dass die Deutschen Mühe hatten, hinterher zu kommen.

Dann taten die hilflosen Spieler instinktiv das, was ihnen der Trainer noch kurz zuvor in der Kabine eingetrichtert hatte. Sie versuchten ihren Strafraum abzuriegeln und erst einmal Ruhe ins Spiel hineinzubringen.

„Die Franzosen werden unerbittlich angreifen", hatte ihnen Herberger eingebläut, „da hilft nichts anderes, als erst einmal den Schwung rauszunehmen, das Spiel zu bremsen und Tore zu verhindern."

Doch so sehr sich die Mannschaft ins Zeug legte, alle Versuche, das Tor abzuriegeln und es damit ihren Schweizer Kollegen gleichzutun, scheiterten.

Der französische Rechtsaußen Bonifaci durchbrach noch in der ersten Viertelstunde das Mauerwerk und schoss auf das deutsche Tor.

Turek warf sich gerade noch rechtzeitig dazwischen, war aber lediglich in der Lage, den Ball abzuwehren, anstatt ihn festzuhalten. Ein fataler Fehler, denn das Leder prallte auf die Fußspitze des französischen Stürmers Kopa, der eher zufällig als gewollt den Ball in Richtung Tor bugsierte.

Für einen kurzen Moment, als schien es sich erst noch entscheiden zu wollen, rutschte das Leder auf der Torlinie entlang, driftete dann aber allen Versuchen der deutschen Verteidigung, das Tor zu verhindern, zum Trotz über die Linie.

0:1 stand es zum Entsetzen Herbergers und seiner Elf und das gleich zu Beginn des ohnehin schon schwierigen Spiels.

Fritz Walter warf Herberger einen Hilfe suchenden Blick zu. Dieser gab ihm zu verstehen, dass sie jetzt ihre Taktik ändern und um jeden Preis versuchen sollten, den Ausgleichstreffer zu erzielen.

Trotzdem hielt Herberger es für ratsam, ihre Hintermannschaft vorerst so zu belassen, wie sie war. Die Franzosen waren einfach viel zu schnell für sie. Wenn er jetzt einen Spieler aus der Hintermannschaft in den Sturm schicken würde, konnte das verhängnisvolle Folgen haben.

Tatsächlich schaffte die deutsche Elf es auch so. Ottmar Walter konnte durch die französische Abwehr brechen und in einem fast akrobatischen Schuss das Ausgleichstor erzielen. Das Publikum tobte. Nicht nur die deutschen Schlachtenbummler brachen in tosenden Beifall aus. Dieser Schuss war so genial, dass selbst die Franzosen das anerkennen mussten. Das Stadion bebte. Herberger atmete erleichtert auf.

Dann, wenig später, geschah etwas, das nicht nur Herberger, sondern vor allem dessen Team und allen voran Fritz Walter einen herben Schlag versetzte: Bei einem erneuten Angriff auf das gegnerische Tor zog sich ausgerechnet Ottmar einen schweren Muskelfaserriss zu und musste vom Platz.

Von dem Moment an war Fritz klar, dass dieses Ereignis schicksalhafte Folgen haben würde. Ottmar war viel zu wichtig für ihre Mannschaft, als dass auf ihn verzichtet werden konnte, noch dazu, wo ihr Sturm eh schon auf Kosten ihrer Verteidigung dezimiert war.

Fritz ergriff sofort die Initiative und organisierte die Mannschaft so um, dass Ottmars Lücke gestopft werden konnte.

Als endlich zur Halbzeit abgepfiffen wurde, atmeten alle auf. Es blieb vorerst beim 1:1 und während der Pause hatten sie Gelegenheit, sich mit Herberger zu besprechen, wie ihr weiteres Vorgehen sein sollte.

Genau das dachten sich die Franzosen ihrerseits ebenfalls. Als sie nach der Pause aus ihrer Kabine kamen, merkte man ihnen deutlich an, was ihr Trainer ihnen dort zu sagen gehabt hatte.

Sie spielten jetzt noch angriffslustiger und aggressiver als zuvor, verstärkten an allen Ecken und Enden den Druck und ließen die Deutschen nicht mehr aus ihrer Hälfte heraus.

Eingekeilt und mit dem Rücken zur Wand erwehrte sich die Herberger-Elf dem französischen Angriff, der unerbittlich auf Tureks Tor niederprasselte.

Und Turek, bemüht den ersten Führungstreffer, der den Franzosen gleich zu Beginn des Matches gelungen war, wieder gutzumachen, hielt seine Festung standhaft. So war es allen ein Rätsel, dass die französische Elf, trotz der Tatsache, dass sie wesentlich besser spielte als ihr Gegner, selbst eine Viertelstunde vor Ende noch kein Tor erzielt hatte.

Das Publikum wurde langsam aber sicher ungehalten. Die deutschen Schlachtenbummler, weil sie von ihrer Mannschaft wahrlich Besseres erwarteten, als statisch in der eigenen Hälfte zu verharren und sich lediglich dem ständigen Angriff zu erwehren. Und das französische Publikum, weil es von ihrer Elf, die so viel gewitzter, eleganter und schneller spielte, erwartete, dass nun endlich der Führungstreffer erzielt wurde.

Dann verspürte Herberger, der sichtlich nervös am Rand verharrte und auf eine plötzliche Wendung hoffte, einen Adrenalinschub, dass sein Herz zu rasen begann.

Termath war es gelungen, das Leder zu ergattern. Er raste in einem Affenzahn in die gegnerische Hälfte. Die Franzosen versuchten ihn aufzuhalten, doch Termath war nicht zu stoppen. Seine Bahn war gänzlich frei. Selbst der französische Torhüter war aus seinem Kasten hervorgetreten und öffnete dadurch den Einschusswinkel für Termath, der in Windeseile Kurs auf das Tor nahm.

Doch der ungestüme Vorstoß versandete, indem Termath das Leder zu Rahn hinüberschob. Sein Selbstbewusstsein schien ihn auf einmal im Stich gelassen zu haben.

Rahn hingegen war bekannt dafür, dass er solche Aktionen normalerweise für sich entscheiden konnte. Wenn einer seiner Kameraden versagte, nahm er meist das Zepter in die Hand. So auch jetzt. Er schoss so stark er konnte. Die Richtung stimmte, doch tragischerweise flog der Ball am Pfosten vorbei und landete im Aus.

Herberger ballte vor Wut die Fäuste. Ebenso wie den anderen Spielern war auch ihm unverständlich, warum Termath in diesem Augenblick nicht selbst auf das Tor gezielt hatte, wo doch offensichtlich alles frei war.

Als er auf die Uhr sah, waren nur noch zehn Minuten zu spielen und das Führungstor seiner Mannschaft ließ auf sich warten. „Kommt, Männer, nur noch ein Vorstoß", flehte Herberger in Gedanken, „nur ein Tor und dann auf Sicherheit spielen." Doch sein Betteln half nichts. Wieder griffen die Franzosen an, bereit, den Führungstreffer für ihre Mannschaft zu entscheiden.

Die Deutschen wurden erneut in ihre Hälfte gedrängt und ihre Gegner hatten beschlossen, sie da die letzten Minuten auch nicht mehr herauszulassen. Ein echter Nervenkrieg. Herberger bemerkte nicht, wie sich sein Herz in aller Aufregung zusammenkrampfte.

Dann, Einwurf für Deutschland von rechts. Stollenwerk zielte über seinen Kopf direkt zu Posipal, der ihm den Ball wieder geschickt zurückgab. Doch diesmal verfehlte das Leder sein Ziel und rutschte zum halbrechten französischen Spieler Ciskowski, der die Gabe dankbar annahm und sogleich aus fast zehn Metern Entfernung aufs Tor feuerte.

Der Schuss landete treffsicher und unhaltbar für Turek im Netz. 1:2! Die Franzosen jubelten, ließen sich aber nicht lange Zeit, das Tor zu feiern. Zu schön wäre es jetzt für sie, zum sicheren 1:3 aufzuholen. Und drei Minuten vor Ende sollten sie auch die Gelegenheit dazu bekommen.

Eckball für Frankreich. Deladerrière hob den Ball aus der Ecke geschickt in die Mitte. Liebrich stieg auf, um das

Schlimmste zu verhindern, verschätzte aber Flughöhe und Geschwindigkeit und erwischte den Ball erst beim Abstieg und nur noch mit den Haarspitzen.

Unglücklicherweise führte eines zum anderen. Der französische Halblinke Strappe fing das Leder geschickt auf und donnerte es in die rechte untere Ecke des Tors zum 1:3.

Abpfiff. Das ganze Stadion jubelte und feierte ihre Stars – alle, bis auf eine Ecke, in der 10 000 teilweise erschütterte, teilweise erboste deutsche Fans saßen und das Ergebnis noch gar nicht richtig fassen konnten.

Mit hängenden Köpfen ging die Herberger-Elf vom Platz. Sie alle wussten, dass sie besser hätten spielen können. Ihnen war klar, dass niemand anderer als sie selbst für dieses Debakel verantwortlich war, und so überkam jeden Einzelnen ein tiefes Schuldgefühl.

Sie fühlten sich gegenüber ihren Fans, ihrem Land und vor allen Dingen gegenüber ihrem Trainer schuldig. Der hatte sie immer wieder vor der Spielstärke der Franzosen gewarnt, hatte ihnen unermüdlich Konditionstraining und Disziplin verordnet. Und sie hatten die Warnungen teilweise in den Wind geschlagen, sich auch so manches Mal nicht an seine Anweisungen gehalten. Aber viel schlimmer war, dass sie jetzt zu wissen glaubten, dass die Presse mit ihren Unkenrufen Recht hatte.

Sie fühlten sich nicht nur gegenüber der französischen Mannschaft zu alt, heute dachten alle, dass sie auch tatsächlich zu alt WAREN.

Niedergeschlagen setzten sich die Spieler in den Bus und fuhren ins Hotel. Keiner sagte ein Wort. Draußen tobten die französischen Fans, klopften gegen die Scheiben und winkten ihnen zu, als wollten sie nicht nur den Sieg ihrer Mannschaft damit bekunden, sondern auch ihre jämmerlichen Gegner regelrecht auslachen.

Jetzt ergriff der Trainer energisch das Wort: „Lasst euch bloß nicht so hängen, Männer. Wollt ihr denn nicht singen?" Auffordernd blickte er seinem Kapitän in die Augen. Fritz verstand den Wink, für Stimmung zu sorgen, sofort. So stand er auf und stimmte für alle ein Lied an, wenn auch mit schwacher Stimme.

Unter den staunenden Augen zahlreicher Franzosen fuhr eine bedrückte, aber dennoch, für alle Außenstehenden sichtbar, nicht unterzukriegende singende Mannschaft in ihr Quartier zurück.

„Schluss mit der Günstlingswirtschaft – radikaler Umbau der deutschen Fußball-Nationalelf erforderlich!" und „Jugend an die Front!" – so lauteten die Schlagzeilen der aufgeregten Presse noch Tage nach dem Fiasko, das fortan als „schwarzer Tag von Paris" bezeichnet wurde. Doch einen traf die Kritik, die teilweise bis unter die Gürtellinie geführt wurde, ganz besonders hart: Fritz Walter erreichte den absoluten Tiefpunkt seiner Karriere und wurde nach diesem Spiel in eine tiefe Krise gestürzt. Die Zeitungen schienen es obendrein gerade auf ihn abgesehen zu haben.

„Nein, der Fritz kann es nicht mehr. Paris hat es bewiesen, Paris hat uns die Augen geöffnet, dass der Fritz endlich abtreten muss", schrieb der Hamburger Anzeiger noch eine Woche später.

Sicherlich standen auch andere Spieler wie Streitle, der ebenfalls zur alten Riege gehörte, aber in Paris gar nicht dabei gewesen war, unter Beschuss und wurden heftig angegriffen. Und natürlich brach auch ein gewaltiges verbales Gewitter über dem Bundestrainer aus, der nach Meinung der Presse „mit Starrsinn geschlagen" war und eine völlige „Fehlbesetzung" nach Paris geschickt hatte.

Einige forderten nicht nur den radikalen Umbau der Nationalelf, sondern auch Herbergers Rücktritt.

Fritz Walter aber traf das Spielergebnis und die anschließende Kritik so hart, dass er den Trainer noch auf der Rückfahrt von Paris darum bat, ihn gehen zu lassen.

Es war ihm ernst. Er wollte die Fußballschuhe an den Nagel hängen und seiner Karriere auf einen Schlag ein Ende bereiten. Herberger wurde richtig ärgerlich und erklärte wütend, dass Fritz am besten gleich diese Gedanken in den Wind schlagen sollte, denn er brauche ihn schließlich noch und das jahrelang.

Zu Hause in Weinheim angelangt, setzte Herberger als Erstes ein Schreiben auf. Wieder einmal zog er die Ehefrau seines Lieblingsspielers ins Vertrauen und bat Italia, dafür zu sorgen, dass ihr Mann keine Kritiken der Presse zu lesen bekam. Er solle sich erst einmal ausruhen und sie solle ihm jeden Wunsch von den Augen ablesen.

Italia, die mehr um das Wohl ihres Mannes als um das des deutschen Fußballs besorgt war, nahm die Worte Herbergers ernst und begann systematisch damit, Fritz wieder aufzupäppeln. Außerdem schickte Herberger Fritz Walter zur Aufmunterung nach und nach die ganze Mannschaft zu Besuch, die dann natürlich alle immer „rein zufällig" vorbeikamen. Woran es letztendlich auch immer gelegen hatte, Fritz erholte sich.

Der Bundestrainer hingegen setzte sich auf seine ganz eigene Weise mit dem verlorenen Spiel auseinander. Wieder einmal wurde im Hause Herberger die alte Schreibmaschine hervorgekramt und wild auf ihr herumgetippt.

„Unsere Gegner: Extraklasse! Wirbelnde Schnelligkeit! Heimspiel!", schrieb Herberger anerkennend und nach kurzem Nachdenken analysierte er, dass seine vielfach in Frage gestellte Taktik, erst einmal zu mauern, goldrichtig war. Daran gab es keinen Zweifel und er war bereit, auch jedem immer und immer wieder ins Gesicht zu sagen, dass er richtig lag.

Nur mit einer Sache war er nicht zufrieden. Er rätselte, warum er Stollenwerk und nicht den jungen Horst Eckel aufgestellt hatte, der ihm schon etliche Male zuvor aufgefallen war.

Eckel war gerade einmal zwanzig Jahre alt, von dünner und schlaksiger Gestalt. Doch trotz seiner eher zerbrechlichen Statur war er zäh und ging keinem Zweikampf aus dem Weg. Warum hatte er ihn also nicht eingesetzt?

Nach kurzem Überlegen begann Herberger erneut, auf der alten Erika herumzuhacken. Er beendete seine Aufzeichnungen, indem er sich eine Randnotiz machte, die den künftigen Einbau junger Spieler in die Nationalelf betraf. Es gab noch eine ganze Reihe junger Spieler, die nur darauf warteten, von ihm berufen zu werden.

Nachdenklich lehnte sich Herberger zurück. Seine Gedanken kreisten von Tag zu Tag mehr um die bevorstehende Fußballweltmeisterschaft. Er wollte es endlich allen zeigen und er wusste tief in seinem Herzen, dass es seine letzte Gelegenheit dazu war.

Wie viel Willen und Kraft, wie viel Größe brauchte es, um immer wieder aufzustehen, immer wieder von vorne anzufangen, sich niemals beirren zu lassen?

Selbst für einen jungen Trainer mit unbegrenzt viel Zeit vor sich wäre es eine harte Aufgabe gewesen, eine neue Nationalmannschaft von vorne aufzubauen und den deutschen Fußball neu zu erfinden. Aber unter diesen Umständen – es waren gerade noch zwei Jahre bis zur Weltmeisterschaft und das erste Länderspiel nach dem Krieg lag erst ein Jahr zurück – war es besonders schwierig.

Und dann passierte auch noch die Katastrophe in Paris! Aber was immer man für diese Herausforderung brauchte – Größe, Kraft, Besessenheit, Mut – Herberger hatte es, vielleicht wie kein anderer. Er blieb gelassen in der Niederlage, lernte, was zu lernen war, und richtete sein Augenmerk auf das Naheliegende: die Qualifikation zur WM.

Seppl Herberger

Liebe Kameraden!

Wie kurz doch die Sommerpause ist. Schade! Gott sei Dank aber auch, dass es nun wieder bald losgeht!

Ich hoffe, dass jeder von Euch in diesen kurzen Wochen der Ruhe vor dem Ball viele schöne Stunden froher Entspannung und Erholung hatte und nun wieder mit frischen Kräften zu neuen Aufgaben bereitsteht.

Die neue Spielzeit ruft. Für unsere Nationalmannschaft setzt sie gleich mit vollen Akkorden ein. Am 19. August sind wir in Oslo gegen Norwegen, „es geht um die Teilnahme an der Weltmeisterschaft". Norwegen war für unsere Nationalmannschaft schon immer ein schwerer Brocken. Es wird auch diesmal wieder heiß hergehen.

Nur noch fünf knappe Wochen trennen uns vom Länderspieltag. Jeder von uns muss bis dahin in bester Kondition und Form sein. Es gilt, die Zeit bis zum Spiel zu nutzen. Nehmt also das Training sofort auf und sorge jeder dafür, dass wir für dieses schwere Treffen bestens gerüstet sind.

Für den Fall, dass einer von Euch noch unter alten Verletzungen leiden sollte, bitte ich um umgehenden Bescheid an meine, am Kopf dieses Schreibens stehende, Adresse.

Und nun Kameraden an die Arbeit. Oslo muss ein erfolgreicher Tag für uns werden.

Herzliche Grüße   Euer Seppl Herberger

VIII.

Der Untergang

August 1953

Die Qualifikationsspiele zur Fußballweltmeisterschaft begannen. 36 Mannschaften hofften auf die Fahrkarte in die Schweiz, aber nur 16 konnten dabei sein.

Herbergers Gesicht war mittlerweile eine Landschaft, aus der man sein ganzes Leben lesen konnte: Freude, Willen, Wut, Witz, Anstrengung, Sorge, Strenge, Zuversicht. Jede Linie erzählte eine eigene Geschichte.

In diesem Moment aber waren es Anstrengung und Sorge, die überwogen, denn sein großer Hoffnungsträger, seine Nationalmannschaft, die er in den letzten harten Jahren zielgerichtet aufgebaut und zusammengestellt hatte, ließ Kondition, Kampfgeist und Spielstärke vermissen. Seine Spieler schienen ausgebrannt zu sein, ihnen fehlte es am nötigen Biss.

Kein Wunder. Nach dem Spiel in Paris, das allen noch lange in den Knochen steckte, ließ die Presse monatelang kein gutes Haar an ihnen, versuchte immer wieder den Bundestrainer zu bewegen, die Mannschaft komplett auszutauschen, allen voran Fritz Walter.

Natürlich ließ sich Herberger nicht beirren und hielt weiter an seinem Mannschaftskapitän fest. Er wusste es besser. Die Weltmeisterschaft stand vor der Tür und um nichts in der Welt hätte er diese ohne Fritz Walter bestritten.

Doch zuerst mussten vier Hürden genommen werden. Nach dem Los wurde entschieden, dass Deutschland je zwei Spiele gegen Norwegen und gegen das unabhängige Saarland führen musste. Wahrlich keine leichte Aufgabe. Zwar galten Norwegen und die Saar als Außenseiter, während Deutschland in diesen Begegnungen als Favorit gehandelt wurde, aber Herbergers Elf hatte dennoch Grund zur Vorsicht.

Die sonst eher zurückhaltende Saar hatte schon des Öfteren bewiesen, dass sie in Länderspielen gewissermaßen über sich hinauswuchs, und Norwegen hatte den Vorteil, dass dessen Mannschaft zum Zeitpunkt des ersten Qualifikationsspiels mitten in der Saison stand und gerade ihre Höchstform hatte.

Die deutsche Elf hingegen feierte kurz vor der Begegnung erst einmal Sommerpause und ihr letztes Länderspiel lag Monate zurück. Die meisten Spieler hätten einiges gegeben, um an Stelle der beiden Länder zu stehen, die sich gar nicht erst der Qualifikationsprozedur unterziehen mussten: Die Schweiz als Gastgeber und Uruguay als Titelverteidiger standen schon vor der Auslosung als Teilnehmer fest und konnten sich daher in aller Ruhe ein ganzes Jahr lang auf die Weltmeisterschaft vorbereiten.

Am 19. August 1953 stand das erste der Qualifikationsspiele vor der Tür. Herberger hielt seine Analyse wie immer in seinen Aufzeichnungen fest – bestimmt für einen noch unbekannten Leserkreis, zuallererst aber für sich selbst. Beim Tippen der Wörter und Sätze bekam für ihn alles Leben und Struktur, wirkte wie durch ihn geordnet:

„Die norwegische Fußball-Nationalmannschaft war zu allen Zeiten ihrer Geschichte eine prächtige Versammlung spiel- und kampfstarker Gesellen. Ihre Auffassung von Spiel und Wettkampf hatte ihren Stil geprägt. In Norwegen war der Zweckfußball Trumpf und in seiner Nationalmannschaft hatte dieses Land seinen typischen Vertreter. […] Wir hatten ja unsere bitteren Erfahrungen mit den Norwegern hinter uns. Sie waren es, die auf der Olympiade 1936 in Berlin unsere Mannschaft, den großen Favoriten dieser Spiele, mit 2:0 aus dem Wettbewerb und damit aus dem Rennen um die Goldmedaille geworfen haben ..."

Genau diese respektvolle und ganz richtige Einschätzung der norwegischen Mannschaft war es, die Herberger Kopfzerbrechen verursachte. Die Olympischen Spiele von 1936 waren ihm noch gut in Erinnerung. Ebenso das Eisbein, das ihm im Halse stecken geblieben war, als sein Kollege Knöpfle ihm beim Mittagstisch das katastrophale Abschneiden der deutschen Mannschaft berichtet hatte. Herberger hatte tatsächlich seitdem nie wieder Eisbein zu sich genommen. Fußballer waren eben zu allen Zeiten abergläubisch.

Jetzt mussten seine Mannen einfach gewinnen und wenn sie auf ihn hörten, konnte es auch zu schaffen sein. Er wusste, dass den Norwegern nur beizukommen war, wenn seine Spieler seinen Rat befolgten und gleich nach dem Erhalt seines Briefes vom 17. Juli mit dem Training begannen.

Er musste sich darauf verlassen können, dass jeder Einzelne es sich zu Herzen nahm und nach der Sommerpause eigenständig seine Kondition aufbaute. Sie hatten nur noch einen Lehrgang in Malente vor sich, bevor sie allesamt nach Oslo aufbrachen. Bis dahin sollten alle Spieler in Höchstform sein.

Doch obwohl Herberger es weitgehend vermied, die Spieler unter Druck zu setzen, war es ihnen sowohl beim Lehrgang als auch beim eigentlichen Spiel gegen Norwegen anzumerken, dass sie nicht unbelastet in dieses Match gingen.

Die Mannschaft wirkte verkrampft und musste bereits in der ersten Halbzeit ein 0:1 einstecken. Als sich dann auch noch kurz vor der Pause Hans Schäfer verletzte, wurde das ohnehin nicht sehr harmonische Zusammenspiel der Elf zusätzlich gestört.

Das Spiel endete mit einem Unentschieden, als Fritz Walter, der schon alle Hoffnungen aufgegeben hatte, den jungen und gleichsam genialen Torwart Asbjörn Hansen zu überlisten, den Ausgleichstreffer erzielte.

Trotz des rettenden Tors wichen Herbergers Sorgenfalten nicht mehr von seiner Stirn. Das größte Problem sah er im mangelhaften Zusammenspiel seiner Mannschaft. Daran musste unbedingt vor ihrer Begegnung mit dem Saarland gearbeitet werden. Das nächste Spiel MUSSTE einfach besser werden.

Zuerst nahm er sich Helmut Rahn zur Brust. Als geborener Einzelkämpfer und nahezu eigensinniger Individualist, Herberger selber als jungem Spieler nicht ganz unähnlich, hatte Rahn in diesem Spiel mehrere unvernünftige Alleingänge gestartet. Er musste erst einmal darauf geeicht werden, die anderen Spieler im Auge zu behalten und, wenn nötig, den Ball auch einmal abzugeben.

Rahn war für Herbergers Geschmack eine Spur zu ungestüm. Kein Wunder also, dass er von allen Spielern als „Boss" bezeichnet wurde. Aber der Trainer konnte solche Einzelkämpfer in seiner Mannschaft, die durch und durch auf Teamgeist basieren sollte, nur gebrauchen, wenn dieser seine Kraft auch in den Dienst der Mannschaft stellte.

Für die Presse waren Rahns Kapriolen ein gefundenes Fressen. Gleich nach dem Spiel in Oslo schaltete sie sich wieder einmal ein und ging ungehalten auf ihn los. Sie sparte nicht an Kritik und Hohn. Ein Kritiker äußerte sogar, dass Rahn gespielt hätte, als „hätte er nicht mehr alle Tassen im Schrank".

Doch Herberger, der die Schelte von Tagesblättern und Kollegen schon seit Jahren gewohnt war, hielt ebenso wie an Walter auch unbeirrt an Rahn fest. „Das bekommen wir schon hin", hatte der Trainer ihn beruhigt.

Er sah in Rahn einen Spieler mit außergewöhnlichem Talent, der nur in die richtige Richtung gelenkt werden musste. Er wusste um Rahns Fertigkeiten, seine Beweglichkeit und Schnelligkeit. Lediglich sein Torhunger musste von Zeit zu Zeit gezügelt werden. Er machte ihn blind für andere Wege als den kürzesten.

Fritz Walter gefror das Blut in den Adern. Gerade hatte der Chef ein großes, rotes Stoppschild überfahren und fuhr ohne weitere Prüfung der Verkehrssituation gemächlich über die gefährliche Kreuzung.

„Nun, Fritz, was meinen Sie, wie würden sich die beiden machen?", hakte er nach und beantwortete sich – ganz in Gedanken – seine Frage gleich selbst: „Also, ich glaube, wir sollten es mit Schade und Metzner versuchen. Ja, ich glaube, das wäre eine gute Idee."

Das Motorengeräusch hörte sich inzwischen richtig anklagend an. Kein Wunder, der Chef hatte es nicht für nötig befunden, einen Gang hochzuschalten und so zuckelten sie, reichlich mittig, wie Fritz nervös befand, noch immer im zweiten Gang über die viel befahrene Landstraße.

Immer wieder überholten andere Verkehrsteilnehmer Herbergers Auto und zeigten ihren Protest über den älteren Mann mit Hut am Steuer lautstark und gestenreich, aber das bekam der Trainer gar nicht mit.

„Dass da noch nie etwas passiert ist, ist ein wirkliches Wunder!", dachte Fritz bei sich, als sich sein Magen wieder schmerzhaft zusammenkrampfte. Hinter ihnen war ein Lastwagen aufgefahren, der sie regelrecht anzuschieben schien. Er würde an Herberger nicht vorbeikommen, dazu fuhr dieser viel zu weit links. Der Fahrer des Lastwagens wirkte, als würde er dieses unverschämte Verkehrshindernis am liebsten aus dem Weg räumen. Mit jeder Minute wirkte er bösartiger.

„Vielleicht sollten Sie einen Gang hochschalten, Chef", schlug Fritz vor.

„Was meinen Sie? Ach so …" Herberger kam kurz in

diese Welt zurück und betätigte die Gangschaltung, natürlich ohne dabei die Kupplung durchzutreten. Das Getriebe quittierte diese gemeine Behandlung mit einem fiesen, knirschenden Geräusch. Doch das nahm Herberger nicht zur Kenntnis, anders als Fritz Walter, der sich bemühte, bei dem Geräusch nicht zusammenzuzucken. Kurz vor einem wichtigen Spiel war mit dem Chef im wirklichen Leben einfach nichts anzufangen, dachte er. Es war, als existiere Herberger vor einem Spiel nur noch in einer Art Zwischenwelt, denn im Geiste war dieser selbst Tage vorher längst auf dem Spielfeld, immer bemüht, die bestmögliche, ja die optimale, harmonisch spielende Mannschaft zusammenzustellen. Und beim nächsten Qualifikationsspiel hatte er dabei gleich drei Probleme zu überwinden: Fritz, sein angriffsstarker Bruder Ottmar und Kohlmeyer mit der Bombenkondition würden nicht spielen können. Der Chef, war also gezwungen, ein neues Stürmerpaar auszuprobieren und für Kohlmeyer Ersatz zu finden.

Schon war Weinheim in Sichtweite. Fritz Walter schlug drei Kreuze. „Autofahren ist das Letzte, was man mit ihm tun sollte!", verfluchte sich Fritz in Gedanken, „dass ich mir das einfach nicht merken kann!" Aber bald würden seine Qualen ein Ende haben, hoffte er.

„Ahh, ich glaube, so machen wir es! So wie ich gesagt habe", war Herberger jetzt zu einem Urteil gelangt, als er ebenfalls feststellte, wo sie sich befanden. „Ei, Fritz, wir sind ja schon da, warum sagen Sie denn nichts!" Anstatt abzubiegen, fuhr er aber ruhig weiter. „Drehen wir doch noch eine Runde! Wir haben ja noch gar nicht besprochen, wer der Ersatz für Kohlmeyer sein soll, gell?" Verschmitzt blitzte ihn Herberger an, um dann gleich wieder seine Gedanken zu wälzen: „Also, ich glaube, Gottinger könnte funktionieren, was meinen Sie, Fritz?" Fritz nickte ergeben und sandte ein Stoßgebet zum Himmel. Er bedauerte es aus tiefstem Herzen, bei dem Turnier nicht auf dem Feld stehen zu können, aber wenn er vor der Fahrt noch nicht spieluntauglich gewesen wäre, spätestens jetzt wäre es so weit.

Beim zweiten Qualifikationsspiel, das am 11. Oktober im Stuttgarter Neckarstadion gegen das Saarland ausgetragen wurde, war von Herbergers Bemühungen im Vorfeld, ein harmonisches Zusammenspiel seiner Spieler zu erreichen, noch wenig zu sehen.

Trotz seiner Favoritenrolle war es dem deutschen Team kaum möglich, sich als geschlossene Einheit zu präsentieren. Natürlich hatte die Tatsache, dass gleich drei der besten Spieler verletzt auf der Tribüne saßen, daran einen nicht geringen Anteil. Die Brüder Fritz und Ottmar Walter sowie Werner Kohlmeyer waren, wie angekündigt, dazu verdammt, ihrer Mannschaft von außen zuzusehen.

So trat mit Schade und Metzner ein gänzlich unerprobtes Duo im Sturm an, während Kohlmeyer zunächst von Gottinger ersetzt wurde, der wiederum ebenfalls aufgrund einer Verletzung durch Horst Eckel ausgewechselt wurde.

Insgesamt war es wahrlich kein berauschendes Spiel. Die Deutschen gewannen zwar mit 3:0, doch freuen konnte sich hierüber keiner. Mit Ausnahme von Posipal und dem zweifachen Torschützen Morlock ließ die Presse „keinen Grund zum Optimismus" verkünden.

Keiner wusste das besser als die Spieler selbst, doch irgendwie war es auch nicht zu ändern. Zumindest hatte sie das Ergebnis ein bisschen aufgerichtet, denn sie waren der Fahrkarte in die Schweiz ein klein wenig näher gekommen.

Jetzt hatten sie nur noch zwei Spiele zu bestreiten, danach stand fest, ob sich Deutschland für die WM im kommenden Jahr qualifiziert hatte.

Anderthalb Monate nach dem Spiel gegen die Saar trat die Herberger-Elf erneut gegen Norwegen an.

Die Sterne schienen günstiger zu stehen als beim letzten Mal, denn alle drei Verletzten waren wieder einsatzbereit. Auch waren diesmal die Norweger untrainierter als die Deutschen. Ein früher Wintereinbruch hatte für sie das Training auf dem Platz unmöglich gemacht.

Trotzdem hatte Herberger seine Mannschaft erneut vor den zähen Gegnern gewarnt.

Seine Einschätzung bestätigte sich, als die norwegische Mannschaft wieder einmal als Erstes in Führung ging. Doch Morlock erzielte dann noch vor der Pause den Ausgleichstreffer und ließ sich kräftig feiern. Danach wurde das Spiel runder, flüssiger und gewann insgesamt an Fahrt.

Zum ersten Mal hatte auch Herberger das Gefühl, dass hier eine durch und durch harmonische Mannschaft spielte. Stolz beobachtete er das hervorragende Zusammenspiel der beiden Walter-Brüder, deren Verletzungen sich ausnahmsweise einmal nicht meldeten und die nach der Halbzeit zur Höchstform aufliefen.

Jeweils ein Treffer der Walter-Brüder, einer von Morlock und einer von Rahn. Mit 5:1 gewann die deutsche Mannschaft haushoch und schien damit allen zeigen zu wollen, dass sie es wert waren, zur Weltmeisterschaft zu fahren.

Jetzt mussten sie nur noch eine Hürde überwinden. Und für den Fall, dass das gelingen sollte, plante Herberger die Zukunft.

Er suchte vorsorglich, noch bevor das Endergebnis feststand, das geeignete Quartier in der Schweiz. Freilich war es ein bisschen früh und hätte die Presse davon Wind bekommen, wer weiß, wie sie ihn wieder gescholten hätte. Doch Herberger glaubte felsenfest daran, dass sie es schaffen konnten.

Albert Sing, der Trainer der „Young Boys Bern", half ihm bei der Suche. Er war als ehemaliger Nationalspieler ein alter Bekannter, der seinen „Chef" nur zu gerne nach Kräften unterstützte.

Verschiedene Quartiere wurden auf seinen Vorschlag besichtigt. Den Zuschlag erhielt das Hotel Belvédère in Spiez am Thuner See. Es war ideal – idyllisch gelegen, inmitten der Berglandschaft, direkt am See mit einem großen Garten. Herberger musste nicht lange überlegen, es gab in diesem Fall für ihn kein „zu früh". Die „richtige" Unterkunft nahm in seinem Plan einen wesentlichen Platz ein. Mit einem Lächeln reservierte er die entsprechenden Zimmer. Er konnte sie alle dort schon sehen, wusste, wer mit wem das Zimmer teilen sollte. Bei der Abfahrt konnte er seinen Blick kaum lösen. Das Hotel schien eine wirklich gute Zukunft zu verheißen.

Das letzte Spiel gegen die Saar, und damit die Entscheidung über die Teilnahme an der Weltmeisterschaft, fand am 28. März 1954 in Saarbrücken statt. Herberger feierte an diesem Tag seinen 54. Geburtstag, doch ihm war wahrlich nicht nach Feiern zumute. Außer Eckel, der von Anfang an dem Spiel Dynamik verlieh und schnell war wie ein Windhund, spielten seine Männer verhalten und verkrampft. Sie standen unter enormem Druck, das Spiel zu gewinnen, und konnten sich nicht davon frei machen. Alte Verletzungen einiger Spieler meldeten sich wieder.

Fritz hatte zehn Minuten vor Anpfiff erneut unter seinem Muskeleinriss zu leiden, den er schon seit einiger Zeit mit sich herumschleppte und der nie ganz auskuriert werden konnte. Es half nichts – er war gar nicht erst in der Lage anzutreten.

So war er wieder einmal gezwungen, sich das ganze Spektakel von der Tribüne aus anzusehen. Ein Trauerspiel, wie er fand. Denn vom letzten Spiel gegen Norwegen, in dem die Mannschaft so harmonisch und schön gespielt hatte wie lang nicht mehr zuvor, war nichts mehr zu sehen. Alle machten einen vollkommen verkrampften Eindruck.

Dass sie doch noch 3:1 siegten, verdankten sie mehr dem Umstand, dass sie der Saar einfach an Routine überlegen waren, als ihrem eigenen Können.

Aber immerhin: Auch wenn sie sich gar nicht recht darüber freuen konnten, ihr Selbstbewusstsein nahezu auf Erbsengröße geschrumpft war und allesamt unter Komplexen litten – Herbergers Elf hatte die Fahrkarte zur WM in der Tasche.

Schwarzwald im April 1954 – Mannschaftsurlaub

Eine muntere Truppe marschierte quietschfidel und singend über die grünen Hügel in Obertal bei Baiersbronn. Nach einem langen, ausgedehnten Spaziergang durch Wiesen und Felder nahmen sie gerade Kurs auf die Minigolfanlage, die sie schon seit vier Tagen in regelmäßigen Abständen bearbeiteten.

Die Stimmung ausgelassen, das Zusammengehörigkeitsgefühl gestärkt, so hatte sich Herberger das ausgerechnet. Er hatte einfach immer ein gutes Händchen in Mannschaftsführung gehabt und auch diesmal lag er goldrichtig, als er seinen Männern fünf Tage gemeinsamen Urlaub verordnete, ohne dass dabei auch nur einmal Fußballschuhe angezogen wurden.

Das kleine Örtchen Obertal erschien ihm dafür mehr als geeignet. Im Herzen des Nordschwarzwaldes war es als heilklimatischer Luftkurort für Kurgäste und Menschen, die einfach mal die Seele baumeln lassen wollten, ideal. Mehr als 300 Kilometer Wanderwege im waldreichsten Gebiet Deutschlands sorgten für die nötige Entspannung.

Der April war obendrein auch noch der günstigste Monat für diese Art von Urlaub, die Herberger vorschwebte. Sonnige Tage wechselten sich mit kühlen und nebligen Regentagen ab und so traf die Mannschaft nur eine Handvoll unerschütterlicher Kurgäste in ihrem Hotel an. Die meisten Gäste kamen erst einige Wochen später, wenn das Wetter verlässlicher war.

Jetzt, wo feststand, dass die deutsche Nationalelf bei der Mitte Juni in der Schweiz stattfindenden Weltmeisterschaft teilnehmen durfte, wollte Herberger auf Nummer Sicher gehen. Sein Prinzip für die bevorstehenden Spiele stand unumstößlich fest: Die Mannschaft konnte nur dann gewinnen, wenn sie nicht nur konditionell und spielerisch auf der Höhe war, sondern vor allen Dingen, wenn sie als geschlossene Einheit auftrat. Mannschaftsgeist und Teamgedanke waren sein Leitfaden, den er den Männern beständig beizubringen versuchte.

Herbergers Auswahlmannschaft für die WM stand zwar noch nicht fest, aber er wollte, dass alle, auch diejenigen, die dann letztendlich zu Hause bleiben mussten, sich als Freunde verstanden.

„Elf Freunde müsst ihr sein", hatte er immer wieder vor Länderspielen seiner Nationalmannschaft erklärt. Es war ihnen in Fleisch und Blut übergegangen. Keiner von ihnen hätte über einen Mannschaftskameraden schlecht gesprochen oder versucht, ihn zum eigenen Vorteil auszubooten. Und dass sie sich die Worte Herbergers zu Herzen nahmen, bewies auch die Bereitschaft, ihren Urlaub hier gemeinsam zu verbringen, obwohl manche Familie und andere Verpflichtungen zu Hause hatten.

Heute war der letzte Tag angebrochen und Herberger war sichtlich zufrieden mit seinem Ergebnis. Was noch zu Beginn des Treffens mühsam und schwer war, erschien ihm jetzt leicht und gelöst.

Allesamt waren sie im Laufe der Saison ballmüde geworden und steckten voller Komplexe. Die einen dachten unaufhörlich daran, dass sie tatsächlich zu alt waren und gaben damit den Schreiberlingen Recht, die jetzt vermehrt in die Zeitungen setzten, dass sich Herberger mit diesen Männern doch besser von der Schweiz fernhalten sollte.

Die anderen trauten sich aufgrund von Fehlpässen oder verpatzten Torchancen in den vergangenen Spielen kaum noch etwas zu.

„Isch bin dran!", rief Hans Schäfer enthusiastisch, als er vom hinteren Teil der Gruppe zum vorderen aufholte und somit verhindern wollte, dass sich Helmut Rahn wieder einmal als Erster einen Golfschläger besorgte.

So schnell er konnte, rannte Schäfer zur Verleihstelle und haute den jungen Verkäufer in breitem Kölner Dialekt an: „Jung, tu misch ma nen Schläscher."

Die ausgelassene Gruppe fing sofort zu lachen an, als sie in das ratlose Gesicht des Verkäufers blickten, der offenbar mit dem Kölschen Kauderwelsch nichts anfangen konnte.

„Der meint, Sie sollen ihm 'nen Schläger geben", griff Rahn fröhlich ein, „nehmen Sie's ihm nicht übel, das ist eben ein Ausländer." Wieder brüllte die Gruppe vor Lachen.

„So, und jetzt geben Sie dem Fritz hier auch einen", wandte sich Rahn erneut zu dem Mann im Häuschen, der vorsorglich schon einmal mehrere Golfschläger aus seinem Ständer zog. „Der Fritz will heute einen Rekord aufstellen, aber ich glaube fast, dass ich ihm da zuvorkommen werde."

„Na, das wolle ma ja ma sehe", gab Fritz im besten pfälzischen Dialekt zurück. Er griff sich seinen Schläger und ging mit den anderen zur ersten Bahn.

Herberger, der sich die ganze Zeit über im Hintergrund gehalten hatte, lachte glücklich über die muntere Truppe in sich hinein. Dann ging er zu den anderen hinüber und stellte sich als Zuschauer hinten an. Vom Rand aus beobachtete er jeden Einzelnen genau und machte sich innerlich Notizen, wie sie sich verhielten.

Fritz Walter kannte er ja schon zur Genüge, ebenso wie seinen Bruder Ottmar, der zwar nicht ganz so feinfühlig, dafür aber bodenständig und gleichermaßen charmant war. Beide sahen sie gut aus. Aber durch seine athletischdynamische Art war Ottmar der Frauenschwarm schlechthin.

Der junge Horst Eckel, von allen nur „Benjamin" genannt, war da eher von schmächtiger Statur, aber dafür äußerst zäh und anpassungswillig. Von Anfang an hatte er keine Probleme, sich in die Gruppe einzugliedern. Er war aufgeschlossen und nett und hatte in seinem Clubkameraden Fritz Walter ein echtes Vorbild gefunden. Herberger, der den dünnen Körper Eckels von weitem betrachtete, fing an leise zu lachen, als er sich an ein Gespräch mit Kohlmeyer erinnerte.

Gleichermaßen bei seinen Spielgegnern wie bei seinen Mannschaftskameraden war Eckel gefürchtet. Kohlmeyer spielte gemeinsam mit Eckel, Liebrich und den beiden Walter-Brüdern beim 1. FCK. Einmal war dieser zu Herberger gekommen und hatte sich bitter darüber beschwert, dass er sich von Eckels spitzen Knochen mehr blaue Flecken holen würde als bei einem Zweikampf mit dem Gegner. Er brauche Eckel nur anzusehen, schon hätte er wieder Schmerzen, meinte er bedröppelt.

Ein anderer hatte dazu mal gemeint, Horst müsse aufpassen, beim Duschen nicht durch den Ausguss gespült zu werden. Weniger selbstbewusste Spieler hätten sich dadurch vielleicht angegriffen gefühlt. Aber Horst Eckel nahm die ganzen Späße gelassen, lachte sogar mit. Selten hatte Herberger einen Spieler erlebt, der so jung und schon so nervenstark und ausgeglichen war.

„Hey, wirf den Ball endlich rüber!", rief Ottmar zu Morlock, der nach einem Fehlschlag über den Rand der Minigolfbahn sofort anfing, damit Fußball zu spielen. Diese Gelegenheit ließ sich Rahn auch nicht nehmen und begann ordentlich mitzumischen. Sofort entstand ein Tumult.

„Männer, hier wird kein Fußball gespielt", ermahnte Herberger in väterlichem Tonfall. Und als Rahn noch immer nicht aufhören wollte, den kleinen weißen Ball zu bearbeiten, nahm Herberger ihn kurzerhand weg und warf ihn zurück auf die Golfbahn.

„Der Jung is bekloppt", mischte sich Schäfer kopfschüttelnd ein.

„Wer is hier bekloppt?", blickte Rahn auf und ging gespielt provozierend zu Schäfer hinüber. Als er vor ihm stand, schoss blitzschnell seine Hand hervor. Wie ein Pennäler begann er Schäfer durchzukitzeln. Der klappte lachend vornüber und versuchte sich hilflos dem Angriff zu erwehren.

„Stimmt, der Junge ist wirklich bekloppt", griff Morlock jetzt ins Geschehen ein und steuerte auf Rahn zu, um ebenfalls ordentlich mitzumischen. „Nur jemand, der so bekloppt ist wie der, legt einem 'ne Taube ins Nachtschränkchen."

Morlock wusste, wovon er sprach. Im vergangenen Jahr musste er sich bei einem Lehrgang mit Rahn das Zimmer teilen. Jener Spaßvogel sah sich berufen, dafür zu sorgen, dass keine Langeweile aufkam. Kurzerhand fing er auf dem Lehrgangsgelände eine Taube und steckte sie in die Schublade von Morlocks Nachttischchen.

Als dieser dann am Morgen seine Armbanduhr herausnehmen wollte, traf ihn fast der Schlag. Die verstörte Taube flatterte ihm erst mitten ins Gesicht und hüpfte anschließend orientierungslos auf seinem Bett herum. Rahn warf sich lachend in eine Ecke und kam erst Minuten später tränenüberströmt wieder zum Vorschein.

„Los, Männer, auf ihn mit Gebrüll, damit ihm endlich die Flausen aus dem Kopf getrieben werden", feuerte Morlock die Gruppe an, die sich das nicht zweimal sagen ließ. Lachend warfen sie sich auf Rahn und bearbeiteten ihn so lange, bis dieser sich ergeben auf den Rücken legte.

Herberger versuchte gar nicht erst einzugreifen. Auch wenn sie allesamt auf dem nassen Gras herumrutschten und sich und ihre Kleidung durchnässten, so war es ihm in

diesem Moment recht. Die Gruppe hatte zueinander gefunden und war in den wenigen Tagen, die sie hier gemeinsam verbrachten, zu einem Team geworden. Das war
ihm mehr wert als alles andere.

Am Abend nach dem Essen wurden alle ein wenig ruhiger
und nachdenklicher. Innerlich bereiteten sie sich schon auf
den bevorstehenden Abschied vor. Wie hatten sie diese
Tage genossen. Tage, in denen sie nicht nur absolut fuß-
ballabstinent lebten, sondern in denen auch kaum einer ein
Wort von Fußball gesprochen hatte.

Die unbeschwerte Zeit tat ihnen gut. Sie lebten buchstäblich in den Tag hinein, dachten nicht an ihre Sorgen und
Ängste. Das war die beste Art, die Akkus wieder aufzula-
den. Außerdem bekamen sie durch den Fußballentzug alle
wieder richtig Lust zu spielen. Er freute sich diebisch,
wenn er bemerkte, wie sehr sie das Spielen vermissten,
denn das sah Herberger als seine Hauptaufgabe als Trainer
an: Die Spieler durften nie vergessen, warum sie überhaupt
Fußballer geworden waren.

Der Zugang zu ihrer ursprünglichen Freude am Spiel
war der Schlüssel zu allem. Das war viel wichtiger als
Pflichtgefühl, denn sie verlieh den Spielern sowohl die
Kraft, besondere Leistungen zu vollbringen, als auch den
Mut, schwierige Situationen und Niederlagen durchzuste-
hen. Beides machte nur Sinn, wenn man wusste, wofür
man es tat. Das war der eine Teil, den manche Trainer gerne vergaßen.

Der andere Teil war menschlicher Natur: Auch Spieler
hatten Probleme. Wenn man dafür kein Ohr hatte, sollte
man nicht Trainer werden, fand Herberger. So hörte er sich
ihre Probleme an, gab Ratschläge, erkundigte sich nach
ihrem Privatleben und nahm Anteil an ihren Gedanken. Er
war wie ein Vater für sie da und wie ein guter Vater hatte
er es auch geschafft, ihr Selbstvertrauen erneut zu stärken.

Jetzt war Ruhe eingekehrt. Fast besinnlich saßen einige zusammen und spielten Karten, während sich andere belanglos Geschichten von ihren Vereinen erzählten.

Nur in einer Ecke wurden schwere Gedanken gewälzt. Auf einer der Bänke im Hobbyraum saß Max Morlock und unterhielt sich mit einem ziemlich bedrückten Fritz Walter.

„Tja, ich drück euch jedenfalls die Daumen", meinte Max, der auf die bevorstehende Deutsche Meisterschaft des 1. FCK's anspielte.

„Sehn ma mal", antwortete Fritz. Sein Gesichtsausdruck verriet, dass er nicht so recht daran glauben konnte.

„Ihr schafft das schon. Schließlich wart ihr schon zweimal Deutscher Meister, dann wird's auch ein drittes Mal klappen. Da bin ich mir sicher."

Die Sorgenfalten auf Fritz' Stirn wurden größer. Schon seit Tagen hatte er eine dunkle Vorahnung, was diese Meisterschaft betraf. Natürlich erwarteten alle, dass sie gewinnen würden, wo doch ausgerechnet in ihrem Verein fünf Nationalspieler vertreten waren.

Der Druck zu gewinnen war enorm, nicht nur, weil man es von ihnen als Favoriten einfach erwartete. Indirekt stärkten sie Herberger damit den Rücken.

Dem Bundestrainer wurde schon lange eine „Affenliebe" zum 1. FCK unterstellt. Einige behaupteten, dass Herberger seine Mannschaft nur nach Sympathie auswählte und nicht nach Können. Wenn sie zum dritten Mal Deutscher Meister würden, hätten sie damit allen Kritikern den Mund gestopft. Aber Fritz blieb skeptisch.

„Kopf hoch, Fritz", versuchte Morlock ihn aufzurichten, „ihr werdet Deutscher Meister."

„Wenn du nur Recht hättest, Maxl, wenn du nur Recht hättest", unkte Fritz. Was ihm wirklich Kopfzerbrechen bescherte, war, dass er sich auf sein Gefühl normalerweise immer verlassen konnte. Und diesmal hatte er wahrlich kein gutes Gefühl …

Er hatte schon das Schlimmste befürchtet, aber dass es so schlimm kommen würde, damit hatte er nicht gerechnet.

Es war ein unglaublich heißer Maisonntag, als das Endspiel um die Deutsche Meisterschaft im Hamburger Fußballstadion angepfiffen wurde. Schon die unerbärmlich stechende Sonne war ein schlechtes Omen gewesen. Seit seiner Malariaerkrankung in Kriegsjahren hasste Fritz Walter die Hitze, fühlte sich dadurch geschwächt. Nur wenn es regnete, war er ganz er selbst, dann konnte er spielen wie kein anderer. Wenn der Himmel sich zuzog, dann lachte sein Spielerherz, dann war „Fritz-Walter-Wetter". Matschiger Boden, wahre Güsse von oben, Schlittern, Rutschen, mit allem konnte er umgehen, im Gegenteil, dann lief er zur Höchstform auf – nicht aber bei dieser schweißtreibenden Hitze.

An diesem entsetzlich heißen Maisonntag trat Hannover 96 gegen den 1. FC Kaiserslautern an.

Die Hannoveraner galten zwar nicht als unbezwingbar, doch nahmen sich deren Gegner stets vor ihrer gewitzten Spielweise in Acht. Ihre Taktik war es, die Gegner erst einmal herankommen zu lassen und dann quasi aus der Defensive heraus durch weite Pässe im Blitzangriff zu überraschen. Eine überaus laufstarke Spielweise ließ den Gegner zusätzlich am ausgestreckten Arm verhungern. Es hieß, dass die Hannoveraner ganze zwei Stunden am Stück ununterbrochen laufen konnten, so stark war ihre Kondition.

Ganz im Gegenteil dazu die Walter-Elf: Diese galt zwar als ein durch und durch eingespieltes Team, doch waren ihre Reserven nahezu am Ende. Kaum ein Spieler hatte mehr die nötige Kraft, um auf diesem hoch angesetzten Niveau mitzuhalten.

Bereits zu Beginn des Trainings nach ihrer Ankunft in Hamburg, sehnten sich alle schon nach dem Ende. Kein gutes Zeichen also für das bevorstehende Spiel.

Doch überraschenderweise kamen die Lauterer gleich nach dem Anpfiff in den ersten Minuten richtig gut in Fahrt. Unter dem Beifall von rund 80 000 Zuschauern gelang Ottmar bereits in den ersten Minuten ein Durchbruch. Er stürmte auf das gegnerische Tor, schoss und versenkte das Leder zum 1:0 im Netz.

Leider war Ottmars Jubel nur von kurzer Dauer, denn als er sich umdrehte, um sich von seinen Kameraden den wohl verdienten Beifall abzuholen, stellte er zu seinem Entsetzen fest, dass der Schuss ungültig war: Wegen eines Fouls hatte der Schiedsrichter schon zuvor abgepfiffen.

Egal, dachte sich die Mannschaft und versuchte ihr Glück weiter. Schon wenige Minuten später hatten sie dann wirklich Grund zur Freude. Horst Eckel gelang mit einem Granatenschuss, aus halber Höhe im Tumult um den Hannoveraner Strafraum abgefeuert, das 1:0.

Kaum einer dachte nun daran, dass sich von jetzt an das Blatt zum Schlechten wenden sollte. Sie jubelten und feierten ihren „Benjamin", ohne die nötige Vorsicht walten zu lassen und fortan auf Nummer Sicher zu gehen. Von jetzt an nahmen die Hannoveraner das Zepter in die Hand und setzten zum Gegenangriff an.

Für den 1. FCK wäre es ein Leichtes gewesen, mit dem 1:0 in die zweite Halbzeit zu gehen, denn die Lauterer Verteidigung stand felsenfest.

Liebrich tat sein Bestes und ließ keinen der Angreifer durch. Als ungeschriebenes Gesetz galt, „bis Liebrich und nicht weiter", das hatten sie sich alle zu Eigen gemacht und jeder Einzelne hatte sich darauf verlassen.

Zu dumm nur, dass der gegnerische Mittelstürmer Tkotz es dann doch noch schaffte, an Liebrich vorbeizukommen. Als wäre damit ein Bann gebrochen, stürmte er unhaltbar aufs Tor und schaffte kurz vor der Pause den Ausgleichstreffer.

Von dem Moment an war Fritz klar, wie alles ausgehen

musste. Seine innere Stimme meldete sich wieder und flöß-
te ihm Angst ein, da halfen auch die aufmunternden Worte
seines Bruders nichts.

Kurz nach dem Wiederanpfiff sollten sich Fritz' Befürchtungen tatsächlich bestätigen. Das 1:2 sorgte schon nach
vier Minuten für allgemeines Entsetzen. Nicht etwa, dass
der gefährliche Halbstürmer Zielinski, vor dem man die
Lauterer eindringlich gewarnt hatte, den Treffer versenkte.
Damit hätten sie noch halbwegs leben können. Nein, der
Führungstreffer für die Hannoveraner kam ausgerechnet
aus den eigenen Reihen.

Es war Kohlmeyer, der seinem Torwart Hölz zu Hilfe
kommen wollte, da sich der Ball gefährlich auf das eigene
Tor zubewegte. Unglücklicherweise rutschte ihm aber das
Leder am Spann vorbei und glitt sanft und elegant, als
wäre alles auch so beabsichtigt gewesen, ins eigene Tor.

Die Mannschaft war fassungslos und wie gelähmt. Doch
anstatt auf dem ebenfalls zur Salzsäule erstarrten Kohli
herumzuhacken, gingen seine Mitspieler tröstend auf ihn
zu und versuchten ihn für den weiteren Spielverlauf zu
motivieren.

Zwar fühlten nun alle anderen auch den drohenden Untergang, doch sie durften nicht einfach tatenlos den anderen das Feld überlassen. Also rissen sie sich wieder zusammen und setzten alles daran, zum 2:2 aufzuholen.

Jetzt trat genau das ein, wovor man sie gewarnt hatte.
Die laufstarken Hannoveraner starteten einen Angriff um
den anderen und versuchten ihren Gegner müde zu machen. Ihnen war durchaus bewusst, dass sie es mit angeschlagenen Spielern zu tun hatten, deren Kondition sich
systematisch dem Ende zuneigte.

Als hätte man sie allesamt angezapft und ausbluten lassen, wurden die Beine der Lauterer schwerer und schwerer.
Selbst wenn sie wollten, sie waren nicht in der Lage, dem
von ihnen erwarteten Laufpensum gerecht zu werden.

Dann fiel ein Schuss und landete unhaltbar für Hölz zum 1:3 im Tor. Der Hannoveraner Wewetzer hatte blitzschnell reagiert und in der 77. Minute einen von seinem Mitspieler Tkotz unglücklich ausgeführten Lattenschuss doch noch ins Netz befördert.

Und als wäre es noch nicht genug, folgte gleich vier Minuten später der Treffer zum 1:4. Die Hannoveraner hatten mittlerweile einen absolut wehrlosen Gegner, der allem Anschein nach nur darauf wartete, von ihnen zur Schlachtbank geführt zu werden. Lediglich Liebrich versuchte in blindem Eifer, sich dem ständigen Angriff zu erwehren. Der Rest seiner Mannschaft war so fertig mit den Nerven, dass sie sich nur wünschten, der Schiedsrichter würde endlich abpfeifen und dem Grauen ein Ende setzen.

Dass sie verloren hatten, wussten sie, aber dass es so enden würde, war für alle Beteiligten beschämend. Und als wollten ihre Gegner ihnen eine lange Nase zeigen und sie gründlich verspotten, fiel sechs Minuten vor Ende auch noch das 1:5.

Abpfiff. Der Stern des favorisierten 1. FCK war jämmerlich untergegangen. Geschlagen, im wahrsten Sinne des Wortes, ging die Mannschaft vom Platz. Als sie in ihrer Kabine angekommen waren, sagte keiner ein Wort. Betreten blickten sie zu Boden, wagten gar nicht erst den anderen anzusehen.

„Ei, wir dürfe ja gar nimme hämkomme", murmelte einer leise vor sich hin. Aber heimkommen war ihr kleinstes Problem. Im übelsten Fall war mit diesem Ergebnis für die fünf Nationalspieler vom 1. FC Kaiserslautern – allen voran Fritz Walter – die Weltmeisterschaft gestorben. Jetzt war ihnen bewusst, dass selbst Herberger nicht mehr an ihnen festhalten konnte und sie austauschen musste. Wer wollte schon mit solchen Verlierern in Bern antreten. Noch Minuten später herrschte Totenstille.

Aus den Aufzeichnungen Sepp Herbergers:

Das Trainingsprogramm für Schöneck

[...] *Dieses allseitige „Mitmachen" und „Dabeisein" mit seinem ständigen Umstellen und Anpassen auf die im wechselvollen Auf und Ab einer sich ständig verändernden Situation, muss blitzschnell erfolgen. Blitzschnelles Umstellen erreicht oft, dass die Absichten des Gegners schon im Keime erstickt werden ...*

[...] *Je mehr jeder Spieler von der Bedeutung dieser seiner doppelten Aufgabe weiß und von deren Notwendigkeit überzeugt ist, je mehr er sich, von dem hohen Wert des ständigen Anpassens und Umstellens durchdrungen, auf diese Aufgaben einstellt und sich im Wettkampf immer wieder darin übt, umso mehr und schneller geht es auf dem Wege zu seiner persönlichen Höchstleistung voran und umso mehr hebt und stärkt er gleichzeitig die Kampfkraft und Spielkunst seiner Mannschaft.*

Zur Kondition:
Fang-, Rauf- und Tummelspiele. Kindliche Spiele mit ernster Zielsetzung! Das Spiel der beste Helfer des Trainers! Meine Uhr als Mitarbeiter!

Nach dem Einzelnen die Mannschaft = [...] krisenfeste Mannschaft: Spiel in höchstem Tempo und Spiel auf Zeit! Kritische Situationen im Spiel!
Der Geist der Mannschaft.

IX.

Die Schlacht

Lehrgang auf Burg Schöneck in Grünwald bei München, Ende Mai 1954

„Männer!", wandte sich Herberger donnernd an die vor ihm versammelten Hoffnungsträger der kommenden Fußball-WM und lockte damit fast alle aus der morgendlichen Müdigkeit.

Das harte Konditionstraining am Vortag hatte sie geschafft. Mit schweren Gliedern saßen sie abgekämpft in ihren Bänken vor ihm und bemühten sich um die geforderte Aufmerksamkeit für die Geheimnisse der Fußballstrategie.

Herberger ließ einen prüfenden Blick über seine Männer schweifen. Wie Helden sahen sie wirklich nicht aus. Viele von ihnen waren weit entfernt vom besten Alter eines Fußballers, vielfach lädiert und auch ihr inneres Feuer brannte auf allerkleinster Flamme.

Der Lehrgang hatte am ersten Tag wohl eher einer Reha-Maßnahme geähnelt. Die stattliche Anzahl an Verletzten unter ihnen hatte ihrem Masseur Erich Deuser fast einen 24-Stunden-Job verschafft. Er hatte alle Hände voll zu tun, die Angeschlagenen zu versorgen. Der Betrieb bei ihm lief pausenlos auf hohen Touren. Vom frühen Morgen bis zum Abend herrschte ein Verkehr wie im Taubenschlag.

Zwischenzeitlich hatte Herberger Übungsgruppen eingeteilt und versucht, zusätzlich in Einzelgesprächen psychologische Schützenhilfe zu leisten. Ein Spieler brauchte schließlich mehr als Kondition – eine insgesamt gute Spielform. Und hier spielte für Herberger vor allem das Seelische eine wichtige Rolle. Im Spiel war die Form, die Begeisterung, die Freude am Tun, der Rausch genauso entscheidend wie die Kondition.

Gestern war das erste Konditionstraining mit der ganzen Gruppe trotz aller Verletzungen erstaunlich gut gelaufen, aber immer noch meilenweit von der Ausdauer entfernt, wie sie in weniger als drei Wochen benötigt würde.

In der Öffentlichkeit wurde über ihre Chancen noch nicht einmal nachgedacht. Ihre potentiellen Gegner freuten sich jetzt schon auf den sicheren Sieg über die deutschen Außenseiter. Und genau an diesem Punkt musste Herberger schmunzeln. Unterschätzt zu werden, tat ihm nicht weh, im Gegenteil. Zwar sah er seine Mannschaft ganz realistisch, aber wenn er seine Spieler betrachtete, nahm er etwas wahr, was den anderen verborgen blieb: ihren Einsatzwillen, ihren Mut, ihr Vertrauen und ihr Talent.

Ballgefühl hatte man oder man hatte es nicht, zumindest nach Ansicht des Trainers. Ohne dieses grundsätzliche Gefühl war kein Weltklasse-Fußball denkbar. Und die Männer vor ihm hatten es alle – mehr noch: Sie waren bereit, alles dafür zu geben. Es war diese Besessenheit, die es ihnen ermöglichte, das Spiel mit jeder Faser des Körpers zu spüren. Und er wusste, dass er den Funken der Leidenschaft in ihnen wieder entfachen konnte.

So hatte er es sogar geschafft, ganz nebenbei und ohne Druck, jedem noch die eine oder andere Extrarunde abzuluchsen. Mit Freude hatte er gesehen, dass Sie wieder anfingen zu witzeln und sich gegenseitig aufzuziehen.

Jetzt aber stand taktische Mannschaftsschulung auf dem Plan. Und dafür brauchte er ihre komplette Aufmerksamkeit.

„Ihr müsst brennen!", beschwor er sie und es schien, als würde er zu jedem einzeln sprechen. „Ich weiß, dass ich mich auf jeden Einzelnen von euch verlassen kann!"

Fast hypnotisch fixierte er seine Gruppe, die auf einmal eine spürbare Lebendigkeit ausstrahlte, als hätte er ihnen neuen Lebensatem eingehaucht.

„Wenn die anderen in eurem Verein dienstags und donnerstags trainiert haben, habt ihr auch noch den Montag, den Mittwoch und den Freitag hinzugenommen. Wenn die anderen an ihr Vergnügen dachten, dachtet ihr an eure Kondition. Männer, ihr müsst euch dabei immer vor Augen halten: Der Ball hat immer die beste Kondition!"

Seine Spieler waren voll bei der Sache, alle bis auf einen. Helmut Rahn schien abzuschweifen und blickte versonnen zum Fenster hinaus. Ihn fixierte Herberger, während er schmunzelnd wissen ließ: „Ihr braucht ja gar nicht so genau hinzuhören, sondern ihr müsst es euch nur einfach merken."

Der Angesprochene hatte den zarten Hinweis seines Trainers verstanden und heftete seine Augen pflichtbewusst auf Herberger. Dieser wurde schlagartig ernst.

„Bevor wir zur Taktik kommen, noch ein ernstes Wort: Wenn die Lauterer heute eintreffen, müssen die Gespräche der letzten Tage vergessen sein. Einige von Ihnen haben schon zum Besten gegeben, was Sie diesem und jenem zu sagen gedenken. Alles gut gemeint, natürlich, aber bedenken Sie, wie leicht so was in den falschen Hals geraten kann! Sie wissen alle aus eigener Erfahrung, wie schwer die bittere Pille der Niederlage zu schlucken ist und Sie wissen ganz genau, wie es einem in solch einer Situation zumute ist. Also handeln Sie entsprechend!"

Die anschließende kurze Pause ließ seinen eindringlichen Appell umso schwerer wiegen. Herberger ließ die Stille wirken, bis er sicher sein konnte, dass keiner der Anwesenden gegenüber den unglücklichen Kaiserslauterern ein ungeschicktes Wort fallen ließe. Diese würden wegen der Meisterschaft erst später eintreffen und bis dahin wollte er die anderen darauf vorbereiten.

Das Thema der unerwarteten Niederlage hatte in den vergangenen Tagen bei den Teilnehmern fast sämtliche Gespräche dominiert. Es war geflachst und gehänselt worden. Manche Gespräche waren zwar verstummt, wenn Herberger den Raum betreten hatte. Doch einige Spieler hatten sich davon nicht beeindrucken lassen und munter weiter geplaudert.

Sicher zielte alles Gesagte darauf ab, was der Trainer jetzt mit den Lauterern wohl vorhatte, oder ob er überhaupt noch etwas mit ihnen unternehmen wollte. Aber das musste jetzt ein Ende finden.

Die Einladungen für den Vorbereitungslehrgang waren schon vor der Meisterschaft herausgegangen und am Ende würde er aus den 28 Teilnehmern 22 auswählen. Aber eben erst am Ende.

Man hatte ihm von allen Seiten zu verstehen gegeben, dass man die Kaiserslauterer bei der WM nicht sehen wollte. Viele schienen dabei ihre Kompetenzen zu überschätzen und sich neuerdings als Bundestrainer berufen zu fühlen. Aber solange Herberger der Bundestrainer war und auf der Gehaltsliste des DFB stand, würde es ausschließlich SEINE Endscheidung sein. Und wenn sich dann eine seiner Entscheidungen als Fehler herausstellen sollte, dann war es immerhin sein eigener und nicht der der anderen.

„Und nun, Männer, zum Thema: zeitlose und immer gültige Regeln!" Aufrecht stand er vor ihnen und lenkte ihre Aufmerksamkeit in eine andere Richtung. Die Begeisterung war ihm anzusehen, während er dozierte: „Was ist die Grundlage unseres Wollens und unser erstrebenswertes Ziel?"

Hier ließ er eine kleine, kunstvolle Pause und fuhr dann mit steigender Intensität fort: „Das schnelle Spiel! Das Ergebnis eines schnellen Spiels sind aber nicht schnelle Beine. Das Geheimnis liegt in der Übersicht, im schnellen Denken, ja im Vorausdenken! Ich möchte, dass Sie sich die Frage stellen: Wie kann der Ball zu mir kommen und was muss und kann ich dafür tun. Nun, jeder und alle müssen immer, jede Minute, jede Sekunde DABEI sein. Ich will eine Mannschaft sehen, die ein Meister ist in beiden Spielaufgaben, im

Angriffsspiel ebenso wie in der Abwehr, die immer eine geschlossene, festgefügte Einheit ist!"

Jetzt hatte er sich warm geredet. Und anders als in der Schule folgten ihm SEINE Schüler nicht pflichtschuldig, sondern mitgerissen. In ihnen wuchs die Vorstellung von einem idealen Spiel, das sie mit jeder Faser ihres Körpers spüren konnten. Herberger wollte sie weglocken vom Bild des starren, statischen Mannschaftsspiels, um vor ihnen das Bild einer aktiven, wirbelnden, selbständig denkenden Mannschaft entstehen zu lassen.

Im Eifer wurden seine Sätze kürzer und abgehakt. Und während er sprach, konnten sie sich alle auf dem Feld sehen.

„Das ist die Grundlage und Krönung des guten, schönen und erfolgreichen Spiels: immer eine Mannschaft sein! Jeder und alle immer dabei. Alle im Angriff, alle in Abwehr! Freilaufen und sich anbieten, wenn wir am Ball sind. Decken und Balljagd, wenn der Gegner im Ballbesitz ist: Jeder deckt und bekämpft den Spieler, der umgekehrt ihn bekämpft und deckt!"

Alle Augen hingen an ihm, als er sie an seiner Vision von einem anderen, einem besseren und schnelleren Fußball teilhaben ließ und diese Vorstellung in ihre Herzen pflanzte, während draußen in der Welt keiner auch nur einen Pfennig auf sie gesetzt hätte.

Es war ein fröhliches Hallo ohne Misston, mit dem die Kaiserslauterer bei ihrer Ankunft begrüßt wurden. Selbst wenn der Chef es ihnen nicht eingetrichtert hätte, sie hätten ihre Kollegen nicht verspottet oder gar angegriffen.

Sie wussten es noch nicht, aber durch die Worte ihres Trainers hatten sie alle schon angefangen, eine Mannschaft zu sein.

Beim Essen gab es harmlose Scherze, als Eckel in den Raum gehumpelt kam. Rahn witzelte: „Wenn DU schon so

aussiehst, will ich nicht wissen, was dein Gegner abbekommen hat …"

Ein lautes Gelächter folgte. Mit Eckels spitzen Knochen
hatte schon fast jeder ungewollte Bekanntschaft gemacht.
Sie waren eine ernstzunehmende Waffe.

Herberger stellte trocken fest: „Horst, Sie sind ein Mann
für die Kompanie Deusers. Gehen Sie nach dem Essen sofort dorthin!"

Noch mehr Gelächter folgte, nur einer war seltsam still
und nachdenklich: Fritz Walter. Er fühlte sich an sein alle-
rerstes Länderspiel erinnert. Damals hatte er gespürt, dass
er nicht aufgestellt werden würde, hatte aber mit seinem
Gefühl ganz falsch gelegen. Damals hatte er ganz am Anfang gestanden. Stand er jetzt vor dem Ende? Immer hatte
er sich auf den Chef verlassen können. So oft hatte er aufgeben wollen. Nie hatte Herberger ihn gehen lassen. Wie
würde es diesmal sein? Er forschte in Herbergers Gesicht
und konnte die Antwort nicht finden.

Herberger saß in seinem Zimmer, das aufgeschlagene Notizbuch vor sich. Es war der letzte Abend des Lehrgangs
und sein Notizbuch hatte eine wichtige Aufgabe. Über-
morgen, am 4. Juni, würde die Meldung der zweiund-
zwanzig Spieler für die Weltmeisterschaft an die FIFA he-
rausgehen. Bis dahin musste er sich entschieden haben.
Wieder würde es sein Notizbuch sein, das als Erstes die für
sechs Teilnehmer traurige und für 22 Teilnehmer Glück
versprechende Nachricht barg.

Sein Gesicht aufgestützt, das rechte Auge zusammengekniffen – ein Ausdruck, so vertraut, dass er ihn nicht mehr
registrierte, dachte er nach und begann die Liste der Glück-
lichen zusammenzustellen:

1. Turek, Anton

Herberger hatte nicht lange überlegt. Der manchmal
selbstverliebte und auf Risiko spielende, aber äußerst ner-

venstarke Torwächter würde in der Schweiz dabei sein – und zum Fußballgott avancieren. Aber das konnte Herberger noch nicht ahnen. Flüssig schrieb er weiter:

2. Laband, Friedrich

Im Kopf notierte Herberger sich zusätzlich: temperamentvoller und talentierter Verteidiger. Schon schrieb er weiter:

3. Kohlmeyer, Werner

„Kohli", ebenfalls Verteidiger, hatte eine solche Kondition gezeigt, dass er notfalls von morgens bis abends durchspielen würde. Unverzichtbar, wie Herberger fand.

4. Bauer, Hans

Als Verteidiger war Bauer schnell und aufmerksam. Seine Stunde würde sicher kommen.

5. Erhard, Herbert

Erhard konnte Herberger flexibel einsetzen: als Stopper oder als Verteidiger. Man würde es sehen.

6. Eckel, Horst

Hier schmunzelte Herberger kurz. Der „Windhund" mit den langen Beinen hatte ein schier unendliches Luftreservoir. Er glänzte außerdem durch exzellente Ballführung und Vielseitigkeit. Sein Zweikampfverhalten war so außerordentlich, dass sich seine Gegner warm anziehen mussten.

7. Posipal, Josef

„Jupp" Posipal, das Hamburger Fußballidol, war ein Spieler mit Erfahrung, auf den sich Herberger blind verlassen konnte. Er blieb ruhig und vernünftig auch in brenzligen Situationen, um dann enorm schnell zu reagieren. Sein Kopfballspiel war ebenfalls glänzend.

8. Mai, Karl

„Charly" Mai war als Außenläufer ein unermüdlicher Antreiber und gleichzeitig höchst wirkungsvoll in der Defensive.

9. Mebus, Paul

Paul Mebus war zwar nicht sehr groß, aber von enormer Sprungkraft und deshalb einer der Kopfballspezialisten.

10. Liebrich, Werner

Der Stopper Werner Liebrich hatte so ein Feuer in den Augen, das zeigte: Liebrich würde niemals aufgeben. Nach Herbergers Einschätzung würde er in der WM zur Höchstform auflaufen. Der Trainer sollte damit Recht behalten.

11. Metzner, Karl-Heinz

Ein fleißiger Spielmacher und Läufer mit Potential.

12. Rahn, Helmut …

Hier stockte Herberger ein wenig. Nicht, weil es für ihn einen Zweifel an Rahns Teilnahme gegeben hätte, aber es gab Kritiken wegen seiner Alleingänge. Doch an Rahn kam man nicht vorbei. Er war ein Unikum. In guter Form war er unentbehrlich. Es gab Gegner, die machten einen Satz, wenn sie Rahns Namen hörten. Und sie würden einen Luftsprung machen, wenn sie hörten, dass Rahn nicht mitspielen würde. Diesen Gefallen wollte Herberger niemandem tun. Rahn war dabei.

Verschmitzt schrieb er weiter:

13. Morlock, Max

Auch auf „Maxl" Morlock konnte er nicht verzichten: „Maxl" konnte alle mitreißen, war ein richtiger Torgarant. Außerdem kam keiner mit dem Kopf so schnell hoch wie er. Er war ein absolut zuverlässig spielender Kämpfertyp, konnte aufmuntern und mitreißen – der ideale Mittelfeldspieler.

14. Klodt, Bernhard

„Berni" Klodt war ein guter Teamspieler und kraftvoller Athlet, aber er verausgabte sich auch schnell.

15. Walter, Ottmar

Ach ja, der „Ottes"! Was für ein Glück, ihn dabei zu haben. Er war ein Torjäger erster Güte, ein ungestümer Reißer und Dränger mit unerschütterlichem Tordrang und Schussvermögen, immer vorne dabei, wo es wehtut. Ottmar war als Mittelstürmer Spitzenklasse und ergab mit seinem Bruder Fritz ein sensationelles Team, in dem der eine den anderen stark machte.

16. Walter, Fritz

Auch hier hatte es für Herberger nie einen Zweifel gegeben. Entweder er würde die Weltmeisterschaft mit Fritz bestreiten oder er würde es lassen. Fritz war dazu geboren, Fußballspieler zu sein. Er hatte alles: Spielintelligenz, Torgefährlichkeit und die Begabung, den Ball präzise wie eine Billardkugel zu positionieren. Ebenso gut war er darin, genaue Vorarbeit für die Tore anderer zu leisten und die Mannschaft zu dirigierten – ein perfekter Kapitän. Auf ein solches Kaliber konnte ein Trainer nicht warten, nur hoffen.

Aber schon am Abend der Ankunft hatte Herberger gespürt, wie sehr Fritz wieder ins Grübeln gekommen war, wie sehr er sich die Niederlage seines Vereins zu Herzen genommen hatte. Er hatte den Spieler daraufhin kurz zur Seite genommen und ohne Schnörkel gesagt: „Fritz, Sie sind spät. Aber Sie sind dabei! Ich zähle auf Sie."

Von diesem Moment an war Fritz Walter von Tag zu Tag mehr aufgeblüht, obwohl ihm bei jedem Kinobesuch, den die versammelte Mannschaft gemeinsam in München unternahm, die Wochenschau noch einmal seine Niederlage unter die Nase rieb. Die ganzen letzten Monate hatte Fritz sich schon auf die WM vorbereitet. Und wenn Herberger sich nicht täuschte, stand sein Ausnahmespieler auf dem Sprung zu etwas ganz Großem. Beschwingt schrieb er weiter:

17. Herrmann, Richard

Schnell, schusskräftig, Läufer mit ausgezeichneter Ballführung.

18. Biesinger, Ulrich

Uli war der jüngste Spieler, der mit von der Partie sein sollte. Er war schon jetzt ein brandgefährlicher Läufer mit großen Torchancen. Gut möglich, dass seine Zeit schon gekommen war.

19. Pfaff, Alfred

„Hochbegabter Techniker", vermerkte sich Herberger anerkennend.

20. Schäfer, Hans

Schäfer war ein weiterer Spitzenspieler: Er hatte neben Fritz Walter eine Führungsrolle in Richtung Tor, war ein eleganter Treiber, der alle mitriss, hatte einen ganz gefährlichen Schuss und eine unbändige Kraft. Herberger hielt sehr viel vom „Hannes" aus Köln.

Nach kurzer Überlegung legte der Trainer die letzten Mitglieder der Nationalmannschaft fest:

21. Kubsch, Heinz

Kubsch war der dritte Tormann hinter Turek und Kwiatkowski.

22. Kwiatkowski, Heinrich

Die WM würde für Kwiatkowski auch der Einstand in der Nationalmannschaft sein, hoffentlich ein guter.

Er wusste nicht, dass er mit dieser Liste Geschichte schrieb. Er wusste nur: Mit diesen 22 würde er am 11. Juni 1954 die Fahrt in die Schweiz antreten. Und dafür war es genau der richtige Zeitpunkt, einen besseren hatte es noch nie gegeben.

Bestens vorbereitet waren sie jetzt. Sie hatten die anfängliche Müdigkeit hinter sich gelassen, hatten alle in unglaublichem Maße an Kondition und seelischem Gleichgewicht gewonnen, waren richtig in Fahrt gekommen. Das Kopfballtraining, das schon seit Jahren Teil seiner Übungen war, wurde perfektioniert. Fritz Walter hatte monatelang Eckbälle geprobt – unermüdlich. Von zehn Eckbällen brachte Fritz acht bis neun jetzt genau auf den Punkt.

Sie hatten genau so viel Theorie bekommen, wie sie brauchten, um optimal zu spielen und nicht vom Kopf blockiert zu werden. Er wollte schließlich keine neuen Spieler basteln, sondern nur, dass jeder seine natürlichen Fähigkeiten bestens einsetzen konnte.

Es lag auch nicht nur an diesem Lehrgang, dass ein neuer Geist die Mannschaft durchdrang, den alle später den

„Geist von Spiez" nennen sollten. Sie waren nicht erst jetzt großartige Spieler geworden. Seit vier Jahren hatte Herberger bewusst auf diesen Zeitpunkt hingearbeitet, hatte neue Talente erprobt und alte poliert.

Hinter all dem Tun und Trachten der letzten Jahre, manchmal gelobt, aber viel öfter heftigst kritisiert, lag ein kunstvoller Plan, eine tiefere Ordnung. In diesem Lehrgang zeigte sich, dass sie eine eingeschworene Gemeinschaft geworden waren. Sie waren jetzt eine Mannschaft, deren Verständigung perfekt funktionierte, Spieler, die harmonisch miteinander agierten, und sie alle hatten das Potential, miteinander weit über sich hinauszuwachsen. Sie alle wünschten sich innigst, in diesen Kampf zu gehen. Er wusste, sie konnten es schaffen.

Gleichzeitig hatten sie die Stärken und Schwächen der anderen Mannschaften erforscht und sich deren Eigenheiten eingeprägt.

Ganz besonders ausgiebig hatten sie sich mit den Ungarn beschäftigt. Allein das grandiose Finale von Wimbledon, in dem eine furiose ungarische Mannschaft die überraschten Engländer auf ihrem eigenen Boden 6:3 besiegte, wurde mehrmals analysiert.

Die Engländer waren mit den taktischen Finessen der großartigen Mannschaft einfach nicht fertiggeworden. Die Ungarn hatten das Glück, für jede der Schlüsselpositionen den passenden Mann zu haben. Sie galten als vollkommene Traumelf.

Jupp Posipal hatte Herberger dabei gezielt auf den Spieler Hidegkuti angesetzt und immer wieder gesagt: „Schauen Sie Jupp, wo der rumläuft."

Der Halbstürmer Hidegkuti hatte die fatale Eigenheit, weit zurückgezogen zu pendeln, statt einfach nur vorne zu lauern. Und anstatt ihm wie ein Schatten zu folgen oder wenigstens einen Außenläufer hinzuschicken, war dies dem englischen Stopper nicht weiter aufgefallen und Hidegkuti konnte in zurückgezogener Position seelenruhig seine Angriffe vorbereiten. Er plante im Verborgenen, spielte auf leisen Sohlen und schlich sich an den Strafraum heran, bis es zu spät war. Ein listiger Stürmer, wie es ihn vorher noch nicht gegeben hatte.

Ein weiterer Spieler wurde besonders aufmerksam studiert: „Das, meine Freunde, ist der berühmte Major Puskás!"

Der von allen so genannte „einbeinige Major" war auch ihnen ein Begriff. Puskás kickte nur mit dem linken Bein, das aber meisterlich! Er hatte sich nie darum bemüht, auch mit dem anderen Bein das Schießen zu lernen, was für einen Stürmer seines Kalibers eine empfindliche Schwäche bedeutete. Aber keiner konnte ihn, mit welchem Bein auch immer, an seinen gefürchteten Torschüssen hindern.

Auch mit dem Essen hätte Puskás sich mehr mäßigen müssen. Doch trotz seiner augenscheinlich behäbigen Figur hatte er eine schier unglaubliche Körperbeherrschung, was regelmäßig von seinen Gegnern unterschätzt wurde.

Hidegkuti und Puskás, zwei gefährliche Gegner also. Aber sie waren lediglich zwei kleine Teile der ungewöhnlichen ungarischen Mannschaft. Es war klar, dass die deutsche Mannschaft in der Vorrunde auf die ungarische treffen würde. Und es würde schon eines genialen Schachzugs bedürfen, eines einzigartigen Planes, um mit solch einem Gegner fertig zu werden. Aber er wäre nicht Herberger, wenn er dafür nicht schon seit Monaten an einer Taktik feilen würde. Seit Monaten und nahezu unbemerkt, denn das sollten die Spiele seines Lebens werden.

11. Juni 1954, Hotel Belvédère in Spiez am Thuner See

Der Bus hielt mit einem Quietschen vor dem Hotel Belvédère am Thuner See. Es war neun Uhr abends, die Sonne war gerade untergegangen, aber was sich den deutschen

Spielern eröffnete, als sie aus dem Bus stiegen, war von idyllischer Ruhe und malerischer Schönheit, fast wie Urlaub. Kein Wunder, dass die allgemeinen „Ahhhs" und „Ohhhs" nicht ausblieben, obwohl ein langer Tag hinter ihnen lag.

Morgens waren sie in Schöneck eingekleidet worden. Herberger hatte einige Zeit überlegt, wem er das Trikot mit der Nummer 13 überreichen würde, denn Fußballer sind abergläubisch. Seine Wahl war auf Max Morlock getroffen, dem zuverlässigen Torschützenkönig ohne Attitüde, auf den er sich immer verlassen konnte.

„Macht es Ihnen etwas aus?", hatte er gefragt und die erwartete Antwort bekommen. Natürlich würde „Maxl" ohne Scheu das unbeliebte Trikot tragen.

Mittags waren sie dann in Karlsruhe in den Zug gestiegen und vom schweizerischen Fußballbund in Basel willkommen geheißen worden.

Dank Albert Sing und dessen Unterstützung in Sachen Hotel hatten sie anschließend schon einmal das im letzten Jahr erbaute Wankdorfstadion besichtigen können.

Es war immer gut, ein Bild vom Spielfeld und der dazugehörigen Umgebung vor Augen zu haben, dachte sich Herberger, dann konnte sich seine Mannschaft innerlich bereits auf die erste Begegnung mit den Türken am nächsten Donnerstag vorbereiten. Auch das Finale würde dort stattfinden.

Jetzt waren seine müden Männer aber zurecht beeindruckt. Eine bessere Wahl als das Hotel Belvédère hätte er nicht treffen können. Wenn er nur an die Unterkunft der Ungarn dachte, schlug er in Gedanken die Hände über dem Kopf zusammen!

Deren Hotel lag direkt neben einer viel befahrenen Straße im Ortskern, unmittelbar neben einem Kirchturm, der sich unablässig durch Glockengeläut bemerkbar machte. Von der märchenhaften Ruhe am Thuner See keine Spur.

Manchmal waren es eben die kleinen Dinge, die einen entscheidenden Einfluss haben können, dachte Herberger.

Gut gelaunt sah er die von ihm bestimmten Zimmerkameraden kofferschleppend das Hotel betreten. Die Spieler würden die gesamte dritte Etage des Hotels für sich reserviert haben, von anderen Gästen völlig unbelästigt. Auch die Zimmerbelegung hatte – wie konnte es anders sein – Taktik.

Er hatte darauf geachtet jeweils Raucher mit Rauchern zusammenzulegen. Zwar gab es ein offizielles Rauchverbot, aber wer es bis jetzt noch nicht geschafft hatte, sich die Glimmstängel abzugewöhnen, für den war die WM sicherlich der falsche Zeitpunkt. Insofern kam dies einer inoffiziellen Erlaubnis nahe und würde sicher auch so verstanden werden.

Die Paare sollten sich außerdem nach Möglichkeit ergänzen. So hatte nach seinem Plan der unverwüstlich fröhliche Rahn die Aufgabe, Fritz Walter aufzurichten, wohingegen Fritz wiederum einen mäßigenden Einfluss auf seinen Zimmernachbarn ausüben sollte. Beide waren schon seit einigen Länderspielen ein prächtiges Gespann.

Auch der ausgeglichene Morlock sollte seinen sensibleren Zimmerkameraden Klodt stabilisieren. Andere Zimmer hatte er nach fachlichen Kriterien belegt: Torhüter, Verteidiger und Außenläufer konnten nun bis in die Träume diskutieren.

Der gerne offensiv spielende Charly Mai konnte vom zuverlässigen Posipal noch einiges über die richtige Deckung und über die Mannschaft lernen.

Schäfer und Eckel ergänzten sich hervorragend in ihren jungenhaften Scherzen. Sie würden sich sicher gegenseitig ans Herz wachsen. Wie richtig er damit liegen sollte, konnte noch nicht mal er selbst ahnen: Tage später kamen ihm Beschwerden von Schäfers Frau zu Ohren, sie könne bei ihrem Besuch mit ihrem Mann gar nichts mehr allein unternehmen, weil er und dessen Zimmerkamerad Eckel so unzertrennlich geworden seien.

Dies rang Herberger ein erfreutes Schmunzeln ab. Bei aller Wichtigkeit, die er der Rolle der Ehefrau einräumte, bewies dies doch, dass er auch mit der Zimmerbelegung die richtige Entscheidung getroffen hatte.

Die Spielerfrauen waren zwar wichtige Verbündete gerade in Krisenzeiten und er behandelte sie immer mit höflichem Charme, aber er sah es am liebsten, wenn sie ihren Einfluss auf das heimatliche Haus beschränkten und sich um das leibliche und seelische Wohl der Fußballer kümmerten.

Es wäre Herberger nie eingefallen, dass seine Männer auch noch etwas anderes sein wollten als Spieler. Daher mussten sich auch deren Familien – wie seine eigene – immer dem Fußball unterordnen. Fußball war so sehr Herbergers Leben, es hatte einfach nichts anderes mehr Platz. Aber möglicherweise war er als Trainer gerade deshalb so gut. Und ebenso liebte Eva Herberger ihren Seppl möglicherweise so sehr, dass sie ihm den Fußball, den er brauchte wie die Luft zum Atmen, nicht abspenstig machte, wohl wissend, dass er immer zu ihr wiederkehren würde, vielleicht nicht mit der gebotenen Aufmerksamkeit, aber dafür glücklich.

Fritz Walter betrat hinter dem vor Lebensfreude überschäumenden Helmut Rahn das für sie reservierte Zimmer. Kaum betreten, hatte Rahn schon die Koffer abgeworfen, das Balkonfester geöffnet und lautstark das Panorama bewundert. Fritz betrat nach ihm den Balkon. Es war mittlerweile dämmrig, man konnte den von Bergen umrahmten See nur noch erahnen.

Es ging so etwas grundsätzlich Positives von diesem Ort aus, dass er begann, sich richtig wohl zu fühlen. Vielleicht lag es auch daran, dass er das erste Mal das Gefühl hatte, seine Ängste und Zweifel weit hinter sich lassen zu können, als wäre endlich etwas von ihm abgefallen.

Oder es lag daran, dass die Erwartungen an sie alle so niedrig geschraubt waren, dass sie, egal was sie taten, nur gewinnen konnten.

So fühlte er sich nämlich, wie ein Gewinner, und wenn er Rahn so ansah, schien es dem ganz genauso zu gehen.

Es klopfte an der Tür. Fritz drehte sich um: „Herein?!"

Ein freundliches Zimmermädchen überreichte ihm lächelnd einen Eilbrief.

„Danke."

Der Brief war von Italia. War etwas passiert? Er setzte sich aufs Bett, öffnete nervös den Umschlag und begann zu lesen.

„Ist was?", fragte Helmut ihn gut gelaunt. Dieser war mittlerweile schon damit beschäftigt, laut pfeifend die Wäsche in den Schrank einzusortieren. Kurze Zeit später war alles verstaut und das Zimmer sah aus, als würde er schon immer hier leben. Helmut war der geborene Eroberer.

Fritz sah erleichtert auf: „Italia wünscht uns Glück!"

„Na dann is ja gut!", antwortete sein Zimmerkamerad umtriebig, hellwach und den Schalk im Auge. Sicher war er dabei, den nächsten Scherz vorzubereiten.

Fritz las die letzten Sätze seiner Frau: „Ich bin fest davon überzeugt, ihr werdet der ganzen Welt zeigen, was ihr könnt. Du wirst die Spiele deines Lebens spielen, damit auch ich weiß, warum ich dich so oft und so lang hab hergeben müssen." Fritz wurde warm ums Herz. Er würde alles tun, was er konnte, um ihrem Wunsch Taten folgen zu lassen.

Rahn schaltete das aufgebaute Kofferradio ein, legte sich genüsslich auf das Bett und starrte an die Decke. Fritz faltete den Brief zusammen: „Ich habe ein gutes Gefühl", meinte er zufrieden zum „Boss". Dieser lag immer noch da, voller Anspannung. Rahn hätte sofort spielen können, wenn es einer von ihm verlangt hätte, er konnte es kaum abwarten. Wenn selbst Fritz ein gutes Gefühl hatte, so dachte Rahn, dann würden sie es allen zeigen.

„Prima schnittfeste Tomaten, Leut! Die prima Oma-Lutsch-Birnen für zahnlose Großmütter! 1a Rotkohl, Wirsing, Weißkohl, Spinat …!!!"

Fritz wurde schlagartig wach. In voller Lautstärke pries eine deutsche Marktfrau ihre Waren an, direkt vor seinem Fenster. Sogar direkt auf seinem Balkon, präzisierte er, nachdem er sich den Schlaf aus den Augen gerieben hatte. Und die Marktfrau hatte bei näherem Hinhören auch eine sehr männliche Stimme.

„Leute, ich bin das Leben leid," fuhr sie fort, „heute wird die Ware verschenkt! Wenn keiner kommt, dann leckt mich am A …."

Lachend trat Fritz zu Helmut auf den Balkon. „Morgen, Boss", begrüßte er ihn noch verschlafen. Helmut hatte anscheinend eine neue Aufgabe übernommen – die des Weckkommandos. Und das auf zwerchfellerschütternde Art und Weise. Auch in anderen Zimmern begann es sich zu regen und die ersten Lacher waren zu hören.

Fritz atmete die frische Luft ein und genoss den jungen Morgen, der nur Gutes zu verheißen schien. Sein Zimmerkamerad hatte mittlerweile schon wieder umtriebig das Zimmer verlassen.

Dessen Weckkommando war ein voller Erfolg gewesen. Fritz ging in das verlassene Zimmer und folgte Helmuts Spuren: das Radio lief laut (er stellte den Regler leiser), das Licht im Bad war noch an und selbst die Dusche lief noch …

Na, da hatte Helmuts Frau aber morgens viel zu tun, schmunzelte er und schloss die Badezimmertür, während Rahn schon auf dem Weg war, um aus reiner Lebenslust noch vor dem Frühstück eines der Tretboote am Seeufer zu erklimmen.

Es versprachen immer noch gute Tage zu werden, als Rahn wenige Stunden später unter lautstarker Freudenbekundung alte Bekannte wieder traf: die Mannschaft aus Uruguay, mit der sie den Trainingsplatz teilten.

Er hatte mit seinem Verein Rot-Weiss-Essen einige Wochen in Südamerika gespielt und dabei beste Kritiken und sogar ausgesprochen viel versprechende Angebote erhalten. Für die restlichen Mitglieder der deutschen Nationalmannschaft hatten die als Favoriten bewerteten Uruguayer, die die Medaille schon zweimal mit nach Hause nehmen konnten, nur ein mitleidiges Lächeln übrig.

Die Südamerikaner brannten darauf, die WM-Trophäe auch ein drittes Mal zu erhalten. Damit würde sie endgültig in ihren Besitz übergehen, das besagten die Regeln.

Das rasante Spiel der möglichen Gegner rang sogar Herberger Faszination ab. „Die können wir trotzdem schaffen", erklärte Rahn gar nicht eingeschüchtert und ein erstaunlich optimistischer Fritz Walter stimmte ihm zu. Nur wenige Tage später sollte Rahns Glücksstern vorerst untergehen.

Spielerbesprechung am 17.6.1954

„Das erste Spiel MUSS, ich betone, MUSS also gewonnen werden …", beendete Herberger seine strategischen Ausführungen zum ersten Spiel der WM.

Endlich war es so weit – der erste Spieltag war gekommen, glühend herbeigesehnt und hochbeschworen. In der Gruppe herrschte eine kaum noch zu bändigende Aufregung. Alle wollten dabei sein, hatten gehofft, die Wahl würde auf sie fallen. Und alle, die nicht eingesetzt worden waren, hatten bei der Auswahl des Chefs trocken schlucken müssen. Aber keiner hatte so daran zu knabbern wie Helmut Rahn. Er folgte den Ausführungen des Chefs, eingehüllt in einen roten Schleier der Wut. Dies war ein Spiel, in dem es darauf ankam, und er war nicht dabei.

Turek würde dabei sein, Laband, Kohlmeyer, Eckel, Posipal, Mai, Klodt, Morlock, die beiden Walters und Schäfer. Aber er war draußen. Mühsam beherrschte er sich und konzentrierte sich auf die Worte Herbergers.

Sie durften sich im ersten Spiel keine Schwächen erlauben. In jeder der vier Gruppen würden zwei „gesetzte" Favoriten auf zwei „geloste" Schwächere treffen. In ihrer Gruppe waren Ungarn und die Türkei die Gesetzten, Deutschland und Südkorea die Gelosten, also diejenigen, die als schwächer eingeschätzt wurden.

Die Favoriten Ungarn und die Türkei würden nach den Regeln nicht gegeneinander antreten. Ebenso spielten die Gelosten nicht gegeneinander. Das sollte gleich zwei kalkulierte Vorteile bieten: Erstens wurden damit in der Vorrunde weniger Spiele absolviert, der Weg zum Viertelfinale wurde somit verkürzt. Und zweitens wurden gleichzeitig auch die Möglichkeiten minimiert, dass einer der hoch eingeschätzten Zuschauermagneten zu früh ausschied. Am Ende würden aus jeder der vier Gruppen die zwei Mannschaften mit dem höchsten Punktestand ins Viertelfinale weiterkommen. Bei einer Punktegleichheit auf Platz zwei und drei würde es ein Entscheidungsspiel geben.

In ihrem ersten Spiel sollten die Deutschen auf die Türken treffen, im nächsten auf die Ungarn. Herbergers Strategie für die Vorrunde war dabei genauso simpel wie genial, und mindestens ebenso riskant. Sie mussten einfach gegen einen der beiden Gesetzten gewinnen, um überhaupt weiterzukommen. Nächtelang hatte er die Pläne im Kopf gewälzt – schon vor Monaten. Nun würde sich zeigen, ob er damit richtig lag: Gegen die Ungarn konnten sie seiner Meinung nach kaum gewinnen. Deren Mannschaft war einfach zu stark und zahlreiche Spiele gegen sie hatten bewiesen, dass diese „Traumelf" kaum zu schlagen war, zumindest nicht zu diesem frühen Zeitpunkt.

Die Türken hingegen waren zwar stark, aber für die Herberger-Elf nicht unbesiegbar. Die Deutschen würden in eine kräftezehrende Schlacht ziehen, so viel stand fest, aber wenn sie nicht wollten, dass sie gleich nach der Vorrunde wieder ausschieden, musste diese gewonnen werden, um jeden Preis. Denn danach würden sie auf die Ungarn treffen und was dann passieren sollte, war für Herberger klar vorauszusagen: Die Ungarn hatten zu diesem Zeitpunkt ihr erstes Spiel gegen Südkorea schon absolviert. Sie würden dann in bester Spielstimmung sein. Südkorea zu besiegen, dürfte die Ungarn noch nicht einmal übermäßig Kraft kosten. Nichts gegen Südkorea, aber Ungarn spielte in einer ganz anderen Liga. Die Ungarn würden das Spiel also locker lächelnd gewinnen, nicht im mindesten strapaziert, sehr ausgeruht und spielhungrig für ihre nächsten Gegner, die Deutschen.

Für Herberger stand fest: Die Kräfte im Spiel gegen Ungarn waren also von Anfang an denkbar ungleich verteilt – ausgeruhte Traumelf traf auf strapazierte Außenseiter. Das musste ins Auge gehen. Da machte er sich keine Illusionen. Dieses Spiel konnte von ihnen nicht gewonnen werden – so oder so.

Somit rechnete sich Herberger aus: Die Ungarn, als stärkste Mannschaft der Vorrunde, hatten praktisch zwei Siege in der Tasche und konnten sich bald auf das Viertelfinale einstellen. Wenn Herbergers Plan aber aufging, hatten Deutschland und Türkei dann Punktegleichstand, d.h. die gleiche Anzahl an Spielen gewonnen und verloren. Jetzt kam es also darauf an, welche Mannschaft aus ihrer Gruppe nun ebenfalls ins Viertelfinale einzog, die Deutschen oder die Türken. Um zu entscheiden, wer nun weiterkam, würde es also ein Entscheidungsspiel geben, mit dem Herberger fest rechnete. Anders wäre es nicht gegangen. So plante er eine vollkommen unerwartete Mannschaftsaufstellung: Gegen die Türken sollte eine starke und solide spielende Mannschaft eingesetzt werden, ohne diejenigen Spieler, die ihm durch eventuelle Kapriolen das Ganze gefährden würden, wie beispielsweise der ungestüme Rahn.

Gegen die Ungarn hingegen würde er nur seine „Zweitbesetzung" antreten lassen, denn seine stärksten Spieler brauchte er noch für das Entscheidungsspiel. Herberger PLANTE also eine Niederlage gegen Ungarn und zwei Siege gegen die Türkei sicher ein. Er pokerte damit hoch, denn die Türkei war alles andere als ein Spaziergang – ein hochkarätiger Gegner, den sie obendrein zweimal in Folge besiegen mussten.

Alles darauf zu wetten, dass die Türken leichter zu schlagen waren als die Ungarn, setzte entweder ein unglaubliches Selbstvertrauen oder eine Spielernatur voraus. Andere Trainer nach ihm würden sich dabei in einer ähnlichen Situation wahrscheinlich das Genick brechen.

Herberger setzte seiner Zusammenfassung noch eines hinzu: „Männer, über die Taktik und die Spielweise der Türken muss ich nichts mehr sagen. Denkt daran – sie brauchen nur ein Unentschieden, um uns voraus zu sein! Sie spielen aus der Abwehr, verteidigen massiv und rücksichtslos und legen es bei ihrem Angriffsspiel auf Überrumpelung an! Versucht möglichst bald ein Tor zu machen, lockt sie aus der Defensive. Das ist der Vorsprung, den wir brauchen!"

Zusätzlich sollten sie kräftig in die Trickkiste greifen: Bei Einwürfen sollte Verwirrung gestiftet werden, indem ein Spieler so tat, als wolle er entgegenlaufend den Ball annehmen. Wichtig war es, den Gegner damit abzulenken, denn den Ball sollte ein anderer annehmen.

Auch bei den Eckbällen, die Fritz Walter schießen sollte, wurden verschiedene Ablenkungsmanöver geprobt, um den Gegner in die Irre zu führen.

Das Einzige, was Fritz schwer im Magen lag, war die Anordnung des Chefs, dass er Elfmeter schießen solle. Im eigenen Verein tat das immer ein anderer, hier half kein Sträuben, im Ernstfall musste er ran. Er konnte nur beten, zumindest im ersten Spiel davon verschont zu bleiben. Doch wenn er einen Seitenblick auf Rahn riskierte, wusste er, dass dessen Probleme im Augenblick wohl deutlich größer waren.

Pünktlich kam der Bus der deutschen Nationalmannschaft vor dem Wankdorfstadion zum Stehen. Während der ganzen Fahrt war die Stimmung im Bus gut gewesen. Es schien etwas Aufregendes in der Luft zu liegen.

In der ersten Reihe hatten Herberger und Fritz Walter wie immer noch leise Gespräche geführt, eine letzte Feinabstimmung.

Sofort wurden sie begeistert von Fähnchen schwenkenden Schlachtenbummlern begrüßt. Trotzdem kamen sie ohne Probleme aus dem Bus heraus, ihre Fans waren nicht aufdringlich. Hier ein Scherzen, da ein Daumendrücken.

Plötzlich fiel Herberger ein kleiner Junge auf, dessen großer schwarzer Hund ihm einen Weg durch die Menge suchte.

Da war ein kurzer Moment der Erinnerung. Der Junge, der versuchte, sich an den Menschen vorbeizuschlängeln, hätte er selbst sein können, damals, vor fast fünfzig Jahren.

Es kam ihm gar nicht wie ein halbes Jahrhundert vor, dass er über den Zaun geklettert war und zerrissene Hosen in Kauf genommen hatte, alles um seine Helden spielen zu sehen.

Herberger schmunzelte und beobachtete den Jungen. Wie alle kleinen Jungen, die so entschieden aussahen, hatte er mit Sicherheit keine Eintrittskarte. Der schwarze Hund, ein Labrador, hatte den Kleinen direkt zu den Spielern geführt, um sich dort hechelnd hinzusetzen.

„Na, du hast ja einen feinen Hund", sprach Herberger das atemlose Kerlchen an.

„Er isch der Beschte!", erwiderte der Kleine in breitem Schweizer Dialekt stolz und gar nicht eingeschüchtert.

„Ja, guckt dein Hund denn gerne Fußball?", fragte Herberger wieder. Der Kleine antwortete lächelnd: „Der Lycos liabt Fußball. Und er findet mir immer einen Wäg!" Ein pfiffiger Ausdruck trat in seine Augen. Wie alle kleinen Jungen hatte er sicher Mittel und Wege, sich irgendwie Zutritt zu verschaffen.

„Und wenn ich euch beiden eine Karte geben würde?", fragte Herberger und griff in seine Tasche, um dort das Ersehnte hervorzukramen. Der Kleine bekam große Augen. „Uiii, des ischt ja ….!", ihm fehlten die Worte. „Dankche!"

„Viel Spaß und kräftig Daumen drücken!", wünschte Herberger noch, dann hatte er sich umgedreht und mahnte seine Männer zur Eile. Da war ein Spiel zu gewinnen. Und bekanntlich war ja das nächste Spiel immer das schwerste.

Ein Aufschrei kam aus 30 000 Kehlen, die die Sensation nicht glauben konnten. Die Zuschauer konnten nicht mehr an sich halten, liefen fassungslos auf das Spielfeld, als wollten sie sich mit eigenen Augen versichern, dass es wirklich stimmte. Das Spiel war vorbei. Es gab einen überragenden Sieger und das war nicht, wie allgemein erwartet, die Türkei.

Der Kampf wurde mit 4:1 entschieden – von der deutschen Mannschaft, die vorher kaum jemand wirklich wahrgenommen hatte!

Nur nach und nach kamen die deutschen Spieler in die Kabine, um sich eine Dusche zu gönnen und weitere Glückwünsche entgegenzunehmen. Ganz leicht war ihnen ums Herz, es war ein wunderbares Spiel gewesen, das unter einem guten Stern gestanden hatte.

Eine Viertelstunde vor Spielbeginn war DFB-Chef Dr. Bauwens freudestrahlend in die Kabine gekommen. „Das richtige Los habe ich schon mal erwischt!", teilte er ihnen mit. Für alle ein gutes Zeichen, sie durften in ihren eigenen Trikots spielen. Da sich die Trikots der beiden National-mannschaften zu sehr ähnelten, musste eine Mannschaft im fremden, roten Trikot spielen. Zum Glück nicht sie.

Vom Spiel fielen Fritz Walter nur kurze Erinnerungsse-quenzen ein, so aufgeregt war er noch immer: Da war der Anfang, als sie alle auf dem Spielfeld gestanden hatten und das erste Mal die eigene Hymne hörten. Dann war da noch der feierliche Austausch der Wimpel durch die beiden Mannschaftskapitäne. Danach der Spielbeginn und plötz-lich hatte es nach einer Katastrophe ausgesehen: Bereits in der dritten Minute hatte der türkische Spieler Suat das erste Tor erzielt. Zwar sollte es auch das letzte für die Tür-kei gewesen sein, aber das konnten sie zu diesem Zeit-punkt noch nicht wissen.

Während die Gegenseite noch jubelte, überwand die Herberger-Elf ihr Erstaunen und spielte unter dem gemein-samen Motto: „Jetzt erst recht!"

Der Treffer von Schäfer in der 13. Minute, der den Ball direkt auf den Fuß bekommen und die Chance zum Durch-marsch genutzt hatte, besiegelte ihr gegenseitiges Verspre-chen. Endlich wurden sie lebendig. Ihr Spiel gewann un-aufhaltsam an Fahrt. Sie spielten geschlossen und harmo-nisch.

Zwar mussten sie mit dem 1:1 in die Pause gehen, aber nach der Pause ging es weiter nach vorne.

Kurz nacheinander folgten zwei weitere Treffer von Ber-ni Klodt und von Ottmar Walter. Die Türken hatten ihre Gegner unterschätzt, ihre Verteidigung war weniger mas-siv und überlegt als erwartet. Stattdessen hatten sie munter offensiv gespielt, anstatt zu versuchen, das für sie völlig ausreichende frühe 1:0 zu halten und zu sichern oder zu-mindest zu verhindern, dass die Gegner über ein 1:1 hi-nauskommen würden.

Aber die Siegesserie der deutschen Mannschaft war noch nicht zu Ende. Es gab ja die goldene Regel: Kein Spiel ohne ein Morlock-Tor. So sollte auch dieses enden. Kurz vor Schluss servierte Maxl fast schon zum Dessert das vierte Tor. Der Jubel kannte keine Grenzen.

Singend erreichte die Mannschaft am Abend Spiez, voller Freude über diesen auch für sie kaum fassbaren Sieg. Da zeigte Klodt auf einmal im Überschwang seiner Gefühle auf den sonst nicht gerade von ihm geliebten See – er war Nichtschwimmer.

Hoch und heilig versprach er: „Wenn wir Weltmeister werden, springe ich in den Thuner See."

Unter allgemeinem Gelächter erhielt er den wohlmeinenden Rat: „Dann lass dich aber von Kwiat retten!" Heinrich Kwiatkowski war ebenfalls Nichtschwimmer!

Es war das erste Mal – und wenn auch nur im Scherz – dass sie die Möglichkeit, auf dem Siegertreppchen zu stehen, überhaupt in Betracht zogen. Aber vorher war noch ein Hindernis zu überwinden, an dem sich schon ganz andere die Zähne ausgebissen hatten.

Manche Katastrophen haben den Charakter, alles schon Dagewesene an Schrecklichkeit noch um Längen zu überbieten. Nur vier Tage nach dem souverän gewonnenen Türkei-Spiel sollte die deutsche Elf auf Ungarn treffen und eine ungeahnte Niederlage erleben. Die Niederlage würde ein solches Ausmaß erreichen, dass Herberger körbeweise Protestbriefe erhalten sollte, alle so erbost, so feindlich und aufgebracht wie noch nie in seinem Leben zuvor. Einige würden ihm nahe legen, sich selber zu erhängen, bevor dies ein anderer für ihn übernahm. Sein Fell war nicht so dick, wie es in der Öffentlichkeit schien. Die Kritik ging ihm an die Nieren, auch wenn er witzelte: „Die sollen sich erst mal auf die Suche nach einem starken Ast machen!"

Auch nach dem Ungarn-Spiel würde sein Gesicht Stärke ausstrahlen, Entschiedenheit und Wissen. Aber es würde auch neue Linien haben und in unbeobachteten Momenten blass und angespannt wirken. Die Energie, die sein ganzes Leben so wichtig für ihn war, würde sich im Laufe der Weltmeisterschaft fast aufzehren, immer genährt von einem starken Willen und dem Bewusstsein, alles getan zu haben, um vor seinem eigenen Gewissen bestehen zu können. Dass sie gegen die Ungarn verlieren würden, hatte er vorausgesehen, auch wenn er seinen Männern ein Unentschieden zugetraut hatte. Dass sie so hoch verlieren würden, hatte selbst er in seinen schlimmsten Alpträumen nicht befürchtet.

Das wütende Pfeifkonzert der Zuschauer im Baseler St. Jakob-Stadion war nicht von schlechten Eltern. Gerade hatten die hoffnungsfrohen Zuschauer via Lautsprecherdurchsage von der geplanten Aufstellung der deutschen Mannschaft erfahren und wollten dies nicht einfach so hinnehmen.

Gott, hatte dieser Trainer denn überhaupt ein Hirn im Kopf? Warum trat er nicht mit der siegreichen Elf des Türkei-Spiels an, sondern hatte nur wenige Spieler übernommen. Statt Turek würde Kwiatkowski im Tor stehen, ebenfalls ein guter Torwart, aber jünger als Turek, ohne dessen Spielerfahrung. Von der siegreichen Elf würden nur Fritz Walter, Eckel, Posipal und Kohlmeyer dabei sein. Neu waren Bauer, Liebrich, Mebus, Rahn, Mai, Pfaff und Herrmann. Und Eckel hatte das erste Mal als Halbrechter seinen Einsatz, da Charly Mai, der ursprünglich eingesetzt werden sollte, mit 39,5 Fieber im Bett lag. Lange hatte Herberger überlegt, ob er ausgerechnet einem der Jüngsten dieses mit Sicherheit schwierige Spiel zumuten konnte. Aber Eckel war so zäh und ausdauernd, dass er auf ihn nicht verzichten wollte. Eckel und Fritz Walter sollten bis zum

Ende der WM die einzigen Spieler sein, die wirklich in jedem Spiel dabei waren.

Ein anderer junger Spieler war dagegen von diesem Einsatz verschont geblieben: Uli Biesinger. Der junge Augsburger sollte heute eigentlich an Fritz Walters Stelle spielen, hatte sich in der Kabine schon das Trikot anziehen wollen. Da war Fritz zu ihm gekommen, um ihm zu sagen, dass er doch selber spielen wollte. Auch wenn es ein entsetzliches Spiel werden würde, Fritz wollte als Kapitän bei seiner Mannschaft sein. Für Uli Biesinger bedeutete es das Aus für die WM. Trotzdem war er nicht enttäuscht – von Anfang an war ihm klar gewesen, dass er als Jüngster bestenfalls Ersatzspieler sein würde. Aber dass er überhaupt dabei sein durfte, bedeutete ihm viel. Er zog sich wieder um und ging mit den anderen Ersatzspielern aufgeregt zu den Tribünenplätzen.

Die Zuschauer betrachteten sie feindselig, als ob sie etwas für Herbergers Aufstellung könnten.

Das Publikum debattierte weiterhin lautstark, was um Gottes Willen Herberger mit dieser B-Besetzung im Ungarn-Spiel vorhatte. Wollte er auf Teufel komm raus verlieren? Na dann, Glückwunsch, er war auf dem besten Weg dahin. Die Stimmung im Stadion wurde immer aggressiver, noch bevor einer der mutigen Elf überhaupt den Rasen betreten hatte. Es war wie in einem Hexenkessel. Langsam begann es zu brodeln. Was jetzt noch ein lauer Wind war, würde zum Orkan werden.

Womit hatte es angefangen schief zu laufen? Vielleicht damit, dass Puskás die Platzwahl gewonnen hatte? Oder mit dem mustergültigen Angriff Rahns in der ersten Minute, der dann doch kein Treffer war? Kurze Zeit später nahm das Unheil seinen Lauf: Die Ungarn erzielten einen Treffer nach dem anderen. Es mussten drei werden, bis Deutschland seinen ersten Gegentreffer durch Pfaff landete. Das

ungarische Innentrio spielte fantastisch und völlig ungehindert. Die deutsche Hintermannschaft dagegen schien
vergessen zu haben, wie Deckung funktionierte.

Mit 1:3 verschwand die deutsche Elf in die Pause. In der
50. Minute machte Hidegkuti mit dem 4. Tor alle Hoffnungen zunichte. Mit dem 5. und 6. Tor folgte die Erkenntnis,
noch nie etwas Schlimmeres erlebt zu haben.

Einer jedoch rackerte immer weiter und ließ sich nicht
unterkriegen: Helmut Rahn, der so gerne endlich zeigen
wollte, was in ihm steckte, schoss das zweite Tor und sorgte für kurze Zeit für eine optische Aufhellung. Doch aus
dem 2:7 wurde schnell ein 2:8. Da konnte auch das dritte
deutsche Tor von Herrmann nichts mehr herausreißen.
Nach dem Schlusspfiff verließ eine gedemütigte Elf mit
hängenden Schultern den Platz. Die aufgebrachten Pfiffe
des Publikums verfolgten sie bis in die Kabine.

Postkarte eines verärgerten Fans:

Herberger!
Sie sind ein Lump und ein Betrüger und gehören eigentlich hinter schwedische Gardinen.

Ein Zeitungsausschnitt:

Eins steht jedoch fest: Für 60 000 Zuschauer, von denen 30 000 Deutsche waren, war dieses Spiel ein Betrug. Sie waren gekommen, um die beste deutsche National-Elf zu sehen und mussten enttäuscht heimkehren. Ist das noch Sport, wenn man die Menschen aus taktischer Überlegung an der Nase herumführt? Alles in allem, für uns Deutsche war es eine beschämende Vorstellung. Diese hilflose Niederlage wird den Mut unserer Mannschaft beim zweiten Kampf gegen die Türkei nicht stärken.

X.

Wie Phönix aus der Asche

Die Tragödie war zu Ende. Beim Einsteigen in den Bus mussten alle an Herberger vorbei, der wie immer als Erster ganz vorne Platz genommen hatte und seine Männer mit Röntgenblick abtastete. Natürlich, die Niederlage wog schwer und Liebrich schien sich Vorwürfe zu machen, dass Puskás sich wegen ihm eine Verletzung zugezogen hatte. Kein beabsichtigtes Foul, doch er nahm es sich trotzdem zu Herzen. Aber Liebrich würde das überwinden. Verletzungen gehörten leider zum Spieleralltag. Gott sei Dank wusste er zu diesem Zeitpunkt nicht, dass Puskás die nächsten Spiele ausfallen würde.

Herberger bemühte sich die Stimmung aufzufangen. Schon in der Kabine hatte er aufmunternde Worte gefunden, seine Mannschaft bestärkt. Und dass sie eine Mannschaft waren, hatte man auf den ersten Blick sehen können. Es gab keine Anschuldigungen, nur gegenseitige Unterstützung und sie wussten, wie wertvoll das war.

In ihnen war zwar einiges zerbrochen, aber manchmal waren es genau solche Niederlagen, die die Kraft zum Sieg gaben. Daran wollte Herberger arbeiten.

Sieben Spieler hatte er im Visier, die im Ungarn-Spiel geschont worden waren und die sich schon jetzt innerlich auf das nächste Spiel gegen die Türkei in drei Tagen einschießen sollten: Schäfer, O. Walter, Morlock, Klodt, Mai, Laband und Turek. All diesen flüsterte er beim Betreten des Busses zischend zu: „Am Mittwoch! Am Mittwoch! Verdammt noch mal!" Und sie hatten verstanden.

Nach dem Spiel war vor dem Spiel. Und das nächste Spiel war jetzt wichtiger als jede erlittene Niederlage.

Nichtsahnend braute sich über der türkischen Mannschaft ein Unwetter zusammen. Es bildete sich schon jetzt eine solch brennende Wut, ein solches Verlangen, es ihnen zu zeigen, die furchtbare Schlappe des Ungarn-Spiels an ihnen wieder gutzumachen, dass die Türken besser schon mal anfangen sollten, die Koffer zu packen. Die Kräfte, die dem türkischen Team entgegenstanden, wuchsen mit jeder Minute mehr.

Gerade Turek hatte aufgeatmet, wieder dabei zu sein. Nach dem ersten Spiel hatte der Chef ihm zu verstehen gegeben, dass er Tureks Art, Torwartkunst zu demonstrieren, satt hatte. Genau diese Lust zur Schau machte nämlich aus völlig ungefährlichen Situationen in Sekundenschnelle Minuten der Angst und des Risikos.

Turek hatte strengste Anweisungen, nicht mehr aus dem Tor herauszulaufen, Bälle mit zwei Händen zu fangen, statt – wie er gerne vorführte – auch mal mit einer, und auf jede Vorführung seiner „Kunst" zu verzichten.

In Momenten, wo er einfach nur Torwart war und seinen Hang zur Leichtsinnigkeit und Show vergaß, war er allerdings der Größte. Unschlagbar. Aber diese Einschätzung hatte Herberger ihm geflissentlich unterschlagen. Turek war jemand, dessen Weg zwar mit guten Vorsätzen gepflastert war, der aber auch gerne wieder vergaß. Und diese Lektion sollte er nicht vergessen.

Fritz Walter war auf den Balkon geflüchtet. Nicht um die Schlappe des Tages zu verkraften, damit hatte er erstaunlicherweise im Moment nicht das größte Problem. Es war Rahn, den er im Moment nicht mehr hören konnte. Seitdem sie heimgekehrt waren, traktierte dieser ihn.

Rahn befürchtete für das letzte Spiel nur ein Lückenbüßer und Prügelknabe gewesen zu sein und beim Entscheidungsspiel wieder ab in die zweite Garnitur zu wandern. Sein ganzer Optimismus hatte ihn verlassen und Fritz war derjenige, der sich seine langen Klagen anhören musste.

Auf dem Balkon war Ruhe und Frieden, nur das Geräusch des Kofferradios im Hintergrund, das Rahn wieder vergessen hatte auszustellen. Sein aufgebrachter Zimmergenosse war eben mit einigen anderen verschwunden, um seinen Frust in mehreren Bierchen zu ertränken. Der Chef hatte ihnen dazu wohlweislich bis Mitternacht freigegeben.

Endlich konnte Fritz Frieden mit der Welt schließen. Und das fiel ihm erstaunlich leicht. Zwar kehrte gerade die Erinnerung an die Gesichter der deutschen Schlachtenbummler immer wieder zurück. Doch es gab da auch andere Erinnerungen. Als die Spieler vom FCK nach ihrer Schlappe bei der deutschen Meisterschaft zurückgekehrt waren, hatten sie sich kaum heimgetraut. Ihre Fans dort waren Menschen, die sie kannten. Menschen, die „ihre roten Teufel" oft weit mehr als emotional unterstützten und die fast alles für „ihren" Verein taten, ohne die der Aufbau gar nicht möglich gewesen wäre.

Ihnen da unter die Augen zu treten, war ungleich härter gewesen. Vorsichtshalber hatten sie sich vorher Mut angetrunken, um der Menschenmenge an den Straßen zu begegnen. Aber statt mit faulenden Eiern warfen die Kaiserslauterer mit Blumen und Geschenken. Es hatte aufmunternde Rufe wie „Kopf hoch!" und „Nicht schlimm! Jetzt erst recht!" geregnet.

Er hatte die Tränen der Rührung runtergeschluckt. Genau dort hatte er seine sportliche Heimat. Das war die Seele seines Spiels.

Nicht die überschwänglichen Kritiken heute, die ihn morgen schon wieder vierteilen wollten, beeindruckten ihn, sondern die Treue seiner Fans, denen er auch in einem solchen Moment noch in die Augen sehen konnte. Es war gut, für diesen Verein zu spielen, dachte er sich und wurde im nächsten Augenblick wieder in die Gegenwart zurückgeholt. Im Geiste sah er das kommende Spiel gegen die

Türken. In ihm regte sich inniger Grimm. Die konnten sich vielleicht auf etwas gefasst machen.

„Höchste Zeit, dass Sie verschwinden. Jede Mark, die noch an Sie bezahlt wird, ist glatt zum Fenster rausgeworfen", las Herberger am Tag vor dem Spiel seinen Männern aus seiner Post vor. Mit der Kritik über seine „angebliche" Fehlentscheidung ging er offensiv um.

Die allgemeine Enttäuschung über die Niederlage war bald einer geballten Entschiedenheit gewichen. Alle hatten bewiesen, dass sie auch mit einer Niederlage umgehen konnten. Hans Schäfer war schon am Abend des Ungarn-Spiels vor dem Schlafengehen zu Herberger gekommen und hatte ihm schnell ins Ohr geflüstert: „Herr Herberger, die putzen wir weg!", und jedes einzelne Wort sorgfältig betont. Auf dem Treppenabsatz hatte er sich noch einmal umgedreht und seine Kampfansage mit einem lauten, rheinländischen „Jawoll!" bekräftigt.

Zum Frühstück am Tag danach hatte auch Ottmar Walter zugestimmt: „Am Mittwoch sind wir wieder da." Und auf die Anfrage, was es zum Mittagessen geben sollte, hatte Herberger von Pfaff die erheiternde Auskunft bekommen: „Ungarisches Gulasch!"

Alle waren von dieser Menü-Planung ganz begeistert. Heute beim Vorlesen der gnadenlosen Post hörte er die ersten Lacher. Sie kamen noch nicht ganz von Herzen, aber sie waren voller Widerstand. Er entfesselte damit eine ungeahnte Wut in ihnen. Diese entsprach genau seiner eigenen, grundsätzlichen Lebenswut und war für ihn immer eine der wichtigsten Triebkräfte in allen Lebenssituationen gewesen, in denen andere verzweifelt wären. – Die Kindheit in der Spiegelsiedlung war nur eine davon.

Er hatte diese Kraft immer zu nutzen gewusst. Und jetzt sollte sie seinen Spielern zugute kommen. Er wusste, dass seine Kur angeschlagen hatte, als er beobachten konnte, wie gelassen und selbstbewusst seine Männer mit einigen Journalisten umgingen, die den Spielern einen Artikel vorlegten. Demnach sollten die Ungarn über ihren Sieg keine Freude empfunden haben. War es ja doch nur die „B-Mannschaft", die gegen sie angetreten war. Fritz Walter antwortete gelassen unter allgemeiner Heiterkeit: „Sie können ja noch mal im Finale gegen uns spielen." Seine Männer waren überreif für das Entscheidungsspiel der Vorrunde, so viel war sicher.

Mittwoch, 23.6.1954 Entscheidungsspiel Deutschland–Türkei

Selten war die Atmosphäre vor dem Spiel so angespannt und aggressiv wie an diesem Tag. Wer hereingekommen war, musste das Gefühl haben, in einem Tigerkäfig gelandet zu sein.

Spielen würde fast ausnahmslos die Besetzung vom ersten Türkei-Spiel – bis auf den konditionsstarken Kohlmeyer, der sich im Ungarn-Spiel einen solch blauen Zeh geholt hatte, dass der Nagel teilweise entfernt werden musste. Für ihn würde der schnelle Bauer dabei sein. Mai hatte sich inzwischen von seinem Fieber erholt und konnte es gar nicht mehr abwarten, endlich spielen zu dürfen.

Selbst als die türkische Mannschaft sie bat, auf die Auslosung der Trikotfarben zu verzichten, stockte Fritz Walter keine Sekunde und ließ sie gewähren. Für die Türken stand genauso viel auf dem Spiel wie für sie. Und natürlich sahen sie in dem fremden roten Trikot ein schlechtes Omen. Fritz Walter war das völlig gleich. Er hatte das sichere Gefühl, dass die Türken schon längst verloren hatten, ob mit oder ohne ihr Trikot. Siege begannen im Kopf, nicht in den Beinen.

Die Würfel waren gefallen. Das Spiel war aus. Die Mannschaften begegneten sich noch einmal auf dem Weg zu ihren Bussen.

Die Deutschen waren aufgekratzt und glücklich, die Türken stiegen niedergeschlagen und enttäuscht in den Bus. Für die Deutschen hatte das große Abenteuer erst begonnen, für die Türken war es vorbei. Jedes Spiel hatte zwei Seiten. Für die Gewinner des Turniers begann jetzt der entspannte Teil des Tages.

Lachend, scherzend stiegen sie in den Bus. Die Anspannung der letzten Tage hatte sich auf dem Spielfeld entladen. Jetzt fühlten sie sich frei. Mit 7:2 hatten sie die Türken geschlagen. Sieben Tore: drei glänzende Tore von Maxl Morlock, der es, wenn nötig, auch mal mit drei Gegnern gleichzeitig aufnahm. Zwei von Schäfer, der in Bombenform war und mit dem unerschütterlichen Ottmar Walter ein glänzendes Duett spielte, und je eines von den Brüdern Walter.

Fritz hatte in der Vergangenheit immer Probleme gehabt, seine Männer laut zu dirigieren. Heute war davon nichts mehr zu spüren. Er überblickte das Geschehen, verständigte sich im Notfall mit einem Nicken in Richtung des Chefs und handelte dann zügig. Er hatte in seiner Mannschaft die volle Autorität, obwohl er eigentlich nicht ein Anführer-Typ war. Doch unter ihnen gab es keinen, für den er nicht ein Vorbild war und der nicht zu ihm aufschaute. Zum ersten Mal setzte Fritz Walter seine ganz besondere Autorität laut, bestimmt und selbstbewusst ein.

Nur einer war wieder aus der Reihe getanzt: Toni hatte trotz der Warnungen des Chefs auch in diesem Spiel seinen Kasten für eine kurze Gratulationstour nach dem fünften Tor verlassen. Außerdem war ihm ein Ball, den er in der Hand hatte, vor lauter Übermut ausgerutscht. Das sah der Chef gar nicht gerne und hatte schon während des Spiels einen Ersatzmann hingeschickt, um ihm damit zu signalisieren, was passieren würde, wenn er die Kapriolen nicht sofort einstellte. Turek kapierte sofort, denn er hatte wirklich keine Lust, dass das sein letztes Spiel gewesen sein sollte.

Sie standen nun mit Brasilien, England, Jugoslawien, Österreich, Ungarn, Uruguay und der Schweiz im Viertelfinale. Und endlich war auch heraus, wer im nächsten Spiel ihr Gegner sein würde: Jugoslawien und nicht Brasilien.

Fritz ließ die Zeitung sinken und klärte Rahn auf: „Rat mal, was Cajkowski gesagt hat!"

Er wartete nicht auf Helmuts Antwort. Dieser war nach seinem Einsatz auf der Reservebank bis zur letzten Haarspitze angefüllt mit angespannter Energie. Manchmal war es auch für Fritz schwierig, sich seine ausführlichen Tiraden länger anzuhören. Aber diese Aussage von Jugoslawiens weltbekanntem Außenläufer würde Helmut wie auch ihn selbst empören. Also fuhr er fort: „Cajkowski erklärt schon mal in der Presse: Wir werden Weltmeister. Da brauche ich nicht erst viel Worte zu machen."

Rahns wütende Augen fixierten ihn. „Ich schwör dir, Friedrich, wenn ich am Sonntag spielen darf, dem Beara hau ich einen vor den Kasten. Darauf kannst du dich verlassen!" Aufgebracht stand er auf: „Sag das dem Chef, sag ihm das!"

Fritz wiegelte ab: „Mensch, Boss, mach doch nicht so ein Theater. Spar dir deine Luft, bis du drankommst." Doch der rasende Helmut lief wild gestikulierend im Zimmer auf und ab und dachte gar nicht daran, sich zu beruhigen. Fritz sah ihn zweifelnd an. Herberger sollte Rahn besser einsetzen, oder er würde platzen.

Herberger hatte in den letzten Nächten kaum die Augen zugemacht. Wenn er gerade mal nicht alle möglichen Spiele aus jeder Position mit unterschiedlicher Besetzung im Kopf durchging, lag er wach und angespannt im Bett: Jugoslawien und nicht Brasilien! Aber er zweifelte, ob diese Mannschaft der einfachere Gegner war. Jugoslawien hatten sie schon einmal im Länderspiel besiegt, aber ihnen wurden bei der Weltmeisterschaft – zu recht – hohe Chancen auf den Titel eingeräumt.

Die Brasilianer waren zwar Ballkünstler, aber man konnte ihnen mit Taktik gut beikommen. Doch das Los hatte entschieden, da war jeder andere Gedanke Verschwendung. Herberger hatte so schon genug Sorgen: Sie würden im Stadion Charmilles von Genf spielen und es war einfach kein Quartier in Genf zu finden. Er konnte mit seinen Männern schließlich nicht auf dem Spielfeld kampieren. Außerdem lag ihm das Gespräch mit Posipal schwer im Magen. Der sonst so zuverlässige Spieler war zu ihm gekommen und hatte seinen Trainer gebeten, ihn nicht aufzustellen. Das war für einen Spieler eine so seltene Bitte und mit einer solch schweren Entscheidung verbunden, dass er sich richtiggehend Sorgen um ihn machte.

Jupps Knöchel, eine alte Verletzung, machte wieder Probleme. Aber es war auch Posipals seelische Form, die aus dem Gleichgewicht geraten war. Das musste Herberger im Auge behalten. Sollten sie weiterkommen, musste Posipal wieder auf dem Rasen stehen.

Ein anderer hatte genau das umgekehrte Problem: Rahn. Der stand so in Flammen, dass er mit seinem Feuer sogar das Hotel in Brand setzen konnte. Rahn gehörte zwar zu den Spielertypen, deren Spiel durch solch eine Herausforderung besser wurde. Leise Zweifel an seinem Spielkönnen, verbunden mit der Rage, die er empfand, wirkten auf Rahn bis zu einem gewissen Punkt beflügelnd. Dieser war aber jetzt schon fast überschritten.

Es war immer eine schwierige Entscheidung, wer bei einem Spiel auf der Bank zu sitzen hatte. Und bei einer WM war diese Entscheidung noch viel schwerer.

Auf alle Spieler hätte er sich verlassen können. Nur hatte Herberger zu entscheiden, wer genau in dieser Situation und bei jenem speziellen Gegner der geeignete Spieler war, ohne das innere Gleichgewicht der 22 durcheinander zu werfen. Sein inneres Gedankenkarussell drehte sich unaufhörlich weiter und kam nicht zum Stehen. Ächzend warf er sich auf die andere Seite. Ruhe finden würde er auch jetzt nicht.

Endlich hatten sie ein Quartier gefunden und die Männer waren aus dem Staunen kaum mehr herausgekommen: Das kleine malerische Schlösschen Chateau de Dully, etwa 20 km von Genf entfernt, sollte sie in den nächsten Tagen beherbergen. Dies war zuvor das Quartier der französischen Mannschaft gewesen.

Es hatte ein so gepflegtes, aristokratisches Ambiente, fast wie aus einem alten Historienfilm, dass einige Spieler gänzlich aus dem Häuschen waren.

Hier ein Kamin, da ein Türmchen und dort eine Halle und alles zierten die Bilder der Urahnen. Nur Betten gab es leider nicht genug. Da mussten dann einige Spieler zusammengelegt werden oder auf Feldbetten schlafen.

Als sich alle eingerichtet hatten, nahm Herberger Fritz Walter zur Seite, um mit ihm die letzte quälende Frage zu klären.

„Fritz," wandte er sich bei einem Spaziergang im Park an ihn, „was soll ich tun? Berni Klodt oder Helmut Rahn. Was meinen Sie?"

Fritz war bei dieser Fragestellung denkbar unbehaglich zumute. Er war sehr zufrieden damit, gerade diese Entscheidung nicht fällen zu müssen. Um Rahn nicht in den Rücken zu fallen, antwortete er diplomatisch, das könne er nicht entscheiden. Doch er hätte schon vorher darauf tippen können, dass Herberger sich damit nicht zufrieden geben würde. So kam es auch: „Ich frage Sie aber als Spielführer", insistierte er.

Fritz wurde unruhig. Herberger stellte ihm die von ihm geplanten Spielzüge vor. Berni Klodt war ein wunderbarer Kombinationsspieler und harmonierte perfekt mit Max

Morlock, aber er hatte sich im letzten Spiel verausgabt. Und die Jugoslawen würden eine härtere Gangart anschlagen.

„Deshalb müssen wir es mit schnellen Angriffsmanövern versuchen", kam Herberger zum Ende. Beide schwiegen sich kurz an. Herberger nickte. „Dann ist es Rahn. Er kann ein Spiel allein entscheiden."

Rahns Glücksstern begann also gerade wieder aufzugehen. Fritz atmete auf: Endlich wieder Frieden auf der Stube. So sensibel Herberger Berni Klodt die Entscheidung mitteilte, so herausfordernd war seine Ansage an Rahn. Er würde ihn zwar spielen lassen, aber Rahn müsse sich des Vertrauens schon würdig erweisen. Rahn war trotz dieses Hinweises unglaublich glücklich und zu allem bereit. Er hätte sogar den Rasen mit einer Nagelschere geschnitten, bloß um mitspielen zu können. Herberger beobachtete ihn zufrieden.

27. Juni 1954, Spiel Deutschland–Jugoslawien

Pausenlos traktierten die Jugoslawen sie mit Angriffswellen. Doch Herberger hatte dies vorkalkuliert und ihnen eine verstärkte Abwehr verordnet. Schon bald hatte sich erwiesen, wie gut seine Wahl gewesen war. Werner Liebrich, der für Posipal eingesetzt worden war, arbeitete perfekt an seiner Position und verlor nie den Überblick. Es war eine Freude, ihm zuzusehen.

Wenige Minuten vor dem Spiel war es in der Kabine zu einer ergreifenden Szene gekommen: „Sollen wir noch einmal den Kreis machen?", hatte Fritz plötzlich gefragt.

Den „Kreis" hatten sie zum ersten Mal im September 1951 gemacht, um sich Mut zuzusprechen, danach nicht wieder. Damals hatten sie gesiegt. Warum sollte es heute nicht auch helfen? Das wäre dann wieder ein Schritt weiter auf dem Weg zum unglaublichen, wahnsinnigen Ziel, das vor elf Tagen noch unerreichbar gewesen war.

Und so standen sie zusammen und reichten sich die Hände – alle Beteiligten, keiner blieb außen vor – und bekräftigten sich in dem Moment der Stille, dass sie es auch diesmal schaffen würden. Und manch einer von ihnen schickte auch ein Stoßgebet zum Himmel, forderte himmlische Hilfe an. Entweder sie würden nach dem Spiel himmelhoch jauchzend oder zu Tode betrübt sein. Dazwischen gab es nichts anderes.

Im Spiel hatten sie alle ihre Schutzengel nötig, denn die Jugoslawen stürmten nur so aufs Tor. Doch es war immer einer zur Stelle, der sie bremste.

Eckel, Kohlmeyer und Liebrich funkten eifrig dazwischen. Alle liefen, wirbelten, überschauten das Feld. Sie waren agil, hellwach und spielten so Fußball, dass das Zuschauen Spaß machte. Kaum einer aus dem Publikum hätte vermutet, dass ausgerechnet Deutschland sie einmal so atemlos in Bann ziehen würde.

Selbst Herberger, der – wie immer für Außenstehende fast regungslos – auf der Bank saß, dem Spiel aber so konzentriert folgte, dass neben ihm völlig unbemerkt ein Hubschrauber hätte landen können, war mit seinen Männern zufrieden. Das wahrscheinlich höchste Herberger-Lob überhaupt. Seine Männer spielten gut organisiert aus der Abwehr.

Diese glänzende Form hatten die Deutschen aber auch bitter nötig, denn die Jugoslawen machten es ihnen nicht leicht. Sie waren so rasant schnell und ebenso wach wie ihre Gegner. Sie stürmten vorwärts und störten das deutsche Team, wo sie nur konnten. Diesen Sieg, den sie schon in der Tasche zu haben glaubten, wollten sie unbedingt erringen.

Auch Fritz hatte seine liebe Not, Cajkowski loszuwerden, der wie eine Klette an ihm hing. Morlock ackerte, wo er nur konnte. Doch das 1:0 für Deutschland verdankten sie ausgerechnet einem jugoslawischen Eigentor.

Das ließ den jugoslawischen Sturm nur noch entschiedener werden. Sie traktierten das deutsche Tor mit eiserner Wut. Doch egal woher oder von wem einer der unzähligen Schüsse kam, Turek hielt, ob mit oder ohne göttliche Hilfe, er hielt. Es war sein großer Tag. Er spielte leicht, elegant und vor allen Dingen sicher. Er schien überall zu sein. Turek war das Tor. Man brauchte kein Jugoslawisch zu verstehen, um zu wissen, dass sie begannen, Tureks Glück zu verfluchen.

In der 60. Minute stand es immer noch 1:0. Das Spiel glich einem zermürbenden Ringen, keiner wollte nachgeben, kein Tor war in Sicht.

Zehn Minuten vor Schluss erinnerte Fritz dann Rahn an das von ihm großzügig versprochene Tor, das er doch Beara, dem gegnerischen Torwart, reinhauen wollte. Aber Rahn ließ sich nicht aus der Ruhe bringen. Er winkte gelassen ab, als hätte er dazu ewig Zeit. Das würde er schon noch liefern. Man konnte nur vermuten, wie es hinter seiner ruhigen Fassade brodeln mochte, wie sehr er sich und Herberger beweisen wollte, dass er die richtige Wahl war.

Noch fünf Minuten bis zum Schlusspfiff, Rahn ließ sich immer noch nicht aus der Ruhe bringen. Auch Herberger trat jetzt an die Linie, um Rahn noch einmal an sein Versprechen zu erinnern. Rahn lauerte auf eine Chance. Und dann kam sein großer Moment: Wenig später hängte er nach einem zugepassten Ball von Fritz seinen Verteidiger ab und lief aufs gegnerische Tor zu, so schnell, dass man seine Beine kaum mehr sah. Die ganze aufgestaute Wut lag in seinem Schuss, als er das Leder ins Netz knallte, so stark, dass es augenblicklich wieder auf das Feld zurücksprang. Ein Aufschrei im Stadion: 2:0 für Deutschland! Endlich! Jetzt waren nur noch vier Minuten zu spielen. Mit diesem Treffer wussten die Jugoslawen, dass sie das Spiel verloren hatten.

Eine ausgelassene deutsche Mannschaft feierte in fürstlicher Umgebung ihren Sieg. In der großen Halle drehten sich köstliche Hähnchen am Spieß und ließen ihnen das Wasser im Munde zusammenlaufen.

Es war eigentlich ein Wunder, dass die Mannschaft überhaupt noch Geflügel sehen konnte, denn es gab vor jedem Spiel Hühnerbrust in den unterschiedlichsten Variationen.

Gerade wurden die Sektgläser gefüllt. Doch manch ein Blick lag noch immer gierig auf den Hähnchen, die ja so lecker und kross aussahen. Offensichtlich waren sie des Geflügels noch nicht müde – ein gutes Zeichen, wie Herberger fand.

Er erhob sein Glas und hielt feierlich inne. Dann sagte er – ohne Überschwang – dafür aus tiefstem Herzen: „Bravo! Das habt ihr gut gemacht!"

Die Gläser klirrten, als sie sich zuprosteten. Ganz leicht war ihnen ums Herz. Sie hatten es geschafft – bis hierher. Sie waren unter den letzten vier und damit viel weiter gekommen, als sie alle gedacht hatten. Kaum einer hatte auf sie gewettet. Wer es dennoch getan hatte, war jetzt ein reicher Mann.

„Na Maxl, auf Italien!", prostete Rahn Morlock zu, wieder den Schalk im Nacken. Eigentlich hatte Morlock mit Familie just für den nächsten Tag eine Italienreise gebucht, so sicher war er sich gewesen, nicht weiter zu kommen. Morlock winkte gelassen ab: „Später, später!" Doch wie viel später? Das war die stille Frage, die im Raum stand. Würden sie es wirklich bis zum Finale schaffen? Gegen die Ungarn zu unterliegen, wäre schon fast eine Ehre … Aber nur die Mutigsten unter ihnen stellten sich die Frage: Und was, wenn sie nicht unterlägen? Was, wenn sie es wirklich schaffen würden?

Bei aller Freude – die Gespräche blieben leise, wurden nicht zu ausgelassen. Sie hatten sich alle ein großes Geschenk gemacht. Das wollten sie erst einmal genießen, bevor sie weiterträumten.

Dass Morlock insgesamt sehr still blieb, lag nicht am verpatzten Urlaub. Mit Argusaugen beobachtete er nervös seinen Knöchel, der nach dem Spiel empfindlich angeschwollen war. Am Mittwoch könnte er das Spiel seines Lebens spielen – er wollte es nicht verpassen.

Posipals Verletzung war derweil schon fast wieder in Ordnung. Er fragte sich ständig, ob er es schaffen würde. Es war so ein Gefühl, so ein Zweifel und er hatte Mühe, diesen zu besiegen. Heute hatte er während des Spiels direkt neben dem Chef gesessen, der ihn bearbeitet hatte. „Sehen Sie nicht, dass Sie dazugehören?", hatte Herberger ihm zugeflüstert.

Schulter an Schulter saßen sie und verfolgten aufmerksam das Spiel und immer wieder kam ein kleiner Rempler vom Chef: „Sehen Sie nicht, wie Sie da fehlen?"

Und die Therapie hatte angeschlagen. Natürlich hatte er sich vorgestellt, wie es wäre, dabei zu sein. Das Gefühl war so intensiv und überwältigend gewesen, dass sein Bein automatisch gezuckt hatte, er das Spiel bei jedem Schuss innerlich mitgespielt hatte. Morgen beim Training würde er sehen – und wenn sein Körper sich nicht dagegenstellen würde, wäre er am Mittwoch wieder dabei. Leise betete er.

Nur einer war an diesem Abend vorbehaltlos ausgelassen: Fritz Walter. Es war, als hätte er den zweifelnden Teil seines Ichs hinter sich gelassen. Endlich spielte er, wie er es immer wollte: frei von Ängsten, Zweifeln, Schranken. So war Fußball fantastisch.

Und dann auch noch zu spüren, wie Herbergers Taktik aufging, wie sie alle ein großes Gefüge wurden, das miteinander harmonierte, aufeinander so eingespielt und so eingestellt war, dass jeder die Spielzüge des anderen vorausahnte, war ein fast berauschendes Gefühl. Allein für solche Momente lohnte es all die Mühen, Anstrengungen und Niederlagen davor. Das war Fußball – wie er sein sollte, von fast überirdischer Schönheit. Und was sonst noch so am Rande passierte – die Blumen, die Glückwünsche, die

Reporter, die sich jetzt fast überschlugen vor Freundlichkeit und Lob (ironischerweise, dieselben, die sie nach dem Ungarn-Spiel zerfetzt hatten), das war schön, aber darauf könnte er verzichten. Auf das Gefühl, einen Ball perfekt zu schießen, niemals.

Die Morgensonne schien auf den Thuner See, auf dem schon haufenweise „Pedalos" zu sehen waren. Obwohl die Mannschaft nach ihrem ausgiebigen Mahl erst spät nachts zurückgekehrt war, tummelten sich jetzt schon wieder alle auf dem spiegelglatten blauen See. In einem der Boote sah man auch Fritz Walter und Helmut Rahn, die kräftig in die Pedale traten.

Fritz wurde nicht müde, Helmut aufzuziehen: „Siehst du, jetzt bist du doch noch zweimal dabei …"

„Holla! Wie? …", begehrte Rahn auf, der den übermütigen Fritz gar nicht mehr wieder erkannte.

„Na, einmal gegen die Österreicher und einmal im Endspiel …", flachste Fritz weiter. Rahn griff sich an den Kopf. Dass sie ihr nächstes Spiel gegen Österreich bestreiten würden, stand fest. Aber dass er auch dabei sein würde und dass sie dann wieder weiterkommen würden …

„Endspiel", lachte Helmut laut, „ich hör wohl nicht richtig." Fritz lachte weiter optimistisch in den Tag, als wäre er und nicht Rahn der Spaßvogel. Rahn trat fester in die Pedale. Endspiel, was für ein Gedanke! Was für ein unglaublicher, irrer, umwerfender Gedanke. Wenn Herberger ihn nur aufstellen würde. Er würde sein ganzes Hab und Gut geben, nur um dabei zu sein.

Wenig später stürmten sie über den Übungsplatz in Thun. Die Uruguayer, die wie immer vor ihnen den Platz genutzt hatten und ebenfalls noch im Rennen waren, beobachteten sie wachsam und sogar ein bisschen bewundernd – von Mitleid keine Spur mehr.

253

Derweil durchleuchtete Herberger seine Männer, bei denen von Müdigkeit nichts mehr zu sehen war. Sie waren, bis auf ein paar wenige Ausnahmen, in bester Form, obwohl ihnen anzusehen war, dass sie alle aufgrund der Anstrengung Gewicht verloren hatten. Mit einigen Spielerfrauen würde er deswegen sicher Ärger kriegen. Sorgsam beobachtete er Posipal, der schon wieder einen Spurt nach dem anderen hinlegte. Der Masseur hatte an ihm ganze Arbeit geleistet. Von der Verletzung war kaum mehr etwas zu spüren. Auf diesen Moment, das Halbfinale zu bestreiten, hatte Herberger hingearbeitet und doch war es genau das, was ihm jetzt Kopfzerbrechen verursachte. Wie sollte er die Aufstellung vornehmen?

Liebrich hatte seine Aufgabe als Mittelläufer im letzten Spiel ausgesprochen gut gemacht, um nicht zu sagen hervorragend. Es wäre eine Schande, ihn jetzt herauszunehmen. Auch Laband hatte sich als Verteidiger bewährt.

Herberger überlegte hin und her. Jetzt noch einmal etwas ganz Neues wagen? War es wirklich der richtige Zeitpunkt für ein Experiment? Er horchte in sich hinein und atmete tief Luft ein. Ja, dachte er, er würde es wagen. Dann sollte es so sein. Er würde Liebrich als Mittelläufer belassen und Posipal gegen Laband austauschen. Damit wäre es Posipals erster Einsatz als Verteidiger in der gesamten WM-Zeit.

Posipal war als Mittelläufer exzellent, jetzt würde sich herausstellen, ob er als Verteidiger eine ebensolche Größe hatte. Herberger wandte den Blick ab, gerade noch früh genug, um Rahns lauernden Blick mitzubekommen. Rahn hingegen bekam das kurze Aufleuchten in Herbergers Augen nicht mit. Es lag sehr viel Sympathie darin. Es war nicht gerade ein Schmusekurs, den Herberger mit Rahn fuhr, vielleicht weil er in ihm zu oft sich selbst als früheren Spieler wieder erkannte. Oft ungestüm, eigenwillig, aber auch von ungeheurer Stärke und Spielkraft. Rahn würde wieder mit dabei sein. Aber Herberger würde sich hüten, ihm das zu früh zu signalisieren.

30.6.1954 WM-Halbfinale Deutschland–Österreich

In der Kabine herrschte der übliche Trubel kurz vor dem Spiel. Es lag Anspannung in der Luft, Wichtigkeit, aber auch so etwas wie Freude – Spielfreude. Wer heute auf den Platz gehen durfte, hätte alles gegeben, um dabei zu sein. Es lag etwas in der Luft, etwas ganz Bedeutendes.

Schon die Hinfahrt war nicht ganz so reibungslos verlaufen wie sonst immer: Massen von angereisten deutschen Fans verstopften die Straßen und machten das Ankommen mühsam. Das Interesse war immens. Und der Himmel hatte Fritz Walter ein Geschenk gemacht und ihm sein Lieblingswetter serviert.

Als sie aus dem Bus stiegen, wurden sie nass. Der Himmel weinte, aber das Fußballerherz lachte. Selbst als sie die Nachricht bekamen, dass sie heute auf ihr Trikot verzichten mussten – die Österreicher spielten wie sonst Deutschland in weiß-schwarz und hatten das Los für sich entschieden – gab es nur kurzes Gemurre.

Fritz Walter ließ nicht gelten, dass dies ein schlechtes Zeichen sei. Er argumentierte: „Im ersten Türkei-Spiel haben wir das Los gewonnen und das Spiel ebenso. Im zweiten haben wir freiwillig verzichtet und das Spiel wieder gewonnen. Und jetzt haben wir das Trikot verloren, aber wir werden, verdammt noch mal, das Spiel auch gewinnen!"

„Jawoll!", bekräftigte Schäfer. Liebrich fuhr sich über sein unrasiertes Kinn – auch so ein kleiner Fußballer-Aberglaube – und meinte lachend, das müsse reichen, um Fortuna auf ihre Seite zu ziehen. Alle Spieler vom FCK gingen grundsätzlich unrasiert in jedes Spiel.

Herberger trat zu der ausgelassenen Gruppe. Sofort wurde es still. „Männer," sagte er leise, jeden Einzelnen fixierend, „wir haben gegen die Österreicher schon 1934 bei der WM gewonnen und wir können es wieder schaffen. Denkt daran, dass sie erst vor kurzem auf das neue System umgestellt haben und noch nicht ganz wieder eingespielt sind. Und vor allen Dingen: Deckung nicht vergessen. Also Deckung, Deckung, Deckung, selbst wenn der Gegner Kaffee trinken geht. Geht notfalls sogar mit auf die Toilette! Klebt an ihnen wie eine Briefmarke auf dem Umschlag! In diesem Sinne … jeder seinen Mann!"

Automatisch hatten sie sich wieder im Kreis aufgestellt. Fast automatisch reichten sie sich jetzt auch wieder die Hände und hielten einen kurzen Moment inne, bevor sie auseinander gingen, um den Menschen zu zeigen, dass Fußball mit dem Herzen gespielt wird.

Es war passiert. So weit hatte es kommen müssen, so lange waren sie fortgeschritten und jetzt war es doch passiert. Genau vor dieser Situation hatte sich Fritz Walter die ganze Zeit gefürchtet. Er hatte schon gehofft, er würde darum herumkommen. Doch seine Wünsche wurden nicht erfüllt.

Sein erster Elfmeter. Bis jetzt, in der 56. Minute, war es ein gutes Spiel gewesen. Sie hatten gewirbelt – Herbergers Lieblingsbegriff für ein verwirrend schnelles Kombinationsspiel – und ihre Deckung konnte sich ebenfalls sehen lassen.

Zwei Treffern von Deutschland, einer von Schäfer und einer von Morlock, stand nur einer von österreichischer Seite gegenüber. Und jetzt hatte Fritz die Gelegenheit aus zwei Treffern drei zu machen, wenn es gelang.

Sein Herz pumpte kräftig. Langsam kam er innerlich zur Ruhe. Ein Blick auf die Runde. Liebrich hatte sich vor lauter Nervosität abgewandt, konnte gar nicht hinschauen. Vorhin hatte er noch tollkühn durch Spagat ein Tor verhindert. Zu Turek meinte er jetzt – weiß im Gesicht: „Isch weeß net, isch glaab, der geht net noi."

Fritz jedoch blieb gelassen und legte sich den Ball zurecht. Ottmar fragte seinen Bruder: „Hasche Mumm?" Und Fritz hatte Mumm. Im Stadion war es so still, man hätte das Fallen einer Stecknadel gehört.

Fritz Walter nahm den Ball mit dem Innenrist und schoss ihn in die rechte Ecke. Im gleichen Moment warf sich der Torwart in die linke. Der aufbrausende Jubel im Stadion bestätigte den Treffer. Erst jetzt konnte sich Lieb-rich wieder umdrehen. Fritz Walters erster Elfmeter der WM und der war geglückt! Jetzt war kein Halten mehr, die Zuschauer forderten laut weitere Tore, feuerten ihre Mannschaft in Sprechchören an. Die Temperaturen im Stadion stiegen trotz des andauernden Regens, den Spieler und Zuschauer längst nicht mehr wahrnahmen.

Das Spiel ging rasant weiter. Das Endspiel rückte mit jeder Minute näher, die Deutschen drehten mehr und mehr auf. Je länger sie liefen, desto mehr Energie schienen sie zu haben. Wenige Minuten später schoss Ottmar Walter das 4:1. Längst ließen die begeisterten deutschen Schlachtenbummler mit ihren Anfeuerungen das Stadion erzittern, ihre Rufe wie Lawinen. Und die deutschen Läufer hatten tausend Füße. Und es kam, wie es kommen musste: Im bislang wichtigsten Spiel der WM hatte Fritz Walter noch einen Elfmeter zu schießen.

Diesmal war kein Zaudern mehr zu spüren. Gelassen ging er zum Elfmeterpunkt. Nur welche Ecke, war die Frage. Ottmar riet zischend zur gleichen Ecke wie zuvor. Der Tormann Zeman beobachtete sie aufmerksam, als könne er ahnen, wohin der Schuss gehen würde. „Wieder ins gleiche Eck", bestätigte Fritz leise. Und doch, es kam anders. Wie von selbst drehte sich sein Fuß im letzten Moment und der Ball wechselte die Richtung in die linke Ecke. Und als hätte es der Tormann geahnt, warf er sich auch genau dorthin. Doch der Ball kam so hart, dass er nicht mehr zu halten war. 5:1! Es stand 5:1 und es waren nur noch neun Minuten bis zum Schlusspfiff. Nur noch neun Minuten und jede weitere brachte sie dem Endspiel näher.

„Die putzen wir weg!", gab Rahn wieder froh die Parole weiter. Auch Fritz Walter dirigierte seine Mannschaft so ausgelassen und laut, dass Herberger auf der Bank kurz schmunzeln musste. Wie oft hatte er ihn dazu aufgefordert und es musste eine Weltmeisterschaft kommen, damit man endlich Walters Stimme hörte.

Der Schiedsrichter musterte den deutschen Spieler irritiert. Was hatte der nur für ein Temperament. „Lauf dich frei!", schrie Fritz Ottmar zu. Und Ottmar tat ihm den Gefallen und versenkte den Ball anschließend zum sechsten Mal im Tor. Das Spiel dauerte noch vier Minuten und der Jubel kannte kein Halten mehr.

6:1 stand es zum Schluss und die Österreicher hatten das Gefühl, sterben zu müssen, während die Deutschen, von ihren Fans gefeiert, glücklich den Platz verließen.

Es war spät geworden an diesem Abend, zu spät, wie Herberger fand. Die Spieler hatten ihren Sieg zu recht gefeiert. Umso schöner und freudiger war der Abend für alle gewesen, da auch die meisten Spielerfrauen zum Kreis der Anwesenden gehört hatten und vor Stolz auf ihre Männer schier platzten.

Die Damen waren nach dem Jugoslawien-Spiel angereist, fast alle, bis auf Frau Kohlmeyer, die mit ihren drei kleinen Kindern zu Hause bleiben musste, und natürlich Eva Herberger, die wusste, dass sie mit ihrem Mann jetzt sowieso nichts anfangen konnte, solange es Spiele zu gewinnen gab.

Herberger hatte die Spielerfrauen in anderen Hotels untergebracht, damit sie den Tagesablauf nicht durcheinander warfen. „Sprechstunde" hatten ihre Männer erst abends nach dem Essen zu Kaffee und Likörchen. Und danach war auch Aufbruchstimmung angesagt. Die Spieler brauchten gerade jetzt ihren Schlaf. Doch die Paare wollten sich heute einfach nicht trennen, gerade auch Fritz und Italia Walter, die wie frisch verliebt turtelten. Herberger wollte die Zweisamkeit nicht brutal auseinander reißen und hatte es sich außerdem zueigen gemacht, seine Ziele, wenn möglich, nicht mit vorgehaltener Pistole, sondern eher durch das Vermitteln der nötigen Einsicht zu erreichen. So erhob er sich demonstrativ und ging mit gutem Beispiel voran.

„Gute Nacht!", wünschte er allen freundlich, stellte sorgsam den Stuhl an den Tisch, lächelte nochmals auffordernd in die fröhliche Runde und verschwand, in der Hoffnung, sie würden es ihm nachtun. „Gute Nacht", wünschten ihm auch die Sitzengebliebenen, konnten sich aber, im Überschwang der Gefühle, von ihren Stühlen und den Frauen nicht trennen. Dreimal musste der Chef noch als Sandmann erscheinen, bis sich die gewünschte Einsicht einstellte und die Runde sich endlich zerstreute. Nur ein Spiel, sie bräuchten ihre Kräfte nur noch für ein einziges Spiel, dann konnten sie feiern oder bedauern, solange sie wollten – niemand würde sie mehr mahnen.

Wie schläft ein Spieler vor dem Spiel seines Lebens? Wälzt er sich unruhig, schläft er gelassen und träumt vom Sieg oder liegt er die ganze Nacht da, glockenhellwach mit klopfendem Herzen und zählt die Sekunden?

Fritz Walter schlief unruhig, Rahn bewegte im Tiefschlaf die Beine, als würde er laufen, und Herberger war wach und starrte nervös zur Decke.

Dass es das Spiel ihres Lebens war, war ihnen allen klar. Es war ihre Sternstunde, die alles Dagewesene überstrahlte und, was sie noch nicht wissen konnten, auch alles Kommende überstrahlen würde. Es war die fünfte Weltmeisterschaft überhaupt, die dritte, an der Deutschland teilnahm, und das erste Mal standen sie im Finale. Nicht auszudenken, was das bedeuten könnte! Herberger ging in Gedanken noch einmal alles durch. Nichts hatte er dem Zufall überlassen: Die Wettervorhersage hatte er von einem Meteorologen erhalten, wahrscheinlich würde die Sonne scheinen und das konnten sie nicht gebrauchen. Fritz-Walter-Wetter sollte es sein. Doch darauf hatte er leider keinen Einfluss. Er seufzte leise. Die Energiequelle in ihm war fast aufgezehrt, er wusste es selbst. Es würde noch einmal für ein großes Leuchten reichen. Aber dann mussten sie es geschafft haben, musste es gereicht haben, was er getan hatte. Gut, dass seine Frau ihn jetzt nicht sehen konnte, wie blass und hager er im Gesicht geworden war. Für diesen morgigen Tag hatte er noch einmal alle Kräfte gesammelt, gebündelt. Für ihn stand fest – besser hätte es niemand machen können.

Bei gutem Wetter würde Adi Dassler, der extra für das deutsche WM-Team mitgereiste Schuhfachmann, entsprechende Stollen an die Schuhe schrauben und bei schlechtem Wetter eben andere. So waren sie immer optimal gerüstet. Niemand ahnte, dass Dassler damit in die Sportgeschichte eingehen sollte, denn mobile Schraubstollen waren zu der Zeit eine absolute Neuheit.

Der Masseur Deuser hatte seine Männer so oft massiert, dass dessen Hände eigentlich abgenützt sein mussten. Aber die Spieler waren jetzt alle in Topform und ihre Muskeln in bester Verfassung.

Den Speiseplan hatte Herberger selbst optimiert. Die Zimmerbelegung im Hotel hatte sich als hervorragend herausgestellt, genauso wie ihre gesamte Unterbringung. Falls es morgen doch regnen würde, hatte er eine Halle zum Warmlaufen organisiert. Und den Gegner, den kannte er so gut, als wäre er selbst ihr Trainer.

Schon seit einiger Zeit erstattete ihm der unverzichtbare Albert Sing über alles Bericht, was die Ungarn taten. Was sie aßen, wie lange sie schliefen, wie sie trainierten, in welcher Verfassung sie waren. Lange Zeit war nicht bekannt, ob Puskás, der sich ja während ihrer ersten fatalen Begegnung eine Verletzung zugezogen hatte, spielen konnte.

Herbergers Strategie basierte auf der Annahme, dass Puskás mitspielen würde, und er hatte die Mannschaft entsprechend instruiert. Sie waren in Top-Form und er wusste aus tiefstem Herzen, sie konnten es wirklich schaffen. Sie waren während der WM zu einer unglaublichen Form aufgelaufen, spielten einen so brillanten und schnellen Fußball, wie Herberger ihn sich immer erträumt hatte. Das war der Fußball der Zukunft. Er hatte eine Elf, die ihresgleichen suchte.

Kohlmeyer hatte keinen Deut nachgelassen, er hatte immer noch eine hervorragende Kondition, konnte von morgens bis abends spielen, ohne Unterbrechung. Jupp Posipal war als zuverlässiger Spieler mit enormer Schnelligkeit und perfektem Kopfballspiel eine wichtige Unterstützung. Der hagere Horst Eckel war so zäh und ausdauernd, dass jedem Gegner beim Zweikampf angst und bange wurde. Er kurbelte das Spiel an und löste seine Deckungsaufgabe hervorragend. Herberger wusste schon, warum er ihn in jedem Spiel eingesetzt hatte. Liebrich hingegen war ein begnadeter Stopper und Meister im taktischen Zweikampf. Charly Mai besaß eine schier unglaubliche Schnelligkeit und balltechnische Beschlagenheit. Helmut Rahn war mit seinem Tordrang, rasantem Tempo und enormem Schussvermögen gesegnet. Er war ein Spieler von Weltklasse. Auch Morlock war unverzichtbar, denn man konnte sich absolut auf ihn verlassen, eine sichere Tor-Garantie. Er war besonders stark, wenn er von hinten in den gegnerischen Strafraum einbrach. Herberger machte eine kurze Pause. Ihm fiel auf, wie sehr er bei seiner Mannschaft ins Schwärmen kam, ausgerechnet er! Aber er hätte sich einfach keine bessere vorstellen können. Das war einfach eine Traummannschaft. Schon wanderten seine Gedanken weiter zu Ottmar Walter. Ottes war ein Segen, er gab dem Spiel Tempo mit seinem enormen Tordrang und seiner Kraft. Im Gespann mit seinem Bruder war er unschlagbar, dachte Herberger. Hans Schäfer hatte seine wichtige Führungsrolle mit Zielrichtung Tor vorbildlich ausgeführt. Und Toni Turek tat alles, um doch noch in den Torwächter-Olymp aufgenommen zu werden. Da blieb noch Fritz Walter – mit dem hätte er blind zusammengespielt. Fritz Walter war vom ersten Tag an aus der Nationalmannschaft nicht mehr wegzudenken. Er hatte die Voraussetzung für erfolgreiche Torschüsse geschaffen, kluge Regie geführt, war der Inbegriff vom Spielmacher, der auch selber Tore schoss.

Alle diese Männer konnten ihre strategischen Aufgaben mit Bravour bewältigen. Herberger hatte sein Möglichstes getan, um seine Männer auch mit der richtigen Taktik ins Spiel zu schicken: Der schnelle Charly Mai sollte sich an den gefährlichen Torjäger Kocsis hängen und ihn so sehr stören, dass dieser nicht ein einziges Tor schießen konnte. Liebrich und Eckel teilten sich – je nach deren Position – im fliegenden Wechsel die Betreuung von Puskás und Hidegkuti.

Alle fünf Stürmer hatten sich einzuschalten und die Verteidigung zu unterstützen, sobald ein ungarischer Gegenstoß zu befürchten war. Jeder war immer und überall dabei, bereit einzugreifen, um eine Überrumpelung früh genug zu verhindern. Dafür musste jeder genau seine Aufgaben kennen, wissen, ja sogar vorausahnen, wo jeder andere stand und stehen würde. Sie konnten stark sein, in jeder Art der Kombination und blitzschnell wirbeln. Herberger atmete aufgeregt aus.

Morgen galt es – morgen oder nie. Er spürte es. Es war, als würde sein Leben sich dort auf dem Spielfeld erfüllen, als hätte sich sowieso alles auf diesen einen Moment reduziert, als hätte alles, was er jemals gesagt oder getan hatte, zwangsläufig dahin führen müssen. Fußball war sein Leben und würde es immer bleiben. Er konnte sich keinen

Tag, keine Minute ohne vorstellen. Aber wenn sie es morgen schaffen würden, das war selbst für ihn fast zu schön, um wahr zu sein.

Energisch stand er auf, trat auf den Balkon und schaute in den Himmel, der langsam hell zu werden begann. Schlafen würde er jetzt ganz sicher nicht mehr können. So wartete er ganz ruhig, bis die Sonne am Himmel aufging und mit der Sonne der wichtigste Tag seines Lebens anbrach.

Es wäre nur ein kleiner Schritt gewesen, eine winzige Sekunde und der Tag hätte in einer Katastrophe geendet – zumindest für die Deutschen. Doch zunächst hatte alles so unspektakulär angefangen wie alle Tage bisher auch: mit Rahns Weckruf der Essener Marktfrau, die ein letztes Mal eine neue Sendung schnittfester Tomaten anpries und ebenfalls ihren Allerwertesten anbot. Nur klang sie heute deutlich nervöser als an anderen Tagen.

Fritz Walters schlimmste Befürchtungen hatten sich bewahrheit, als er auf den Balkon trat und sah, was er nicht sehen wollte. Strahlender Sonnenschein und bildschöner blauer Himmel. Keine Wolke zu sehen. Auch die anderen schauten nacheinander noch mal in sein Zimmer, um die Chancen auf einen Wetterwechsel zu erörtern.

Fritz Walter beschloss, sich noch einmal hinzulegen, als schon die nächste Schreckensnachricht auftauchte: Sepp Herberger war auf dem Weg zum Stadion gewesen, um sich die Platzverhältnisse anzuschauen, und hatte dabei einen Unfall. Glücklicherweise war er glimpflich davon gekommen, nur das Auto war nicht mehr zu gebrauchen. Wäre ihm etwas passiert – seine Männer hätten sicher nicht mit voller Kraft spielen können. Doch Herberger trotzte dem Schicksal, erklärte das eingedellte Auto zum guten Omen und machte sich zum zweiten Mal – diesmal mit Adi Dassler – auf den Weg. Kein Spiel ohne genaue Kenntnisse über die Platzverhältnisse, basta. Im Hotel Belvédère lag über der äußerlichen Ruhe eine kaum zu bezwingende Erregung.

Fritz Walter ruhte, während Rahn immer wieder hereinschaute, um zu bekräftigen: „Wir müssen gewinnen!", um gleich danach im Gehen anzufügen: „Wenn's sein muss, mach ich wieder mein Tor! Ich sag dir, die Ungarn putzen wir weg!"

Im Gang traf er auf den eigentlich immer ausgeglichenen Maxl, der ihm genauso aufgeregt versprach: „Wir wirbeln! Wir wirbeln!" Dann drehte sich Maxl noch mal zu Rahn um: „Und vergiss nicht – die Methode Herberger!", stachelte Morlock ihn an. Rahn begriff nicht sofort. „Ich muss abgeben! Ich muss abgeben! Ich muss abgeben!", hämmerte Morlock ihm noch einmal ein. Jetzt lachte Rahn: „Ah klar! Mein Wort drauf!"

Die Stunden bis zum Mittagessen – natürlich gab's Hühnchen – schienen kaum vergehen zu wollen. Doch dann, während sie am Tisch saßen, erlebten sie ihr erstes Wunder: Wie von Zauberhand hatte sich der Himmel zugezogen und die ersten Tropfen prasselten laut auf die Erde. Liebrich schaute aufgeregt nach draußen und sagte mit bewegter Stimme: „Fritz, dei Wetter!" Jetzt konnte der Spaß beginnen.

Auf der Tribüne im Wankdorfstadion saßen die Spielerfrauen auf Ehrenplätzen, um ihren Männern zuzusehen, und warteten nervös auf den Anpfiff.

Natürlich war auch Italia anwesend. Um nichts in der Welt hätte sie dieses Spiel verpassen wollen. Sie war ihrem Mann Ehefrau, Freundin, Managerin zugleich, hatte ihren „Schnuggelino" vermisst und mit ihm in jedem Spiel gezittert.

Sie kannte seine Art zu spielen und im Moment wurde sie wütend. Vor ihnen saßen die ungarischen Spielerfrauen und verhielten sich, als würde ihnen jetzt schon der Sieg gehören. Sie hatten Blumensträuße mitgebracht, präsentierten sich stolz und selbstbewusst und ließen mit jeder Geste durchblicken, wer hier das Sagen hatte. Sie sprachen eine Spur zu laut und guckten einen Tick zu mitleidig zu ihnen hinüber.

Sicher, alle hatten sie in diesem Glauben bestärkt, heute sei ihr großer Tag. Die Zeitungen hatten so geschrieben und den Deutschen noch nicht einmal den Hauch einer Chance eingeräumt. Auch die Fotografen hatten die deutschen Spielerfrauen und Spieler links liegen lassen. All das war Italia nicht entgangen. Entschieden biss sie sich auf die immer noch roten Lippen. Sie alle würden heute ihr blaues Wunder erleben.

In der Kabine herrschte Aufregung. Gerade hatte sie ein Vertreter des Schweizerischen Fußballverbandes über das Zeremoniell unterrichtet. Der Mann musste der einzige ihnen positiv gesonnene Schweizer in ganz Bern sein – oder ein großer Spaßvogel. Er klärte sie auf: „Vor dem Spiel wird die ungarische und die deutsche Nationalhymne gespielt."

Er ließ eine Pause.

„Nach dem Spiel dann nur noch die deutsche." Dann verließ er lächelnd die Kabine, in der es ganz still – feierlich still geworden war. Ein letztes Mal kamen sie im Kreis zusammen und beschworen ihr Glück.

Eva Herbergers Hände drehten nervös am Radio-Knopf. Sie war allein in ihrem Haus an der Weinstraße, und um nichts in der Welt wollte sie diesen Moment verpassen.

Von Fußball verstand sie noch immer so gut wie gar nichts. Wahrscheinlich war sie auch die einzige Person, der Seppl nichts, aber auch gar nichts erklären konnte, obwohl sie manchmal schon gerne mehr gewusst hätte. Dass es aber auf dieses Spiel am heutigen Tag ankam, wusste selbst sie. Endlich hatte sie den richtigen Sender. Aufgeregt hörte sie die getragene Stimme von Herbert Zimmermann, der mit dieser Rundfunkreportage berühmt werden sollte:

„Deutschland im Endspiel der Fußball-Weltmeisterschaft, das ist eine Riesensensation, das ist ein echtes Fußballwunder, ein Wunder, das allerdings auf eine natürliche Weise zustande kam. Deutschland wieder in der Aufstellung, die Österreich mit 6:1 im Vorrundenspiel schlug ..."

Da standen sie sich feierlich gegenüber – feierlich und ernst, die zwei gegnerischen Mannschaften, die es so weit geschafft hatten. Die einen Favoriten, die anderen Außenseiter.

Ganz vorne stand Fritz Walter mit ernstem Gesicht und mulmigem Gefühl in der Magengrube. Neben ihm kräftig und unerschütterlich – Turek. Gleich daneben Eckel, jungenhaft, entschlossen, aber fast entspannt wirkend. Immer wieder ging er noch einmal seine Tagesaufgabe durch. „Sie müssen weiter nach vorne und versuchen Hidegkuti auszuschalten", hatte der Chef ihn angewiesen. „Es wird nicht zu hundert Prozent gelingen, Weltklassespieler kann man nicht zu hundert Prozent ausschalten, wenn es aber zu achtzig Prozent funktioniert, dann ist es gut!"

Eckel war kein bisschen aufgeregt. Hidegkuti sollte sich hüten! Gleich neben Eckel stand Rahn, gespannt wie ein Flitzebogen, ein Vulkan kurz vor dem Ausbruch, daneben Ottmar Walter, schön, athletisch und präsent. Neben ihm Liebrich, fast mit einem Lächeln im Gesicht, und Posipal – ganz ernst. An dessen Seite stand Schäfer, aufmerksam, und Kohlmeyer fast düster, Mai wie in der Schule vor dem Diktat und Morlock wie jemand, an dem keiner vorbeikommen würde, ohne Prügel zu riskieren.

Hinter ihnen prangte die Uhr, die sie noch verfluchen würden. Das Wankdorfstadion war ausverkauft bis auf den letzten Platz, voll mit 65 000 Zuschauern, ein Drittel von ihnen Deutsche. Die restliche Stadt war während des Spiels wie ausgestorben.

Von der Tribüne beobachteten die Frauen ihre Männer und warteten gespannt und atemlos. Die Kapitäne tauschten ihre Wimpel aus – Ungarn hatte die Platzwahl für sich entschieden. Endlich der Anstoß! Italia ballte ihre Hände. Die ersten Minuten sahen gut aus, sehr gut. Die deutsche Mannschaft bestimmte eindeutig das Spiel und die ungarischen Frauen verhielten sich jetzt auffällig ruhig. Langsam fiel der innere Druck von Italia ab – bis die Ungarn begannen aufzudrehen und zu zeigen, dass man mit ihnen rechnen musste …

Herberger saß blass vor Erregung auf der Bank, sah den Untergang und konnte doch nichts mehr tun.

Ausgerechnet Ferenc Puskás donnerte einen geballten Flachschuss an Turek vorbei und wartete nicht lange ab, um sich von seinen Kameraden feiern zu lassen. Herberger hatte es kommen sehen! Ein Schuss war auf Eckel getroffen, an ihm abgeprallt und Puskás direkt vor die Füße gefallen. Es war die sechste Spielminute und es stand 0:1 für Ungarn. Das war genau das, was er so innigst hatte vermeiden wollen. Und doch hatte es nichts genutzt, kein Wille, kein Hoffen, kein Beten. Manchmal könnte man verzweifeln.

Die Zuschauer waren immer noch vor Entsetzen wie gelähmt. Auch Fritz Walter ließ den Kopf hängen. Da schrie Morlock – eine seiner von Herberger aufgetragenen Sonderaufgaben – ihm zu: „Macht nix, wir schaffen es noch!"

Fritz' Kopf ging wieder nach oben. Er atmete durch. Es waren erst sechs Minuten gelaufen. Sie hatten noch genug Zeit, um das Rad zu drehen.

Die Ungarinnen sprangen immer wieder von ihren Plätzen hoch, winkten wie wild mit den Blumensträußen und feuerten ihre Männer an. Diese ließen sich nicht lumpen, winkten gutgelaunt zurück und ließen ihren Frauen sogar Küsschen zukommen.

In Italia regte sich unendlicher Groll, vor allen Dingen in dem Moment, als ein ebenfalls gutgelaunter Begleiter der Ungarinnen sie wissen ließ, dass das Spiel ausgehen würde wie das erste Spiel. Italia biss die Zähne zusammen und lächelte: „Abwarten."

Schäfers Frau warf Italia einen verschwörerischen Blick zu und antwortete betont gelassen: „Erst mit dem Schlusspfiff ist das Spiel zu Ende, bis dahin …"

Doch ihre Gelassenheit wurde auf eine harte Probe gestellt. Just in dem Moment – zwei Minuten nach dem ersten Tor – schoss Czibor das zweite und der Jubel der Ungarinnen kannte keine Grenzen.

Auch Eva Herberger saß in dem Moment zusammengesunken in ihrem Sessel und hoffte inständig, dass ihr Seppl sich das nicht zu sehr zu Herzen nehmen würde. Aber wie sie ihn kannte, würde er. Oh weh!

Die Stimmung der Zuschauer im Stadion war merkwürdig abgeflacht. Da hatte man sich auf ein schönes, spannendes Spiel gefreut und jetzt sah alles nach einer Wiederholung der ersten Niederlage aus. Dafür war man von weit her angereist und hatte das Geld für die Karten mühsam zusammengespart. Das hätte man auch einfacher in der Kneipe um die Ecke haben können.

Morlock sah sich gezwungen, sofort seine zweite Sonderaufgabe umzusetzen: den aufmunternden Worten auch Taten folgen zu lassen. Es war eng und die Stimmung war im Eimer, es musste etwas geschehen.

„Das macht nix!", munterte er Fritz auf und Ottmar unterstützte ihn. Wenn sie siegen wollten, brauchten sie einen Fritz Walter in seiner besten Spielform. Zur Zeit schien er kurzzeitig Besuch von seinem zweifelnden Ich bekommen zu haben. Morlock hatte den Willen und die Wut im Bauch, um das zu ändern.

Zu Hause hing Ev an Zimmermanns aufgeregter Stimme:

„… Ungarns Mittelläufer, der größte Spieler, der längste Spieler seiner Mannschaft hat den Ball bekommen. Aber sein Abschlag bleibt bei Eckel aus Kaiserslautern hängen, der zu seinem Klubkameraden Fritz Walter, von dort zu Rahn. Der Schuss von Rahn aus Linksaußen-Position wird abgefälscht von einem Abwehrspieler der Ungarn. Im Spagatschritt wirft sich Maxl Morlock aus Nürnberg in die Schussbahn und mit allerletzter Kraft schiebt er den Ball am ungarischen Torsteher Grosics vorbei ins äußerste linke Eck. Tooor! Tor für Deutschland, Tor! Gott sei Dank, es steht nicht mehr 2:0, es steht nur noch 2:1 für Ungarn, und das sollte unserer Elf Mut und Selbstvertrauen geben."

Erregt beobachtete Herberger von außen, wie stark sich der Spielgeist der Elf wieder aufgerichtet hatte. Seine rechte Hand lag noch immer verkrampft flach auf seinem Oberschenkel, wo sie eben aufgeklatscht war. Als das Tor gefallen war, hatte selbst Herberger kurz seine Fassung verloren.

Seit Morlocks Tor gab es kein Halten mehr, sie spielten sich frei. Nichts konnte sie mehr hindern, nicht der durchnässte Platz und auch nicht die Ungarn, die gerade mit grimmigen Gesichtern beschlossen hatten, sich heute auf gar keinen Fall die Butter vom Brot nehmen zu lassen. Zum Schluss würde man die ungarische Hymne hören, komme was wolle.

Atemlos verfolgten die Zuschauer nun das zähe Ringen der beiden Mannschaften. Was erst aussah wie ein Spaziergang, entpuppte sich als Krimi. Nichts zählte mehr, auch nicht der permanente Regen, der sie allmählich durchnässte.

Die beiden Mannschaften waren sich heute absolut ebenbürtig und das Tempo steigerte sich mit jeder Spielminute. Gebannt beobachtete die Menge das unglaubliche Duell, nicht wissend, für wen sie hoffen, auf wen sie tippen sollten.

Auch die Magyaren hatten das Tempo gesteigert und versuchten immer wieder unvermittelt durchzubrechen. Aber die Abwehr hielt. Die Deutschen antworteten mit schnellem Sturm in den gegnerischen Strafraum und engen Pässen.

Da beging Lorant, der ungarische Abwehrspieler, einen folgenschweren Fehler und grätschte sich in Max Morlocks Schuss hinein. Mit der Fußspitze traf er das Leder, doch der Ball rutschte ins Aus. Das gab eine Ecke für Deutschland! Fritz Walter sollte sie, wie abgemacht, ausführen. Entschlossen positionierte er sich und schickte alle Zweifel, die er jemals gehabt hatte oder möglicherweise noch haben sollte, zum Teufel. Er richtete sich auf und schien plötzlich gewachsen zu sein. Doch sein erster Eckball wurde durch einen ungarischen Spieler sofort hinter die Torlinie getreten. Noch einmal von vorne. Er sammelte sich und schoss als Nächstes einen extrem langen Ball, der gierig vom wartenden Rahn übernommen wurde. Mit Karacho pfefferte dieser das Leder – direkt an zwei ungarischen Verteidigern vorbei – ins Tor. So, meine Lieben, sagte Rahns Blick, jetzt beginnt der Ernst. Mit uns muss man rechnen.

2:2 in der 18. Minute und wieder waren alle Chancen offen. Italia konnte kaum mehr atmen. Bis zum Ende des Spiels würde sie, wenn das so weiterginge, ihre ersten grauen Haare haben. Es lagen noch 72 Minuten vor ihnen und sie hatte keine Ahnung, wie sie diese überstehen sollte.

Die Ungarn spielten voller Wut – erbittert und genial. Doch sie kamen nicht mehr gegen die Deutschen an. Diese bewegten sich harmonisch, wirbelten, spielten wie Herberger es vorausgesehen und gewünscht hatte – alle voll im Einsatz, alle verteidigten, alle stürmten, zeigten blitzschnelle Reaktionen und unglaublich verwirrende Angriffe. Die beiden Mannschaften waren sich dabei in Stärke, Kraft und Genialität so ebenbürtig, dass die Halbzeit kam und noch immer keine Erlösung in Sicht war. 45 Minuten des Krimis waren vorbei und es stand unverändert 2:2.

Die Pause wollte nicht vergehen. Fast hätten die Mannschaften lieber darauf verzichtet, um endlich eine Entscheidung zu erringen. Sie konnten es gar nicht abwarten, wieder das Feld zu stürmen. Doch Herberger ließ Ruhe einkehren. Er war zufrieden. Erstaunlicherweise hatten die Ungarn Fritz Walter keine Sonderbewachung zugeteilt. Das war gut. Nur Kohlmeyer machte ihm Sorgen. Unerwarteterweise spielte Czibor heute rechts und setzte Kohlmeyer ganz schön zu. Aber ansonsten gab es an dem Spiel kaum etwas auszusetzen. Unentschieden in die Pause war seine Weisung gewesen und so war es gekommen. Als seine Männer aber begannen, sich vor lauter Anspannung erst einmal gegenseitig Vorwürfe zu machen, hob er mahnend die Hand: „Männer, es ist großartig, was ihr bisher geleistet habt. Das meine ich ehrlich! Gebt auch weiter keinen Millimeter Boden preis. Spielt weiter so, dann kann kommen, was mag. Selbst wenn ihr jetzt verliert, wird euch niemand einen Vorwurf machen."

Doch die Spieler verständigten sich hinter seinem Rücken mit Handzeichen, dass Verlieren für sie nicht mehr in Frage kam. Alle wussten, es war Herbergers 100. Länderspiel und schon deshalb würden sie jetzt alles geben. Und wenn es das Letzte war, was sie taten.

Endlich war es so weit – Einlauf nach der Pause. Bei den Spielerfrauen hatte sich die Stimmung seltsam gedreht. Die

Ungarinnen saßen jetzt öfters, schienen angespannt, während Italia mehr und mehr ihrem Herzen Luft machte und ihren Fritz lauthals anfeuerte.

Herberger schlug innerlich drei Kreuze. Aus irgendeinem Grund war Czibor jetzt auf der anderen Seite, an seinem alten Platz. Da erwartete ihn schon Posipal ungeduldig. Die beiden kannten sich von früher, stammten aus dem gleichen Dorf. Posipal würde sich sicher beweisen wollen. Das musste doch ein gutes Omen sein!

Im deutschen Strafraum wurde es mittlerweile unübersichtlich. Die Ungarn waren entschieden, ein weiteres Tor zu erzwingen, doch es gelang ihnen nicht. Immer schneller wurde das Tempo, immer erbitterter das Spiel. Doch die Deutschen wurden mit dem ungarischen Trommelfeuer fertig. Und anstatt müde zu werden, begannen sie einen Gang hochzuschalten. Aber die Zeit schien ihnen davonzulaufen.

Eva Herbergers Nerven waren bis zum Zerreißen angespannt. Von Zeit zu Zeit verließ sie wie getrieben ihren Sessel und lief heraus auf die Terrasse. Immer wieder kehrte sie zurück, in der Hoffnung, ja nichts verpasst zu haben:
    „… Jetzt Angriff der Ungarn, Czibor geht alleine durch, Turek geht aus dem Tor heraus, hat gerettet, Nachschuss durch Hidegkuti ans Außennetz, ans Außennetz. Toni, Toni, du bist Gold wert …"
    Da war sie, da war das Radio und da war die Angst, Seppl könne einen Herzschlag bekommen vor lauter Anspannung. Wieder verließ sie fluchtartig das Wohnzimmer. Wer konnte das denn aushalten? Erneut kam sie herein. Atemlos hörte sie den Reporter die Worte sagen, die später noch tausende Male wiederholt werden sollten:
    „Noch sechs Minuten im Wankdorf-Stadion in Bern. Keiner wankt. Der Regen prasselt unaufhörlich nieder …"

Eva ließ sich in den Sessel fallen und fasste sich ans Herz. Noch sechs Minuten, wie sollte sie das nur durchstehen?

„… und wann sieht man ein solches Endspiel, so ausgeglichen, so packend!

Jetzt Deutschland am linken Flügel durch Schäfer, Schäfers Zuspiel zu Morlock wird von den Ungarn abgewehrt und Bozsik, immer wieder Bozsik, der rechte Läufer der Ungarn am Ball. Er hat den Ball verloren und diesmal gegen Schäfer, Schäfer nach innen geflankt, Kopfball, abgewehrt, aus dem Hintergrund müsste Rahn schießen, Rahn schießt:

Toooor, Toooor, Toooor, Toooor!!!

Tor für Deutschland! Linksschuss von Rahn, Schäfer hat die Flanke nach innen geschlagen, Schäfer hat sich gegen Bozsik durchgesetzt, 3:2 für Deutschland, fünf Minuten vor dem Spielende! Halten Sie mich für verrückt, auch Fußballlaien sollten ein Herz haben, sollten sich an der Begeisterung unserer Mannschaft und an unserer eigenen Begeisterung mitfreuen, und sollten jetzt Daumen halten, viereinhalb Minuten Daumen halten in Wankdorf.“

Das ganze Stadion schien zu wanken, so laut war der Jubel. Die Zuschauer waren außer Rand und Band. Sie umarmten sich, schrieen, weinten, konnten es nicht fassen. Herberger hatte seine Zurückhaltung gänzlich aufgegeben und war ebenfalls aufgesprungen. 3:2! Nur noch wenige Minuten zu spielen, nur noch wenige Minuten und sie wären Weltmeister. Das erste Mal Weltmeister überhaupt. Nervös ließ er sich wieder auf die Bank fallen und ließ die Uhr fortan nicht mehr aus den Augen.

Auf dem Spielfeld wurden Freudentänze aufgeführt. Rahn bekam kaum mehr Luft vor lauter Umarmungen. Nur Turek hütete sich, seinen Kasten zu verlassen. Gewisse Fehler machte man nicht zweimal. „Haltet durch!“, Fritz Walter wusste was zu tun war. „Jetzt darf nichts mehr passieren! Die paar Minuten noch! Bis zum Umfallen!"

Eva Herberger hatte sich im Sessel verkrochen. Fiebernd hing sie an Zimmermanns Stimme:

„… 3:2 für Deutschland und die Ungarn wie von der Tarantel gestochen, lauern die Pustasöhne, drehen jetzt den 7. oder 12. Gang auf und Kocsis flankt, Puskás – Abseits, Schuss, aber nein, kein Tor, kein Tor, kein Tor, Puskás Abseits."

Italia schoss von ihrem Sitz hoch, als Puskás die Flanke von Kocsis verwandelt hatte und den Ball tatsächlich ins deutsche Tor feuerte. Tränen stiegen ihr in die Augen, als die Ungarinnen hochsprangen und ihr vor lauter Jubel die Sicht versperrten. Mein Gott, der Ausgleich. Das durfte doch nicht wahr sein …

Auch Horst Eckel blickte sich um, dann lief er mit erhobenen Armen zurück. Er war letzter Mann gewesen, Puskás hatte hinter ihm gestanden. Das konnte doch nichts anderes gewesen sein als …

„Abseits!", hörte Italia sich schreien. Zwischen den Gestalten der Ungarinnen hatte sie den Linienrichter gesehen, wie er seine Arme hob und dem Schiedsrichter das Abseits signalisierte. „Gott sei Dank, kein Tor", dachte Italia. Erleichtert lockerte sie ihre Faust, zum ersten Mal im gesamten Spiel. Es stand noch immer 3:2! Ihre Augen saugten sich auf dem Feld fest, während ihr Herz bis zum Hals schlug.

Herberger starrte gebannt auf die Uhr. Wie qualvoll die Minuten dahinschlichen. Das waren die längsten Minuten seines Lebens. Wenn sie es nur schaffen würden …

In Hohensachsen hätte auch Eva gerade fast einen Herzschlag bekommen. Das Abseits war ihr egal, Hauptsache kein Tor. Rastlos wanderte sie durch das Zimmer. Nur nichts verpassen, nur nicht zu weit vom Radio weggehen. Auch Zimmermann hatte sich gerade erst wieder gefasst:

„Eindeutige Abseitsstellung von Major Puskás", versuchte er die Zuhörer mit getragener Stimme zu beruhigen.

Aber Czibor war entschlossen, das Blatt noch einmal zu wenden. Er war wieder auf seiner Seite und lieferte sich eine unerbittliche Schlacht mit seinem alten Bekannten Posipal. Er wollte es ihm zeigen, wollte es so sehr. Er betete innerlich, nur eine Chance zu bekommen, nur eine einzige Chance! Und da war sie plötzlich.

Überdrehter hat man Zimmermanns Stimme nie wieder gehört:

„… jetzt haben die Ungarn eine Chance, spielen ab zum rechten Flügel, Czibor, jetzt ein Schuss – gehalten von Toni, gehalten, und Puskás, der Major, der großartige Fußballspieler aus Budapest, er hämmert die Fäuste auf den Boden, als wollte er sagen: ‚Ist denn das möglich, dieser Sieben-Meterschuss?'

Es ist wahr, unser Toni hat ihn gemeistert, und die 45. Minute ist vollendet. Es kann nur noch ein Nachspielen von einer Minute sein, Deutschland führt 3:2 im Endspiel der Fußballweltmeisterschaft. Aber es droht Gefahr, die Ungarn auf dem rechten Flügel, jetzt hat Fritz Walter den Ball über die Außenlinie ins Aus geschlagen, wer will ihm das verdenken. Die Ungarn erhalten einen Einwurf zugesprochen, der ist ausgeführt, kommt zu Bozsik, …"

Italia schaute angespannt auf die Stadionuhr und anschließend zum Schiedsrichter. Wie lange wird er noch nachspielen lassen, die Zeit war doch um. Wiederholt hatte er in den letzten Sekunden auch auf seine Uhr geblickt. Jetzt führte er die Pfeife zum Mund …

„… aus, aus, aus!" Zimmermanns Stimme überschlug sich endgültig.

„Aus – das Spiel ist aus! Deutschland ist Weltmeister, schlägt Ungarn mit 3:2 Toren, im Finale in Bern!"

Eva hatte innegehalten und atmete zum ersten Mal seit Stunden richtig aus. Ihr Seppl war wirklich Weltmeister! Das war unglaublich!

Im Stadion gab es kein Halten mehr. Wildfremde Menschen lagen sich vor Freude in den Armen, schrien wie verrückt, tanzten, hielten Tränenbäche nicht mehr zurück. Alles, was Beine hatte, stürmte jubelnd das Spielfeld. Die deutsche Mannschaft strahlte vor Stolz, feierte im wilden Triumph. Endlich durfte auch Turek seinen Kasten verlassen und Rahn, dem Teufelskerl, zu seinem Entscheidungstreffer beglückwünschen.

Der freudestrahlende Fritz Walter konnte bald die vielen Gratulanten nicht mehr zählen und suchte mit seinen Augen nach Italia, die er – endlich! – in seine Arme nehmen wollte. Auch Horst Eckel war überglücklich, weil er seine Sonderaufgabe so gut hatte meistern können. Morlock fasste sich ein Herz und tröstete den enttäuschten Puskás, der wie zerschlagen auf dem Platz stand und sein Unglück zuerst nicht glauben konnte. Wenig später zeigten die Ungarn jedoch mit Fassung, dass sie auch verlieren konnten.

Herberger hatte bis ins Innerste berührt die Bank verlassen, um sich endlich zu seinen Männern zu gesellen, sein kantiges Gesicht ganz weich vor Glück. Schon bald war er von ihnen allen umringt.

Später, nach Erklingen der deutschen Hymne, würden Ottmar Walter und Helmut Rahn ihren Chef auf den Schultern aus dem Stadion tragen. Und zu Fritz Walter würde er später, immer noch vollkommen überwältigt, ganz leise sagen: „Fritz, wer hätte gedacht, dass wir das heute noch erleben dürfen?"

Fritz würde darauf nicht antworten, sondern einfach nur stumm nicken. Und beide würden sich wie immer vollkommen verstehen, auch ohne Worte.

In Deutschland füllten sich gerade wieder die seit Stunden leeren Straßen. Alles, was laufen konnte, hatte sich an den wenigen Orten versammelt, wo ein Fernsehgerät stand, um das WM-Finale mitverfolgen zu können.

Jetzt umarmten sich auch hier völlig fremde Menschen und weinten vor Glück. Keiner konnte sich erinnern, schon einmal jemals so glücklich gewesen zu sein. Es war ein Ereignis von solcher Intensität, ein Wunder, ein Krimi, eine so unglaubliche Geschichte, dass alle, die es miterlebt hatten, diesen Tag, den 4.7.1954, niemals vergessen würden. Und auch ein halbes Jahrhundert später würden sie ihren Kindern und Enkeln noch voller Begeisterung vom Wunder von Bern erzählen.

XI.

Epilog

Mit dem Sieg endete ein Traum, hundertfach geträumt von Nation und Spielern, aber vor allem von einem Mann.

Was damals 1908 begann und seitdem unaufhörlich voranschritt, gipfelte in diesem einen Tag, an dem sich Sepp Herberger wohl das größte Geschenk seines Lebens gemacht hatte.

Er, der selbst all die Jahre immer höchst sparsam mit Lobesworten umging, sie wenn, dann nur ganz gezielt einsetzte, um Höheres zu erreichen, trat nach dem Spiel aufrecht vor die Journalisten und verkündete laut: „Ich bin stolz, mit der besten Mannschaft gewonnen zu haben."

Ganz Deutschland war wie umgewandelt. Überall lagen sich wildfremde Menschen auf offener Straße weinend in den Armen. Aus den weit aufgerissenen Fenstern wurden Bettlaken enthusiastisch geschwenkt. Wie Siegesfahnen wehten sie im Wind. Ein ungeahnter Triumphzug durch ganz Deutschland begann. In allen Städten wurden die Spieler gefeiert, beklatscht, bejubelt, so, wie es heute nur die wirklich großen Stars erleben.

Ob begeisterter Fan oder Fußballlaie, alle waren gekommen, versammelten sich auf Brücken, Feldern oder Straßen, um den Sonderzug zu sehen, aus dem die frisch gebackenen Weltmeister ihnen teilweise noch immer fassungslos zuwinkten. Jahrzehnte später sollte man sich daran noch erinnern, wie aus Außenseitern Helden wurden – die „Helden von Bern". Und Jahrzehnte später sollten sich einige Spieler noch immer genau an diesem Tag gegenseitig Erinnerungskarten schicken. Ein wiederkehrendes Ritual, genauso, wie es im Hause Walter gehandhabt wurde: Jedes Jahr am 4. Juli öffnete Fritz gemeinsam mit seiner Frau Italia um Mitternacht eine Flasche Sekt.

Ganz anders sah es da bei den Verlierern aus. In Ungarn herrschte Ausnahmezustand. Die Menschen waren so geschockt von der unerwarteten Niederlage, dass die ganze Nation zunächst fassungslos schwieg. Doch als der Schreck erst einmal überwunden war, begannen regelrechte Krawalle. Gegen einen Bus, in dem die Spieler vermutet wurden, flogen Steine. Eine Massendemonstration in Budapest wollte die Absetzung des Sportministers bewirken und auch in anderen Orten machten die Menschen ihrem aufgestauten Ärger lauthals Luft. Die Spieler sahen sich deshalb gezwungen, eine Station vor ihrem Zielbahnhof noch in der Nacht mit Sack und Pack den Zug zu verlassen. Zu groß war die Angst vor der drohenden Schlägerei.

Doch obwohl der Sieg der deutschen Mannschaft zu einem historischen Datum wurde, einige sogar behaupteten, dass damit erst die wahre Bundesrepublik gegründet wurde, ernteten die Spieler außer Ruhm und Ehre nur wenig an materiellen Gütern.

Ganze 2000 Mark erhielt jeder Einzelne von ihnen als Siegesprämie, nicht zu vergleichen mit den heutigen Summen, die für Fußballspieler gezahlt werden. Sie bekamen Uhren und Motorroller. Die Firmen Saba, Telefunken, Grundig und Blaupunkt überreichten jedem Spieler ein Fernsehgerät. Maggi stiftete Präsentkörbe, bestückt mit ihren Produkten. Doch reich wurde keiner von ihnen.

Und was ist aus den Helden von Bern geworden?

Heinz Kubsch, der dritte Torwart, saß während der gesamten WM auf der Reservebank. Der gebürtige Pirmasenser hatte sich dies allerdings selbst zuzuschreiben, da er sich bei einer unerlaubten Bootstour auf dem Thuner See (ein kleiner Raucherausflug mit dem Nichtschwimmer Kwiatkowski) die Schulter zerrte.

Nach der Weltmeisterschaft jedoch erlebte er mit seinem Verein, dem FK Pirmasens, die Blütezeit seines Spielerdaseins. Der Besitzer eines Tabakwarengeschäfts beendete 1961 seine aktive Laufbahn und zog sich ins Privatleben zurück. Er verstarb im Herbst 1993.

Heinrich Kwiatkowski, der zweite Mann hinter Toni Turek, kam 1954 zwar nur einmal im Spiel gegen Ungarn zum Einsatz, durfte dafür aber schon vier Jahre danach erneut als Keeper die Weltmeisterschaft bestreiten. „Kwiat" spielte insgesamt drei Saisons in der Bundesliga, bis er sich 1964 vom Sport zurückzog. Er arbeitete von 1963 bis 1989 bei den Dortmunder Stadtwerken.

Auch ihm war der Raucherausflug mit Heinz Kubsch eine Lehre gewesen, da er dabei ins Wasser fiel und von diesem gerettet werden musste. Heinrich Kwiatkowski hatte nach der WM tatsächlich schwimmen gelernt. Der Dortmunder fiebert auch heute noch mit seinem Verein BV Borussia.

Friedrich Laband wurde nach seinem einzigen Einsatz bei der WM 1954 im Spiel gegen Jugoslawien als bester Verteidiger Europas bezeichnet. In diesem Spiel zog er sich allerdings eine Knieverletzung zu, die ihn für weitere Einsätze während der WM untauglich machte. Laband wurde mit seinem Verein, dem Hamburger SV, fünfmal Deutscher Meister und hatte insgesamt vier Einsätze im Nationaltrikot.

Sein Leben nach der Weltmeisterschaft stand allerdings unter keinem guten Stern. 1961 eröffnete er gemeinsam mit seiner Frau in Hamburg eine Gaststätte, die wirtschaftlich so schlecht lief, dass sie bereits drei Jahre später verkauft werden musste. Anschließend bekam er eine Anstellung in einer Fahrzeugbaufirma, in der er sich bis zum Betriebsrat hocharbeitete. 1981 wurde er fünfmal am Kehlkopf operiert. Ein halbes Jahr nach der letzten Operation verstarb Friedrich Laband.

Richard Herrmann bestritt bei der WM sein achtes Länderspiel. Dass dieses mit der 3:8 Niederlage gegen Ungarn auch sein letztes bleiben würde, hätte damals keiner geahnt. Herrmann erkrankte kurz nach der WM an Gelbsucht und verstarb bereits acht Jahre danach.

Herbert Erhardt kam 1954 zwar nicht zum Einsatz, dafür nahm er aber gleich zweimal in Folge an den darauf folgenden Weltmeisterschaften teil. Erhardt trug insgesamt 50-mal das Nationaltrikot. Der gebürtige Fürther erwarb zwar noch während seiner aktiven Zeit die Lizenz zum Fußballtrainer, entschied sich allerdings für die Tätigkeit als Sportlehrer an einer Hauptschule in seiner Heimatstadt, in der er nach wie vor glücklich lebt.

Hans Bauer stand 1954 zweimal auf dem Platz – im Vorrundenspiel gegen Ungarn und beim Entscheidungsspiel gegen die Türkei. Beim FC Bayern München spielte er auf dem linken Verteidigerposten und bestritt insgesamt 226 Oberligaspiele in zehn Spielzeiten. Hans Bauer verstarb im Jahr 1997.

Paul Mebus zog sich ausgerechnet beim ersten Spiel gegen Ungarn eine solch böse Verletzung zu, dass sie das Ende seiner internationalen Karriere bedeutete. 1957 nahm er am ersten Fußballtrainerlehrgang unter der Leitung von Sepp Herberger an der Kölner Sporthochschule teil. Anschließend arbeitete er nebenberuflich an der Seite von Hennes Weisweiler als Assistent des großen Trainers Herberger. Hauptberuflich leitete er erst ein Geschäft für exklusive Herrenmoden, wurde dann aber Lagerverwalter in einem Unternehmen in Köln. Nach einem Schlaganfall 1991 war Paul Mebus an den Rollstuhl gefesselt, bis er zwei Jahre später verstarb.

Karl-Heinz Metzner blieb ein Einsatz bei der WM 1954 verwehrt. Zwar sollte er ursprünglich im Wiederholungsspiel gegen die Türkei antreten, musste dann aber Horst Eckel Platz machen. Von 1949 an spielte er beim KSV Hessen Kassel und absolvierte bis 1961 insgesamt 620 Spiele im Trikot der „Löwen". Metzner verstarb 1994 im Alter von 71 Jahren.

Alfred Pfaff bestritt beim 3:8 gegen Ungarn gerade sein zweites Länderspiel und erzielte dabei sogar einen Treffer. Nach der WM kehrte der gebürtige Frankfurter zu seinem Verein, der Frankfurter Eintracht, zurück und wurde 1959 Deutscher Meister. 1962 endete seine aktive Laufbahn. Pfaff leitete danach eine Gaststätte in Frankfurt, bis er einige Jahre später im Odenwald Besitzer eines Hotels wurde, das er bis heute gemeinsam mit seiner Frau leitet.

Bernhard Klodt wurde zweimal während der WM eingesetzt, jedoch erhielt Rahn ihm gegenüber den Vorzug beim Endspiel.

Der Gelsenkirchener absolvierte insgesamt 19 Länderspiele und führte seinen Verein, den FC Schalke 04, sogar bis zum Deutschen Meisterschaftstitel. Auch Klodt war zunächst Inhaber einer Gaststätte, bis der gelernte Industriekaufmann Prokurist einer Brauerei wurde. 1990 erlitt der allseits beliebte und stets bescheidene „Berni" einen Schlaganfall und war seitdem an den Rollstuhl gefesselt, bis er 1996 verstarb.

Ulrich Biesinger war mit 20 Jahren jüngster WM-Teilnehmer. Dem Augsburger Stürmer blieb allerdings sein Einsatz 1954 verwehrt. Seit 1951 trug Biesinger das Trikot des BC Augsburg und führt noch heute mit 197 Toren dessen Torschützenliste an.

Der gelernte Maschinenbau-Mechaniker bestritt 1958 sein letztes Länderspiel. Eine Knieverletzung zwang ihn mit 31 Jahren, seine Sportlerkarriere ganz zu beenden. Der passionierte Angler lebt heute noch in seiner Geburtsstadt und sieht sich gelegentlich die Spiele im Rosenau-Stadion in Augsburg an.

Die Finalisten:

Toni Turek, „Fußballgott", so wurde der damals bereits 35-Jährige und damit älteste deutsche Spieler bezeichnet.

Der Torhüter von Fortuna Düsseldorf hatte es sich zur Aufgabe gemacht, in den Torhüter-Olymp einzuziehen, und mit seiner WM-Teilnahme ist ihm dies auch geglückt.

Er war einer der wenigen, die gleich mehrmals den Verein wechselten: Vom Verein seiner Heimatstadt, dem FV Duisburg, wechselte er nach Kriegsende zur Eintracht Frankfurt, anschließend zum SSV Ulm, um ab 1950 für die Düsseldorfer Fortuna zu spielen. Seine Laufbahn beendete er drei Jahre nach der legendären Weltmeisterschaft bei Borussia Mönchengladbach.

Gesundheitlich ging es nach seiner Karriere rapide bergab. Bereits im Alter von 54 Jahren wurde er aufgrund einer fortschreitenden Lähmung, gegen die er eisern ankämpfte, pensioniert. Er erlitt einen Schlaganfall und musste wegen eines Herzinfarkts anschließend operiert werden. Turek verstarb vier Monate nach seinem 65. Geburtstag.

Werner Kohlmeyer hatte seinen absoluten Höhepunkt mit der WM-Teilnahme 1954 erreicht. Danach folgte der soziale Abstieg. Der gelernte Buchhalter feierte seinen Sieg so exzessiv, dass er nach einiger Zeit seine Arbeit und wenig später auch seine Frau verlor. Er fand Trost im Alkohol, der ihn bis an den Rand seiner Existenz führte. Auf dem Tiefpunkt seines Lebens angekommen, gab ihm der Sportjournalist Werner Höllein als Einziger eine neue Chance und verschaffte Kohlmeyer Arbeit und Wohnung, doch der vom Schicksal Gebeutelte verstarb früh im Alter von 50 Jahren.

Horst Eckel, zweitjüngstes Mitglied der deutschen Mannschaft in Bern, bekam schon bald den Spitznamen „Windhund", weil er als Dauerläufer eine solch hohe Grundschnelligkeit erreichte, wie kaum einer aus seinem Verein, dem 1. FC Kaiserslautern. 1958 gehörte er, wie einige andere „Helden von Bern" auch, dem WM-Kader an. Noch im selben Jahr vollzog er den endgültigen Abschied aus der Nationalelf. Als Lehrer für Sport und Werken an einer Realschule war Eckel bis zu seiner Pensionierung stets bemüht, seinen Schülern die Werte zu vermitteln, die er auch im Herberger-Team kennen gelernt hatte. Als Repräsentant der Sepp-Herberger-Stiftung, die sich für die Resozialisierung jugendlicher Straftäter stark macht, fungiert Eckel auch heute noch. Der rüstige Rentner, der sich noch immer gerne sportlich betätigt, lebt heute mit seiner Frau in Bruchmühlbach-Miesau.

Josef Posipal trug zwischen 1951 und 1956 als vielseitiger Defensiv- wie auch Offensivspieler 32-mal das Nationaltrikot. Sein letztes Länderspiel absolvierte er 1956 für die DFB-Elf gegen die Sowjetunion. Trotz vieler Angebote diverser Vereine hängte „Jupp" 1958 die Fußballschuhe an den Nagel. Danach war er für ein süddeutsches Möbelunternehmen tätig, für das er zuletzt als Generalvertreter Norddeutschlands fungierte. 1997 starb Posipal an Herzversagen.

Karl Mai, ebenfalls talentierter Allroundspieler, stand trotz seines WM-Erfolges nie im Rampenlicht. Der gelernte Bäcker und Konditor wechselte nach 1954 vom heimatlichen Fürther Verein zunächst für drei Jahre zum FC Bayern München, dann zu den Young Fellows Zürich und von dort zum FC Dornbirn in Vorarlberg. Noch in seiner Münchener Zeit eröffnete Mai ein Schreibwarengeschäft, das er bis 1974 behielt. Eine schwere Darmoperation zwang ihn jedoch zur Aufgabe des Geschäfts. So kehrte er nach Fürth zurück und wurde Sportlehrer an einer Hauptschule. Karl Mai verstarb im Jahr 1993.

Werner Liebrich hat wohl Zeit seines Lebens nie verkraftet, dass die „Helden von Bern" nach ihrem Sieg von allen Seiten „vermarktet", sie selbst aber gerade finanziell im Stich gelassen wurden. Zwar hatte er nach seiner Fußballkarriere, die mit 16 Länderspielen aufgrund einer Verletzung im Jahr 1956 endete, sein Auskommen mit einer Toto-Lotto-Annahmestelle. Doch große Sprünge konnte er, wie auch viele seiner Kameraden, nicht machen.

Nach seiner aktiven Zeit war Werner Liebrich gesundheitlich angeschlagen. 1983 und 1988 musste er sich zwei Herzoperationen unterziehen. Er verstarb mit 68 Jahren an Herzversagen.

Max Morlock, der damals 29-Jährige, erzielte in der Schweiz sechs Tore und wurde damit zweitbester Turnierschütze. Insgesamt kam er in 26 Länderspielen auf imposante 21 Tore.

Der Nürnberger blieb, wie viele seiner damaligen Mitspieler, heimatverbunden und widerstand diversen Angeboten aus dem Ausland. Er blieb in Nürnberg, wohnte in der Nähe des Vereinsgeländes und führte, ebenso wie Liebrich, eine Toto-Lotto-Annahmestelle. Am 10. September 1994 starb der Vater zweier Töchter im Alter von 69 Jahren an Krebs.

Hans Schäfer bestritt über 700 Spiele für den 1. FC Köln, mit dem er zweimal Deutscher Meister und viermal Oberliga-Meister wurde. 1964, im Alter von 36 Jahren, war er Kapitän des ersten Bundesliga-Meisters.

Schäfer nahm als einziger Held von Bern an drei WM-Turnieren teil. Nach seiner aktiven Laufbahn war er Vertreter einer Geschenkartikelfirma und Tankstellenpächter. Hans Schäfer lebt heute noch in Köln.

Helmut Rahn, der Torschütze des legendären 3:2, kam in der deutschen Nationalmannschaft zwischen 1951 und 1960 ganze 40-mal zum Einsatz. Bei der WM 1958 war er nach Fontaine und Pelé der erfolgreichste Torschütze des Turniers.

Nach dem Sieg 1954 kostete Rahn, ebenso wie Kohlmeyer, seinen Triumph aus und stürzte sich in wilde Alkoholexzesse, denn es ging ihm auf die Nerven, immer wieder von seinem Tor im Finale gegen Ungarn erzählen zu müssen. Doch dann zog der Essener einen Schlussstrich: Er trank nur noch in Maßen und eröffnete mit seinem Bruder einen Gebrauchtwarenhandel. Danach lebte er ganz zurückgezogen in einem Essener Mehrfamilienhaus. Von seinem Tor hat er nie wieder erzählt. Helmut Rahn verstarb zwei Tage vor seinem 74. Geburtstag im August 2003.

Ottmar Walter, der jüngere Bruder des „Fußballstars" Fritz, stand Zeit seines Lebens immer nur in dessen Schatten. Ganze 750 Spiele bestritt er für seinen Verein, den 1. FC Kaiserslautern, bei dem er noch bis 1959 spielte. Er erzielte dabei mehr als 500 Tore. Nach seiner Fußballerkarriere wurde er Tankstellenbesitzer und später auch Verwaltungsangestellter der Stadt Kaiserslautern. Gravierende gesundheitliche Probleme und zahlreiche Operationen zwangen den früheren „Vollstrecker", wie er wegen seiner zahlreichen Tore genannt wurde, dazu, sportliche Aktivitäten ganz aufzugeben. Heute lebt Ottmar gemeinsam mit seiner Frau zurückgezogen in der Pfalz.

Fritz Walter, „verlängerter Arm" und Entdeckung Herbergers, spielte wie sein Bruder Otmar bis 1959 im Lauterer Verein. 306 Tore in 379 Spielen erzielte er bei den „Roten Teufeln". Nach seiner aktiven Zeit engagierte sich der Wäscherei- und Kinobesitzer ebenso wie Horst Eckel für die Sepp-Herberger-Stiftung.

Seine herausragenden spielerischen Fähigkeiten sowie sein soziales Engagement brachten ihm zahlreiche Ehrungen, u.a. das Große Bundesverdienstkreuz, ein. Fritz Walter verstarb am 17. Juni 2002, während die Fußballweltmeisterschaft in vollem Gange war, und ein Tag, nachdem Deutschland ins Viertelfinale einzog. Damit hatte er seine geliebte Frau Italia nur um ein halbes Jahr überlebt.

Sepp Herberger, der Übervater, erlebte noch zwei weitere Weltmeisterschaften als Bundestrainer. Bei der WM 1958 in Schweden gelangte seine Mannschaft ins Halbfinale, wohingegen seine Elf 1962 in Chile bereits nach dem Viertelfinale ihre Koffer packen musste.

Am 7. Juni 1964 verabschiedete sich Herberger nach insgesamt 167 Einsätzen als Nationaltrainer und übergab seinen Posten an Helmut Schön. Für seine Leistungen als Trainer erhielt er den goldenen Verdienstorden des DFB und das Bundesverdienstkreuz erster Klasse. Am 28. April 1977 verstarb Herberger vier Wochen nach seinem 80. Geburtstag. Er erlitt bei der Übertragung eines Länderspiels gegen Nordirland eine Herzattacke.

Ev überlebte ihren Mann und verstarb zwölf Jahre nach seinem Tod im Alter von 92 Jahren.

Das Rad dreht sich unaufhörlich weiter. Auch heute noch wird Fußball gespielt, auch heute dauert ein Spiel 90 Minuten, noch immer ist der Ball rund und nach wie vor ist der nächste Gegner der schwerste. Aber immer werden uns diejenigen in Erinnerung bleiben, die das gelebt haben, was für alle Zeiten der Schlüssel zum Erfolg geblieben ist: Glaube, Mut, Vertrauen.

Sepp Herberger und sein Team waren die Vorreiter eines neuen Fußballs, einer neuen Zeit. Heute wird anders gespielt. Heute gelten andere Gesetze. Doch gerade deshalb werden uns die Helden von einst für immer im Gedächtnis bleiben. Sie sind bis heute unvergessen!

Die Autorinnen

Melanie Kabus und *Eva Ludwig* arbeiten als Buch- und Drehbuchautorinnen in Bonn. Ihr besonderes Interesse gilt historischen Ereignissen der deutschen Geschichte.

Mit ihrem authentischen Roman lassen sie die Legenden des deutschen Fußballs, Sepp Herberger und seine „Helden von Bern", wieder lebendig werden. Für diese packende Dokumentation der Zeitgeschichte haben die Autorinnen im umfangreichen Nachlass Sepp Herbergers recherchiert sowie Zeitzeugen und Spieler interviewt.

(Siehe auch www.plot-com.de)